為誰

莎拉・蘭佛德
SARAH LANGFORD——著
張雍婷——譯

辯護

判決之外，
11個法律故事的人性思考

IN YOUR DEFENCE

STORIES OF LIFE AND LAW

獻給我的兩個小兒子，威佛瑞德與奧伯樂。
你們帶我回到現實。

推薦序

重見法律事件背後的生命故事

法律白話文運動　楊貴智

「他人昨日的地獄，將成爲我明日的工作。」

過去人們多半只能透過法律劇或小說等管道一窺律師工作的神秘面紗，因此對律師的情感猶如廟宇內過濃的薰香氣味：敬畏中令人皺眉的矛盾情感。其中的原因不難理解：人們理解這個社會需要律師，藉由律師提供的法律服務讓人們得以在法庭上伸張正義。然而不幸的是，如果不具有相當的經濟能力，恐怕很難取得高品質的律師服務。也難怪傳統影劇裡的律師，都必須像〈王牌大律師〉（Legal High）裡面的古美門研介或者〈無照律師〉（Suits）裡面的哈維那樣的貴氣。所幸到了二〇一九年，感謝〈我們與惡的距離〉裡面的王赦稍稍爲我們扭轉了律師形象。

相較之下，這便是本書可貴之處：作者以非虛構寫作的手法，用第一人稱描述辦理案件的心路歷程，帶領讀者從「律師」的角度感受「辦案」的感覺。作者以文學的筆法巧妙刻劃出「法律工作者」的面貌。

一般來說，包括大衆以及我們法律工作者本身，都會想像法律人是一群穿著法袍站在法庭上，揮舞著衣袖爲正義發聲、爲理念喉舌的人們，但卻忘記了法律人也是人，也有七情六欲，也需要食衣住行、吃喝玩樂，更不是一群遺世而獨立的隱居者。

作者將許多日常生活的細節也深刻描寫進書內，像是等待開庭前焦躁而煩悶的心情、因爲工作不得不往返偏僻且遙遠法院的無奈、面對各種脾氣與個性的法官時律師上演的內心戲，以及有時候也會忍不住把當事人的離奇事件拿出來八卦的軼事。

誰人知曉現實的辛酸

除此之外，《爲誰辯護》這本書值得玩味的地方更在於，作者在不違反法律倫理的前提下，將自己經手的案件巧妙地轉化爲十一篇精彩的故事，深刻地描寫了作者自己辦案的心路歷程，成功跳出了傳統「說案件」的窠臼，讓人們窺見律師這一行最內心深處的感受。例如人們總是好奇：律師眞的都相信自己的當事人嗎？如果知道自己的當事人眞的從事不法行爲，律師該怎麼抉擇？

例如在「小唐」的故事中，作者跟大部分人一樣，「期待」司法體系能帶領小唐改邪歸正，最後卻「適應」了司法漩渦，只能讓小唐越陷越深，根本無法改變命運，但仍難掩期待小唐復歸社會的那一天到來。在「雷蒙」的故事中，明知自己當事人沒有從事檢察官指控的犯行，卻發現當事人爲了掩飾更不容於世的過錯，只能選擇承認自己從未做過的行爲。

如同作者所寫：「我懂法律，也知道在法庭裡該說些什麼，但是出了法庭卻無以爲繼。」現代公民社會將法律視爲最後一道防線，然而人世間許多事情太複雜，律師經常被迫面對法律無法解決的故事，箇中滋味，往往只有律師知道其中辛酸。

直擊敘事者的內心

每當我們開始閱讀「法律的故事」，進一步想要討論司法改革的時候，卻往往遺忘「寫故事的人」，彷彿這些故事都是自己繁衍而生，忽略了故事的良窳取決於寫故事的人。又偶爾我們太習慣以全知全能的第三人稱觀點俯瞰全局，因而忘記去體會實際參與其中的人們，遭遇了哪些心路歷程。

雖然這樣說會引起很多人反對、甚至是反感，但我認爲不論是律師、檢察官還是法官，這些被統稱爲「法律人」的人們，都是一群擅長說故事的人，因爲這些人的工作，都是在法律建構的框架內，用文字將證據串起，編織出最終的成品，也就是那些稱爲「書狀」「起訴書」「判決」的東西。

說到底，法律存在的目的，就是爲了確保法律人寫出來的故事能符合正義的要求。而許多談論法律與法律人的書，都是將這些「故事」做爲探討的對象：例如在程序瑕疵如何像滾雪球般發展爲刑事冤案、離婚案件中令人刻骨銘心的親情與人性、人們利用民事訴訟討回公道的快活……

如同這本書所述：每個案件都是複雜生命交織而成的網路，因此比「法律」本身更引人入勝的，往往都是判決背後的「故事」，而這些「寫故事的人」所經歷的生命故事，則是這本書希望能帶您一起體會的。

（本文作者爲致力於推廣法律知識與法治思想的獨立媒體）

推薦序

看盡人生百態的律師擺渡人

律師娘　林靜如

這幾年，我的身旁總是環繞著律師。雖然身處在他們之中，我沒有處理個案，但是可以看到來來去去的當事人，與律師們在面對個案討論時，糾結掙扎的心情。

大學的時候，雖然我就讀的是法律系，但因爲在商務事務所裡工讀，所以看到的律師形象比較一致：斯文、有理、衣冠楚楚、說話謹慎。而目前在我們這種綜合型案件的事務所，律師的樣貌就不太一樣了。有的沉穩內斂，有的人情練達，有的口才辨給，隨著律師性格的不同，案件的進行方式也會不太一樣。

但是，可以確定的是，在律師事務所裡，你會看到各式各樣隱藏在社會上的故事，甚至是黑暗、不爲人知的一面。

在《爲誰辯護：判決之外，11個法律故事的人性思考》一書裡，律師作者透過十一個親身辯護的案件，揭示了刑事和民事法庭上所發生的各種令人震驚的故事。將自己如何保護他

人，以及這樣做帶來的感動與心情，向讀者展示態度和行爲所能夠改變案件的結果、法律制度本身，以及我們的人生

律師的各種面貌與職責

我自己常常聽身旁的律師分享他們辦案的心法。有的律師說，好的律師要像算命師，可以預測出訴訟下一步的走向。有的律師說，優秀的律師要像導演，在法庭上讓每個角色都按照他的劇本來演。

我的側面觀察則覺得，律師的職責，是盡一切力量，在訴訟上取得當事人的最佳利益。有時候，完全的勝訴，不見得對當事人是最好的。

但是，有個很大的困難點是：委託人會說謊，也會隱瞞事實。這時候往往會影響到律師對情勢的判斷，甚至在法庭上被突襲。我想這是每位律師在執業生涯都會遇到的事情。

作者更說，對她而言，擔任律師不只是爲了當事人辯護，還必須是名心理學家、顧問、社工人員、母親或是其他五花八門的角色。我自己則認爲，律師的工作也像是擺渡人，陪著當事人擺過訴訟，踏上生命的另一岸。

而對當事人最難熬的，就是等待判決的時刻。

臺灣的司法程序，通常會裁定一個判決日期，然後在法庭上宣示判決。大部分的律師會選擇不到庭聽判，而是事後再打電話到法院詢問，或是上網查詢判決，在這之間的時差，就很容易不停收到當事人的詢問。

律師當久了，會有兩種分歧，一種是漸漸對勝負感到麻痺，訴訟過程就是照表辦事，甚至覺得勝負都已是意料之中。也有另外一種是不管執業再久，永不言敗。其實各行各業都一樣，面對挑戰的心態，都是自己的選擇。

為當事人爭取未來

我還記得，以前事務所律師在辦理一起被告刑事詐欺案件時，爲了幫剛成年的當事人取得緩刑，到宣示判決前一天，都還幫他打電話向被害人求情，就是希望不要讓他年紀輕輕就得入監，影響往後的人生。

而本書的其中一個故事，就是一位十九歲的少年，犯罪累累，在涉入案件的五名警官都對他做出不利的口供後，作者幾乎要投降了。負責偵查的檢察官也要作者不要再浪費時間在這件案子上面了。但當她看到那名有著堅毅藍眼睛的男孩，因歷經不聽攔查警官的指示轉身而被追打，遭反告，表示絕不認罪，寧願被判決，作者決定讓情勢反轉。

透過一連串的證據搜集及展示，推翻了警官的證言，最後如作者所預測，取得了勝訴判決。我想當時作者心中，一定覺得爲這位少年的未來開了扇窗。

然而，這位十九歲少年之後仍然一再犯案。二十一歲的他，有二十三件的竊盜前科，其後更是各種罪行不絕於耳。作者也在一次次的訴訟中，漸漸了解這位少年其實很聰明，懂得操縱他在訴訟上的籌碼，知道何時該認罪，何時不該認罪。他甚至會寫給法院一封漂亮、動人的信，信裡充滿懇求與改變的承諾，甚至會向法院保證自己會找一份工作。作者開始疑惑，身爲他的律師，在訴訟上又是怎麼樣的角色。直到有天，作者拒絕再擔任他的律師多年後，偶爾會想起現在的他究竟在哪裡？

這是律師與當事人的人生交會。在當下或許有重大的影響，其後，或許再也是不相干的故事，兩人之間，依舊只是擺渡上岸的緣分。

（本文作者爲【律師娘講悄悄話】粉絲團版主、輔大法律系畢業，現爲可道律師事務所負責人之妻。）

目錄 Contents

推薦序　重見法律事件背後的生命故事／法律白話文運動　楊貴智　004
推薦序　看盡人生百態的律師擺渡人／律師娘　林靜如　008
前　言　法律之前，「人」才是主角　017

第一章
不停偷竊的少年小唐　021
——法律究竟能不能幫上忙？——
我們已經對他使用了各式手段，但他還是沒有學到教訓。
我不想目睹他困在無謂又預料之中的蹣跚裡動彈不得……

第二章
因律師自大而受傷的德瑞克　055
——法律是否也會傷害我們？——
被告雖然攤在陽光下讓大家檢視，
檢方證人的身分卻是直到供證前都不會公開……

第三章
無法傳達眞心的家暴受害者薩芭 077
——法律能否彰顯血肉人性?——
家事法庭裡的女性們被那些糟蹋自己的人質疑、
被迫忍受對方提出的暴力恐嚇——無論是肢體的、心理的或肉體的……

第四章
不想要正義判決的男孩雷蒙 111
——法律能否挖掘全部眞相?——
眞相從來不會獨自存在,故事也不會只有一個。
相反地,每個案件背後都是複雜生命交織成的網絡……

第五章
爲婚姻犧牲自己的麗塔 141
——法律是否有不合時宜的迷思?——
婚姻是在當代無容身之處的過時儀式。
或許這個古董級的規則,以一種獨一無二的方式將彼此緊緊相繫……

第六章 努力打破惡性循環的瑪姬 179
——能否質疑錯誤的法律建議？——
多數人總是出於良善意圖、想要提供幫忙。
有些人卻認爲好心和正確的意圖，可以成爲惡劣表現的藉口……

第七章 因好奇心和欲望而失去未來的彼德 213
——法律證據能否帶來正確的判決？——
我讀了敘述、與受害者對話，但是從未用雙眼正視這些畫面。
這讓我懷疑自己對於彼德的同情，根基於我從未親眼看過這些影像……

第八章 因恐懼不敢說實話的阿丹 241
——法律與正義是否完美無瑕？——
我已習慣大多數的案子，會存在著沒有解答的問題，
但是通常總會有一個理由，使這人決定來到法院並且編造謊言……

第九章 怨恨前夫而失去判斷力的海蓮娜 277

——法律會成爲復仇和怨恨的工具嗎？——

法律要承擔的是個深沉、卑微又棘手的負荷，
只要父母其中一方拒絕又或是無法擔待，法律便要扛下這個責任……

第十章 心智正常的精神病強暴犯克里斯 319

——法律能否辨別眞正的瘋狂？——

他是否早知道一旦說出哪些對的字眼，便得以遠離醫師？
這一切有多詭異，將病患本身的心理健康分析看得如此重要……

第十一章 替自己監護權出庭發言的少年裘德 339

——法律能否帶來改變、公平與正義？——

我們對司法體系的信任正一點一滴流失，造成了緩慢卻無法補救的傷害。
一旦我們失足其間，所有人都要付出代價……

致謝 367

前言
法律之前，「人」才是主角

法律，充滿古怪字眼與儀式，這個美好卻古老的世界，總讓外人覺得遙不可及。在那裡，鐵石心腸的律師披著長袍，以追求真相之名，試圖剖析指點他人的生命。儘管事實上他們對於當代世界僅是一知半解，甚至格格不入。

曾經我也這麼想。

我並非多數人刻板印象中的律師：我不是男性，沒有頂尖大學文憑，也並非出身於律師家族。基於對文字的熱愛，我選讀英國文學。我喜歡文字帶我進入他人的生命中，啓發我對人生有更深刻的理解。後來我發現，這正是律師在做的事。法律書籍裡錯綜複雜的巧妙論點背後，是一則又一則關於人性的寓言。我的工作，是爲我的當事人說故事——說出一篇引人入勝的故事——藉由法律世界的黑白分明，引導他們從混沌的灰色地帶，找出生命的定位。

本書由十一則故事組成，每個章節裡的人物，都是我過去在刑事與家事法院代表出庭的委託人。法律扭轉了他們的人生，有些變得更好，有些變得更糟、甚至是終其一生的變化。往往，這些故事也改變了我。

我開始思考，究竟自己與這些委託人之間是否眞有不同？又或者，在命運的造化弄人下，他們的故事有朝一日也可能在我身上搬演？

儘管每個刑事法庭的證據皆留有官方記錄，我在書中還是修改了案件中每個人物——從委託人、證人到律師——的姓名、外在描述和案件發生的所在地，以確保他們的眞實身分不會外洩。每則故事都是基於眞實案例所改編，包括相關角色的性別與種族背景。任何具有辨識度的特色，也都經過修改。之所以這麼做，是因爲本書的重點不在於案例中的人物，而是我們能從思考這些事件裡學習到什麼，而它們又是如何形塑現今的社會。

每篇以家事法庭爲背景的章節，事實上揉合了數個不同的案件於同一個主題。爲了維護家事法庭要求的匿名性，故事裡的人物姓名、描述以及地點，也都經過修改。另一方面，這也突顯了即便現實裡個案的情節各異，背後潛藏的問題卻是大同小異。我會在每篇的注解中，就專業術語及統計數據說明，同時也進一步解釋相關法律與程序的修改。

在完整閱讀一篇案例後，你將對法律與其程序有進一步的認識。但我更希望你能身歷其境，體驗頭戴假髮、佇立於法官和陪審團前，扮演司法體制下的一樣工具，是什麼樣的滋味。

本書不談趣聞軼事，「人」才是主角。

這些故事乘載心痛卻不失幽默，戲劇化的情節裡卻可能埋藏有苦難言的痛楚，這些經驗挑戰了我的預設觀點和成見。更重要的是，這些故事使我領悟到，「事情從不會只有一個面向」的眞理。每則案例都帶領我正視那些看似抽象的生命啓示：公平、正義與眞相。

我希望，透過閱讀他們的故事，你也能有所收穫。

第一章

不停偷竊的少年小唐

法律究竟能不能幫上忙？

他審閱小唐所有的前科，然後說，
我們已經對他使用了包括入監服刑等各式手段，但他還是沒有學到教訓。
問題是，我不想再目睹他卡於監獄和法院間，
困在無謂又預料之中的蹣跚裡動彈不得……

唐明尼克的口中溢出鮮血，嚐來像金屬般苦澀。他在隧道中狂奔，上氣不接下氣，喘息聲在磚頭間迴盪。

遠方傳來逐漸逼近的腳步聲，五名警官剛進入後方的地下道入口。他從隧道的黑暗中飛奔而出，夏日的一抹薄暮躍入眼簾。此刻，腿上的肌肉彷彿在燃燒，膝蓋也失去力量，他不禁踉蹌，停下腳步，不再前行。他拱起身子，氣喘吁吁地把手擱在大腿上休息。抬起頭，迎面而來的是一條山坡路，他心想自己這輩子應該怎麼也辦不到後，幾近如釋重負地起身，拖著蹣跚的腳步走回隧道出口，等待警官走向自己。倚在粗糙的磚頭上，他意識到自己仍然很醉。

當警官接近，小唐伸出左手，手心朝外，往地上啐了一口閃閃發光的口水。下一秒，一股巨大無比的力量將他往前推擠，他的臉幾乎就要觸碰到骯髒的路面；肩膀一陣扭轉，他的手臂被向後反折，此時手銬緊扣上他的雙手，金屬在腕骨上摩擦著。一只厚底靴狠狠踩在他的肋骨後方，正中脊椎，疼痛直侵腦門；他的後腿上方，有名男子雙膝半跪，以全身的重量壓得他動彈不得。說時遲那時快，他轉頭僅見一只碩大的黑色靴子正對著他的臉上踩下。隱約之間，他聽見剛被警察抓住的小卡在背後尖叫。

小唐依稀記得，那天是自己的十九歲生日，儘管當天的一切已像幻影般模糊。

看不見未來的少年

還在法學院讀書時，教授總要我們背誦許多日後幾乎不會再派上用場的論點。好比各種遺囑之間的差異、如何區別共同財產代理權和共同占有代理權、爲什麼要約邀請❶不像字面上看來那樣有趣。但就是沒有人教我，該如何爲兒童委託人辯護❷。

甫成爲律師那幾年，我了解到這是必須自行精進的重要技能，更漸漸體認到，代表刑事被告出庭辯護的意義，其實遠大於提供忠告，或是爲委託人喉舌這些表面的形式。除了律師之外，我還必須是名心理學家、顧問、社工人員、母親、或是其他五花八門的角色。這些沒有任何一項在我的法學課本有提過。我必須學習怎麼辨別受害人是否有心理健康的問題、遭受家庭暴力、酒精與藥物成癮，甚至漸漸學會怎麼判斷哪些人可能在案件審理結束後，會試圖結束自己的生命。

❶ 譯注。invitation to treat。「邀請招待」，商業法用詞，指希望他人向自己發出要約。這是當事人在訂立合約的過程中，一種預備行為，但並非必經程序。

❷ 有人建議所有執行與兒童相關之法律程序的律師，都應該接受相關的強制訓練，而管理出庭律師的法務機關——大律師標準委員會（the Bar Standards Board）目前正在考量這項需求的必要性。

然而，初期讓我最耗費心力的，是那些青少年法庭的案子。我會和我的青少年委託人一起坐在法院的走廊上，陪他們理解即將面臨的審判指示。過程中，他們可能還忙著緊盯手上的手機、地板、窗外的天空，但就是不看我。我慢慢習慣，法庭內擺的不是長椅，而是一張張的書桌。爲了維持他們的注意力，聽證會有中場休息，而且過程中會提醒我們要使用被告得以理解的用語。因此，我學會在書桌下和小小當事人玩剪刀石頭布，好讓他們在推事❸回到庭內做出有罪宣判前保持忙碌。我想出辦法來與因服用利他能❹而神智不清的十二歲孩子溝通，討論他們在夏夜裡做出的搶劫、威脅與持刀傷人行爲。

重要的是，我發現這些委託人其實不要我嘗試做他們的朋友。當社工人員以代理父母之姿，帶著銀鈴般的聲音伸出友誼的雙手時，他們會回以無情空洞的輕蔑。我試圖讓這些年輕委託人理解，敬重和軟弱間不能畫上等號，也因此取得了他們的信任和偶爾的尊重。這讓我得以安撫二十人幫派在走道上等待他們缺席的成員，或是追著我的青少年委託人到法院樓梯井，說服他們回去法庭面對羈押判決。

我第一次和唐明尼克見面時，他剛過十八歲生日。嚴格來說他已是名成年人，其犯罪生涯也因此將從青少年法庭換到治安法院與刑事法院。但就在他剛滿十一歲不久，便在青少年法院留下第一件竊盜罪的案底。同一年間，唐明尼克在三個月內被判刑兩次。在歐洲其他國家，十一歲仍被視爲兒童。但是唐明尼克住在英格蘭，這裡滿十歲即可依刑法定罪❺。在被判刑的接下來三年間，他的犯罪紀錄裡又多加了四筆竊盜。十四歲時，由於一次強行的延期審理，他面臨生平第一次的監禁。

他成年後的未來彷彿是條不見光景的單行道，背負一道道他人爲他刻下的案底記號❻。

多年來，唐明尼克自行發展——或被教導——一套老掉牙式的罪犯守則：絕對不要向警方告密；對於警方、性侵犯和揍女人的男人，大可以鄙視甚至暴力相向，但就是別對你的律師不敬；要偷竊，那就應該偷商家，不要對民間家庭動手；入侵他人房屋是不對的，然而

❸ 編注。英國司法體制的一種官職，略低於法官。中文裡的推事，指的是法官。表示根據證據「推斷事實」。

❹ 譯注。Ritalin。一種中樞神經興奮劑，常用於穩定有過動傾向孩子的情緒。

❺ 在英格蘭與威爾斯，刑事責任年齡為十歲，相較於其他歐洲國家與大英國協其餘地區都要來得低。法國十三歲，德國與義大利十四歲，丹麥和挪威十五歲，西班牙十六歲，比利時十八歲。在北愛爾蘭為十二歲（除了非常嚴重的犯罪之外），在蘇格蘭則不起訴未滿十二歲的兒童。部分神經發展報告中指出，未滿青春期（十三至十四歲）的兒童，其大腦控制情緒反應的能力和行為，無法與成年人的大腦相比。坊間許多組織與政府機關都不斷呼籲，英格蘭與威爾斯的刑事責任年紀也應該提高到十二歲。聯合國兒童權利委員會則一再重申，將最低刑事責任年齡訂為十歲，與在國際青少年正義標準和聯合國兒童權利公約下的責任不相容。

❻ 雖然在英國，過去十年間青少年入監服刑的人數已經大幅降低，但是出獄後一年內再次犯罪的青少年人數，卻已增加將近七〇%。（Proven Reoffending Statistics, updated 27 July 2017）

大一點的商家都有保險而且員工汰換率高，多少禁得起損失，更何況**沒有人眞心想在那裡工作**；但是偷了郵局和獨立零售商店，就値得你寫一封道歉信，說明自己知道會被判刑，然而出獄後可否在那裡無薪工作來補償；如果蠢到被逮就得認罪，但是只在證據充分的情況下才承認犯案。

每次我走向法院深處的會議室時，小唐都會起身向我問好：「**早安，女士！**」好像我是校長，而他是被禁足的學生。

第一次接到唐明尼克的案子時，我一點都不了解他。我只知道他被指控攻擊三名員警，而他的事務律師❼要支付我一二五鎊的費用❽，來代表他出席接下來兩天在牛津治安法庭的審判。

在審判唐明尼克案件的前幾天，相關的檔案資料才抵達我辦公室的信箱。我心情沉重地讀著這些文件：小唐才十九歲，犯罪紀錄的頁數已和他年紀一樣多。我一邊審閱著警方的供詞，一邊心想：他想必會認罪的吧。警方的證詞大同小異，雖然從經驗判斷，我知道警方會面帶驚恐地否認所有串供的暗示。

我在想這起審判可能會由誰來起訴。有別於刑事法院，治安法院鮮少有代表國家的獨立大律師。相反地，皇家檢察署❾常常指派相同的內部律師到法院。他們會起訴當天每項來到他們法庭的案件。可想而知，這意味他們就猶如該區的法律顧問，推動法院運作的同時，也提供法律意見；又或者像是法院書記官，一身飛舞的黑長袍在法院內外來去奔波，確保每個人都出現在該出現的地方；又或者更像是推事——由三位市民組成的小組——自告奮勇坐在審判位置評判眼前的人。

身爲被告的大律師，走進這裡是件寂寞的差事。早年如果在法庭裡看到檢察官在與法律顧問和書記官開玩笑，大概可以猜到無罪判決的機會渺茫。所以爲了讓他們喜歡我、信任我的專業，我很努力試圖讓自己融入。就某種程度而言，他們對我的信任構建於一項認知：我已審慎閱讀並且了解不利我委託人的證據，倘若是件無望的案例，我也會如實告知委託人。

我把唐明尼克的案件檔案放進行李箱，拉上拉鍊。我認輸了。當五位警官的供詞一致不利於這名十九歲男孩——一個他們熟悉到可以直呼名諱的男孩，還有什麼更絕望的？

❼ 編注。此為按照海洋法的傳統，對於不出庭且主要從事非訴訟業務的律師之稱呼，也被稱為律師。

❽ 英國刑事大律師絕大部分的薪資，來自由全民買單的法律援助計畫。在刑事法院，律師擁有固定的出庭費用；在治安法院，被告的事務律師會從他們的官司費用中，支付所指派的大律師。此費用沒有固定金額，但二〇〇八年大律師公會建議，治安法院最低出庭淨值費用應為一場聽證五〇鎊、半天審判七十五鎊，以及全天審判一五〇鎊。二〇一六年由青年律師委員會所進行的調查報告中指出，執業七年或以下的律師中，許多人仍領取低於此數字的報酬。

❾ 譯注。Crown Prosecution Service，CPS。英格蘭和威爾斯檢察機關，主要職責為對可能的違法行為提出訴訟。

逆轉情勢的證據

兩天後，我步行經過牛津車站前庭，選擇從後方小徑前往法院。我拉著行李箱顛簸下樓，沿著河岸散步之際，留意到盛開的春季野花正對著我燦笑。走到小徑底，我轉身，拉著在石板路上喀喀作響的行李箱，穿過寧靜蜿蜒的巷弄。最後，我抵達舉行審判的治安法院。那是一幢矩形的紅磚建築，以笨拙的姿態俯瞰停車場。法院對面是一條窄到幾乎看不見的巷子。站在陽光下，我內心嚮往著跨過對街，溜進那條蜿蜒窄巷。我知道從那裡過去，可以從基督教堂雕花的大門走出來。映入眼簾的將會是生機蓬勃、含苞待放的一片草坪。然而我沒有這麼做，我轉身走向法院，準備我可以做到的：在開庭前一個小時，說服委託人不要進行審判。

我穿過抽著最後一根香菸的人們，接著越過警衛，拉著行李箱，踩上漫長的層層階梯，直奔法院。牛津治安法院位於單一層樓，其中一邊是一間間的小紅磚會議室，另一邊則有扇雙重旋轉門，可以通往四間法庭；還有一扇單薄小門，通往封閉的辯護人房間。樓層的主要區域爲等候區，有一排排固定的座椅以及嘈雜的人們，等待正義之輪爲他們帶來公道。然而，推開了通往法庭的沉重橡木門，裡頭的一切卻是如此沉寂而壯麗。這扇門上沾有深棕色的汙漬，上頭包覆的綠皮革和法庭另一端的三把推事座椅相同。推事席往下俯瞰兩排律師長椅，及在法院後方以玻璃板組成的被告席。

那天早上，我獨自走進法庭尋找負責唐明尼克案的檢察官，她正在審閱文件。我雀躍地向她問好，同時聽她聊「被困在這樣一天」的苦水。當我確認哪些警官已抵達並準備好出庭舉證時，她半開玩笑地問我：「是不是眞的要浪費時間在這件沒有希望的審判上？」我報以微笑，表示我必須去找委託人了。推開法庭大門的那一刻，我多希望自己可以轉身向她保證，我會在一小時內回來，準備看我的委託人就三項指控認罪。

然後，我遇到唐明尼克。

我在等候室內呼喚他的名字，一名滿頭深黑色捲髮、有雙堅毅藍眼睛、高䠷纖瘦的男孩回應了我。他拾起背包，從容自信地向我走來。他和一群等著要在法院聽衆席觀看審理的友人已等了一段時間。這群男孩中，摻雜兩名女孩。一人是阿卡，他的共同被告，還有小唐的姊姊蘿西。我感受到團體內的躁動不安。從過去的經驗我可以猜到，小唐的朋友會就審判做出什麼樣的反應。面對無可避免的有罪判刑，他們會站起來、憤怒地用髒話謾罵。

唐明尼克和我面對面坐在會議室內。他有股猖狂的精力，臉上同時流露出錯置的高貴，宛若他是奉行享樂主義的一名貴族。他仔細聆聽我核對證詞，並且測試他告訴事務律師的事件發生經過。他的案子不複雜，就是警官控訴他，不是他控訴警方。他和友人喝酒慶生，接著聽見警官大聲呼喚他，並叫他過去。然而他單純因爲不想再次被警察攔查與搜索⑩，他沒有聽從指令，反而轉頭跑開。警方跟隨他，將他壓倒在地，然後對他拳打腳踢。阿卡跟在追趕小唐的警方後面，目睹了警官壓在他身上，因此試圖拉開他們。當警方把注意力移轉至阿卡身上時，小唐便逮到機會脫逃。只是礙於手腕被手銬給銬住，他很快地又被警方抓到。他們再一次將他擒拿在地，往臉上噴催淚瓦斯，接著把他摺進警車，最終以傷害之名將他逮捕。

看著筆記本以及爲了應對警方證詞準備的表格，我不禁嘆息。我警告小唐要做好心理準備，他的證詞可能不會被採信。畢竟他們是警官，而他只是唐明尼克，這就是人生。小唐覺得無所謂，他不在意警方是否把他看成一名敗類；也不管推事是否因爲要替他這種人虛耗時間以及公帑而不悅；甚至還得爲他這種敗類浪費資源，特地請警方來到法院與他應答。對於可能面臨的懲處，小唐也不甚在意。他唯一介意的，是他必須承認沒有做過的事。如果被判定有罪，那就這樣吧，但是他不能、也不會認罪。

小唐從包包中取出一疊照片，解釋這些是姊姊蘿西在警方一口咬定小唐有罪，把他從警局接回來後拍的。相片上的紅色數字清楚地顯示著時間與日期。蘿西打算在庭上供述她拍攝的時間，並描述小唐受的傷。我停下來盯著這些影像，並掏出警方的供詞，直接閱讀最後一段。小唐很清楚，單純供稱因警方傷害造成傷痕，不足以推翻現狀，他必須拿到訪談錄音供詞，讓員警坦承傷害他。我檢查了一下不利於照片的訪談紀錄。想當然爾，訪談的警官承認他們有看到在小唐肋骨、背部以及臉龐下方的抓傷和紅腫、手背上的割傷、右側太陽穴上的腫塊與擦傷，還有額頭中央的腫包與割傷。這些傷口經過一夜後，已變成青紫色的瘀青，在閃光燈下看來像是透過特殊七彩處理的線條。

我有些激動，因為知道情勢即將轉向了。離開會議室後，我讓小唐回到朋友身邊，我則獨自進入法院向檢察官展示照片，說出她不想聽的事實：被告不願認罪，我們將會開啓審判。

徘徊在法治正義的邊緣

我在一個教堂城市長大。在那裡，警察是我們的守護者。晚上從市區回家時，若看到警察，我都會刻意穿越馬路接近他們，因為這個舉動讓我備感安全。我家被偷時，我為他們泡茶；有人被打而肇事者逃逸時，我為他們指引正確的方向。我和他們的互動都是和平友善

❿一九八四年《警察與刑事證據法》第一節，賦予警方職權攔下個人（或車輛）以進行詢問與搜索。只有在警方有合理理由懷疑個人攜帶非法毒品、武器、贓物或其他可能用來犯罪的物品時，才有權這麼做。警方有責任向該對象證實自己的姓名與所屬之警局，以及預期找到什麼、搜索的理由，和為何得以允許執行搜索。民眾可以獲取當次搜查的紀錄副本。個人沒有義務停下或回答警方的提問。第一節中，只有一成的「攔查與搜索」最終會演變成逮捕。

的：未成年飲酒、被沒收僞造身分證，或是當我的母親對著擠在後座全部六名孩子大喊「快躲起來！」除此之外，我從不曾引起任何惱人的麻煩。後來我成爲一名大律師，即使在法院和他們站在對立的反方立場，我的發言與代表性依舊擔保了警方對我的敬重。唯有當我開始代表被告後才漸漸明白，爲何我的委託人對於警方常常有著跟我迥異的看法。

我遇過相當多認眞、勤奮、專業且努力求公平的盡責警官，也鮮少對他們進行交互詰問或檢驗證詞，他們多半會供述眞實的證詞。偶有懶散不獨立思考的警官，但很少會不誠實。還有一些老鳥眼見自身權力被侵犯，就會用繁文縟節來干擾調查，甚至扭曲規則，說些敷衍塞責的推託之詞，以確保他們眼中的正義獲得實踐；然而，這些人通常剛好徘徊在法治正義的邊緣。

從身爲被告辯護律師的經驗來說，我在法庭內挑戰的警官通常是另一種類型：無故濫用警徽以合法化霸凌、殘酷行徑與欺瞞。他們在供證時會撒謊或誇大，以至於我的委託人——可能犯了錯但卻不見得是他們所指控的那樣——會哭喊「不！這不是事實！」因此，與其認罪，我們要來到法院說出事發眞相，並且爲其餘被捏造的罪行辯護。

在唐明尼克案件中的警官，屬於後者。在此案進行審理的第二天，他們的證詞就開始動搖瓦解。

身爲唐明尼克的仲裁者，推事在僅知道他的姓名與指控罪刑的狀況下來到法庭。他們在開庭前沒有閱讀警方的供述，因為法庭內宣誓後說出的供詞，便是刑案中認可的證詞，不受開庭前所寫的陳述影響。

我當然事先讀了警方的供述，所有警官都表示他們覺得小唐有犯罪嫌疑，因此接近他，然後在他逃跑時追趕。當他們追上時，把他壓倒在地。這也是小唐指控他們的原因。因為他們用手銬銬住了他。小卡嘗試拉開警方，而當他們忙著對付小卡時，小唐則試圖脫逃，所以他們對小唐噴撒瓦斯並抓他到警車裡。然而，警方的證詞試圖簡化他們的行動，並誇大小唐要擺脫他們的意圖。每位警官說出的事件版本不盡相同，我努力想跟上這一切——在筆記本的證詞上畫圈做記號，好追蹤究竟是誰說了哪些話。

最後一名警官上前作證。他就是兇猛地衝撞小唐並將之打倒在地的人。

「就是他一腳把我的頭踩在靴下，往地上輾，還接著朝我的臉噴瓦斯。也是他，硬是把我狠狠摺倒，再抓到警車內。」小唐說。

對於我提出的每個問題，這名警官總是轉向推事，還搭配誇大的敬重態度陳述，以顯得他與推事立場一致。他雙手交疊於前，不避諱展現對我所有提問的不以為然。

「那麼，警官先生，當你在街上看見唐明尼克後便立刻趨前，是這樣嗎？」

「對，沒錯，庭上。就在被告要逃逸之前，我們上前追捕他。」

「你是說，他跑開而你追趕他？」

警官直盯著我——一名乖巧的中產階級女孩，穿著黑色套裝，說著一口時髦的口音。他必定心想，我是站在他那一邊的。

「可以這麼說，庭上。」

「當你看見被告時，他是否看來安然無恙？我的意思是，在他的臉、手或身體其他部位上，都沒有你能夠觀察到的受傷跡象？」

「完全沒有。」

「當你追趕上被告時，他是俯身、高舉雙手站在隧道盡頭，是這樣沒錯吧？」

「我不記得他的姿勢。我要防止他再次逃跑。」

「藉由將他扳倒在地？」

「對，庭上。」

「那麼，隧道外頭有一處草地，你說你就是在那裡扳倒他的嗎？」

「確實如此，庭上。」

我停頓了一會兒，看著我的筆記。「請你完整地說明，警官先生，你是如何將他壓制在地面上的？」

「以內政部許可的做法，庭上。」

「我明白了。再請問什麼是內政部許可的做法？」

「是一種專門避免造成傷害所設計的技術，庭上。」

「為你？」

「是的，庭上。」

「同時也為被壓制的人設計？」

「沒錯，庭上。」

我抓到了！終於，我抓到他的把柄了！

「我了解了。基於上述部分原因，你將被告壓制在軟草皮地，而不是堅硬的步道上？」

「當然，庭上。」警官轉向推事們，一臉洋洋得意。

我看著推事，同時在腦海中建構下一個問題。「我明白了，警官先生。說明地更清楚些，使用經內政部認可的做法——在草皮上，得以保護你和被告不受傷。我的理解正確嗎？」

「正是如此。」

我挪開筆記本，從下方取出照片。此時，我感受到檢察官有些躁動。先前我出示過這些相片，然而她沒有料到警方的證詞卻否定了它們存在的可能。我高舉手中的照片，推事傾身往前，注視著光亮相紙——那是遍布著瘀青、紅腫與割傷的特寫畫面。

「那麼，警官先生，能不能麻煩你解釋一下，我的委託人是怎麼變成這樣的？」

書記官從等候室傳喚我們入座，我們安靜地在法庭內等待推事回來。他們已經做出最終判決。我迅速瞅了一眼後方的被告席，坐在裡頭的小唐直瞪著地板。當推事們魚貫進入法庭時，站在小唐身旁的阿卡抬起了頭。隊伍最前方的法律顧問，走回她在審判長椅下方的座席。待法庭內所有人都就座後，她要小唐和阿卡再度起身以聆聽判決。

縱然這樣做可能無濟於事，但我還是把照片散攤於前方展示。此刻，即使推事多瞧一眼這些影像，也不會因此中途改變判決。望著相片中遍體鱗傷的小唐，我心想，或許我只是想證明自己的氣憤其來有自。

審判長坐在三人中間，身軀微微前傾。與我出庭遇到的多數推事相仿，她有著相當典型的推事樣態：文雅的談吐、銀灰色的頭髮，還有一只擱在鼻尖的細小半月形眼鏡。她開口說話時，眼光掃過照片並注視著被告席。

「我們已經審慎聽取來自五位警官、兩名被告以及其證人的供述。同時，我們再次審閱被告的面談紀錄，並將法律顧問提供的意見納入考量。首先，卡洛琳·伍德，妳被控毆打與踢踹警官。妳供稱自己的所作所爲是基於保護共同被告，並否認以上所述之行徑。但是我們認定妳確實有和警官接觸。」

我記下她所說的字句，忍住不讓自己發出嘆息聲。

「……然而，由於警官的供詞與唐明尼克受傷的證據相互矛盾，我們因此認定妳的行爲是出於保護他人之目的。據此，我們判定罪行不成立。」

我摒住呼吸。審判長移動了她的目光。

「唐明尼克．帕克，我們也已審愼地聽取針對你的指控之相關證詞。首先，你被控攻擊史密斯警官和唐肯警官。由於證據相互矛盾，我們判定你無罪，並且認定你做的任何接觸，皆屬於當下情境的意外。最後，你被控攻擊戴維斯警官。我們認定，吐痰本質上屬侵犯行爲，它確實曾發生，然而這是你受催淚瓦斯影響產生的直接反應，因此亦屬偶然。我們據此，判定所有罪行皆不成立。」

我站起身，希望自己的聲音聽來從容不迫。我曾預設眼前三名推事，絕對會偏袒警方而不採信被告方的說法，然而他們與我過往庭訊上遇到的人們截然不同。我錯了。我對自己感到羞愧，居然設想他們會把相同偏見加諸於我當事人身上。這些推事們當然不會直接點出警官在說謊。這些年來，無論證據本身多麼明顯，卻從未聽聞有推事指控警方的不良作爲、謊言或誣陷栽贓。被告的平反有賴於無罪的宣判。

看著身後的唐明尼克，我明白對他而言，這一切已經足夠了。

「庭上，是否可以釋放被告了呢？」

「當然。請打開被告席。」

他從不在乎被逮捕

第一次勝訴後，我又陸續代表唐明尼克出庭了幾次。他的罪行不出竊盜，偶有輕微暴力與多次擾亂公共秩序。主要目標是現金、酒和香菸，因爲他知道這些物品可以迅速轉售，只是賺來的小錢也從來不夠長期支應他的生活。很快我就發現，他不是特別厲害的小偷。他通常是隨機犯案，未事先計畫。也時常是在喝茫的狀況下，偷竊後索性把一連串證據像麵包屑一樣丟棄在現場。

一次又一次，我審閱不利於他的證詞後一笑置之。有一回，逃離現場時，他在攀爬出辦公室窗戶的過程中卡住了，被路過的行人看到。他就這樣卡在半空中，直到警察來逮捕他。還有一回，他把自己的包包丟出窗外，把裡頭剛偷來的酒瓶摔個粉碎，沒想到這個聲響反而招來其他好奇目擊者的關注。更有一次他喝醉後闖入民宅，現場留有沾上他指紋的工具，以及手上割傷留下的血跡汙漬。

但是，我最喜歡的證據是一封信。爲了讓搜索小唐公寓的警察找到這封信，他把它像情書般小心翼翼地放在枕頭下方，上頭寫著：「去你的蠢豬！你抓不到我！哈哈哈哈哈！小唐×××。」不意外地，警察後來逮到他了。

在我後來參與的案件中，只有一件案子小唐拒絕認罪。

小唐被指控闖入當地大學，不利他的證據其實很單薄，但是原告律師仍決定對他提出指控。他們知道他有夜盜罪的案底⓫，意味著他有再犯的可能性，同時表示此案依法會進入審判程序。舉證過程中，我在檢方開始盤問前問起小唐的過往，希望能降低稍後的衝擊。

「唐明尼克，」我開口，對著站在證人席的他說，「你今年二十一歲，有二十三件竊盜前科。」

他的雙手交疊於胸口，低著頭。我們唯一能清楚看見的，是他一頭深色的頭髮。

「是的，女士。」

「你怎麼針對這些竊盜指控抗辯，唐明尼克？」

他抬起頭、直率地回應我的目光，「女士，對於這些，每項指控我都認罪。」

「那麼唐明尼克，這件案子你**爲什麼**不認罪？」

「因爲……」他轉頭望向推事，推事們回應他的眼神，「……我沒有做。」

⓫ 每名被告走進法庭時，皆應被視為無罪。推事、法官或陪審團等決定被告罪行者，無法得知被告先前的犯罪紀錄，以防影響處理事證的做法。然而，一旦「不良品德」證據申請獲准，法官會允許陪審團得知被告（或證人）先前的犯罪紀錄，或是曾有過的其他不當行為。此證據必須通過法定測試。但是最常見的是，當證據顯現被告有犯下此類罪行的傾向，而被告剛好在相似罪行的審判中；或是證據顯示他有說謊傾向的話，只要法官認為這樣做反而使聽證不公平，即使已通過法定測試，法律仍設有機制避免允許不良品德證據進入審判程序。

當法庭做出無罪宣判，小唐和在外頭等他的友人們一哄而散。我不禁猜想，我剛剛是否與其他推事一樣，都被他騙了。如果是眞的，我是否因爲他可以擺脫這一切，而該替他高興？

隨著代表他出庭的次數增多，我開始對他有更進一步的認識。唐明尼克或許是名糟糕的罪犯，但他並不笨。他會跟我討論證據的細節，哪一項指控或許可以說服原告律師撤銷告訴，哪一項則應該要認罪。對量刑指導原則⓬，他已有初步的了解，也就是那些所有法院遵循，同時也用來決定他未來命運的流程表。小唐會告訴我犯行的指導原則等級是否適用於他，也會點出案件的細節，說明法官可能會就此做出低於法定量刑起點的裁決。

然而，他最特別的專長，是寫給法院一封漂亮、動人的信，字裡行間充滿懇求與改變的保證，還有他在罪行之外的承諾——找一份工作。儘管這還沒實現過。他的文筆很有魅力，拼字和句法比起許多把他關起來的警官所寫的供述要好太多了。即便這些信件不眞的起作用，但不只一名法官提及他的文字條理分明。他有足夠的機智知道哪位法官會審判他。「喔，好吧。」有一次，他把手裡的親筆信揉成一團時一邊說，「他看過這封信了。」

小唐要出席許多法院聽證，有時候一週還沒過，我們就又見面了。我逐漸明白，他不在乎是否會被抓到，也不把後果放在心上。有時候，在我從法院返家的路上，我望著車窗外的落日餘暉陷入幻想，想像著我將帶他遠離現在的是非。我會幫他找到居住的地方、找一份工作，以及幫助他找到釋放精力、叛逆與性格的方法。我會讓自己陷入這樣的白日夢，但心裡也明白這恐怕永遠不會成眞，所以我也從未眞的去嘗試。

罪惡的無限循環

在認識唐明尼克六年後，我在不知情的狀況下最後一次代表他出庭。

我前往辦公室，取出信箱內的案件檔案，開始瀏覽證詞。小唐要爲他一連串夜盜的瘋狂行徑出庭應訊。他與兩名友人在秋季的某天晚上，醉醺醺地帶著拔釘鎚大鬧了一場。三人直搗沿路的當地商家：乾洗店底層的門被砸毀，還被偷了一五・二三英鎊的零錢；特易購Express的門被砸得粉碎，價值三二〇・二一英鎊的酒遭竊；報攤有五〇〇英鎊的香菸和

⓬ 英格蘭和威爾斯的司法部量刑理事會建立之目的，在為所有犯行建立指導原則，以確立國內法官與法院間的一致性。然而其效果已經嚴重減低法官的自主性，因為法官需要好理由，才能在不畏懼「量刑過輕審判計畫」，或是被告上訴的情況下偏離指導原則。取決於案件本身的事實，指導原則時常將特定罪行依不同嚴重程度做區分。在個別層級中，指導原則建立審判的起始點，並指明最低和最高刑期。原則中也會列出常見的加重和減刑因素。這些原則確實成功確保先前所欠缺的審判一致性，但另一方面也被認為導致刑期大幅度增長，造成前所未見的入監人數（二〇一七年十月有八五四〇九人）。然而，單一罪行之最高總刑期（有時候是最低刑期），卻是由國會制定。

二十六英鎊的酒被摸走。最後一站是地產仲介公司和洗衣店，他們到了那裡精力已耗盡，因此空手而返，留下裂成兩半的門做爲他們闖入的證據。

小唐知道自己必須認罪。血跡、指紋和DNA，一切證據宛如童話故事《糖果屋》撒下的麵包屑，一步步帶領警方向他逼近。然而，十二個月前他才因爲另一件夜盜罪被判刑。依法律規定，他在服了一半以上的刑期後被釋放。然後就在刑期即將期滿的一個月前，他又犯下這些新的罪行。這意味著，小唐會立刻被送回監獄，去服完之前判刑剩下的刑期。一個月過後，我們一致認爲向法官請求交保的機率微乎其微。根據量刑指導原則，這類夜盜罪的最高刑期是五十一週。小唐已經認罪，意味著他可以獲得三分之一的減刑[13]。但是我倆都知道，法官會把他先前的犯行納入考量，然後處以最長的刑期。就算抵銷他先前已服完的刑期，小唐或許還是得在獄中待上一段時間。

唐明尼克還在監獄服刑時，他的共同被告加入了這起案件。在他們不認罪、審判之日未明朗時，他仍會待在獄中。小唐的審判像塊漂浮物，漫無目的，可能在任何一天開始，但是明確的日期取決於其他因故開不成的庭審：如果另外一位被告認罪，或者一名證人沒有出庭，又或者發生其他意外事件，使得法庭有空檔，那麼小唐的案子就隨時可以頂替。但是，如果法院沒有空檔、審判還沒開始一週就過完了，那大家就得在幾個月後，重新經歷這一切。

當我得知小唐要等共同被告們的審判結束後才能受審，我說服法官准予他保釋。在此之前，他已經回到獄中又待了二十週。我告訴法官，小唐花在獄中等待判刑的時間，很有可能比他最終裁判的刑期還久。法官同意了，並在列了一整張清單的保釋條件下釋放他，要求他每天向警察局回報，並接受嚴格的電子監控宵禁監管。

在他們審判的第一天，唐明尼克的共同被告改變立場認罪了。我不了解究竟是什麼原因，讓他們花上八個月來承認犯行。我唯一在乎的，是確認小唐在等待接受懲罰時，所有花在遵守那些麻煩條款的時間，能獲得認可和讚許。法律聲明，受電子監控的活動限制，等同於待在牢中半天。在準備他的裁決聽證時，我在筆記本上寫下並圈起以下數字：由於這些罪行，小唐已在還押候審期間被監禁一一一天，外加一七六天的電子監控宵禁，累積共二十八週。他服刑的時間，已經比任何法官可能宣判的刑期都還要久。

我從之前的判決紀錄上查到小唐的生日。他剛滿二十四歲，只比當時的我年輕八歲。

⓭ 法律聲明，若被告在審判前認罪，皆可獲得減刑的權利。越接近案件審判日，減刑幅度越低。在唐明尼克的官司之後，唯一得以讓被告保證減去完整三分之一刑期的方式，是在上送至刑事法院之前，便先在治安法院裡認罪（或者在治安法院審判的第一次聽證時認罪）。之後，減刑幅度隨時間接近庭審而遞減。審判第一天前認罪，可減其刑期五分之一；審判第一天認罪，可減其刑期十分之一；審判開始後才認罪，則無法減刑。有人對此提出批判，指出辯方律師往往在初期聽證時未能從檢方獲得足夠的公開資訊，以至於無法在全盤了解案情的狀況下，為被告提出建議。

至今一切的白做工，加上避免不了的惡性循環，都使我心煩意亂。之前幻想小唐神不知鬼不覺地遠離現在的生活，如今看來顯得空泛又詭異。當我把假髮、法院用袍和卷宗收進手提包時，對於曾經沉溺於想像小唐能有所改善的自己，感到無比羞愧。

拜託！送他進監獄！

我手中握有小唐的判決前報告書⑭。薄薄的一疊卷宗記載著觀護人對小唐的分析——一份他人生的摘要，摻雜他對犯行的自責懊悔，以及觀護人向法官提出的判刑建議。我抬起頭，只見法官緊皺眉頭。

「蘭佛德小姐，我讀了報告，妳的當事人對觀護人表明自己**想要**執行社區刑罰。他說自己還不想回監獄，並宣稱需要一個機會，去停止從事那些慘不忍睹的犯行，並解決自己的飲酒問題。此外，他願意接受**任何**我指示的社區計畫活動？」

在小唐認罪後沒多久，也是距離現在好幾個月之前，觀護人便寫好他的報告。儘管他違反必須遵守的每一項社區命令，仍舊善用他的個人魅力說服觀護人他有所不同。

「我在監獄裡已經上了各式烹飪和衛生的課程。在成長的過程中，學習如何煮飯給自己吃，有機會的話，將來我想成爲一名專業的廚師。我也眞心認爲自己能做得很好。」

我可以想像他看來多有說服力、多有魅力。觀護人必定看著指導原則，上頭寫著監禁量刑以十八週爲起點。看著眼前這名微笑的年輕男子，她聲稱他只是需要休息，並且記起她從事這份工作的初衷：幫助人們，而不是送他們去監獄⓯。然後她會回到辦公室並打下：「此案爲特殊例外，我建議應處以長時間的社區刑罰。」

然而，當小唐告訴觀護人這一切時，並不知道實際上等待判刑的時間，會比服行此罪最高刑期還久。現在，歷經好幾個月的獄中生活、電子監控，還有預想未來一年和觀護人的每週例行會議、課程、義工服務——即使他已經花時間做了這些事——可想而知，他已經改

⓮ pre-sentence report, PSR。在被告認罪後，由觀護人為法院準備的文件。除非已可預見長時間的監禁，多數案件只會準備一份報告。觀護人會訪問被告，在審判前報告中列出犯罪者的過去、悔意、脆弱以及改變的承諾，並提出任何可能適用或可用之社區刑期建議。此為對法院的建議書，法官無須遵從。

⓯ 在西歐國家中，英國擁有最高的入監人數：八五四〇九人（UK Prison Population Statistics briefing paper, April 2017）。雖然成年罪犯的再犯罪率降到二〇〇四年以來的最低點，然而大量前科犯罪者的再犯罪率卻仍舊偏高。相較於長刑期後釋放之受刑人，短刑期後釋放者一直呈現更高的再犯罪率。刑期低於十二個月之成年人的再犯率高達六五．五%，服刑超過十二個月的受刑人則僅有二九．九%。對於服從法院命令，如社區刑罰或緩刑判決命令之成年犯罪者，其再犯罪率為三三．九%。這表示儘管我們無法知道犯罪者性格上的差異以及其判決的類別，社區命令比坐牢更能有效減少犯罪，而短刑期對於任何模式的改過自新作用並不大。（*Proven Reoffending Statistics*, October 2017）

變心意了。

我仔細斟酌這些論點，同時衡量承審法官。他是名紀錄法官：一名大律師，一年會有幾天坐上法官席審案。據我所知，他的專長不是刑法，而是民法爭端。我要再試一次。

「是的，庭上。我了解我的委託人做了這項表述。不過，可否容許我敬重地再次提醒您有關此案判刑的指導原則？我擔心觀護人的建議過度樂觀。庭上，您可以看到，就第二類的非家庭夜盜罪而言，量刑起點——不論是否存在抗辯或過去是否曾定罪——是十八週的監禁。庭上您可能也注意到，括號中的最長刑期是五十一週。因此，我的委託人已經服了**超過**最高限度的刑期，而這還不包括他因及早認罪所獲得減刑的三分之一。我尊敬地**促請**法院務必慎重，不要做出將被證實為『過量』的判刑。」

法官低頭讀了我遞上的指導原則。他停下，我好奇自己是否要再一次強調這個重點。設計此量刑指導原則是為了建立法院間的一致性，多數案件也確實好好地將其實踐。然而這些原則也面臨一些風險，意即未考量掌握裁奪大權的法官之技巧與觀點。

我想起一名之前出庭時遇到的法官，他總是獨來獨往。他曾經審判我的委託人——一名有打架前科的男性，因為幾回棍棒鬥毆的傷害事件而受到處分。根據指導原則，他應該要直接入獄服刑，但法官沒有這麼做。相反地，他斥責我的委託人：「別再過醉生夢死的生活了。少惹麻煩、去找份該死的工作，然後一年後回來這裡說你都做到了，不然我就直接送你進去關十八個月。現在滾出我的法院。」一年後我的委託人和我回到法院，展現他已經忠實地遵從這些指令：他有了新的資歷、新的工作、新的家和未婚妻，也確實遠離了麻煩。從此之後，我深信法官透過保有他在監獄外的生活，拯救了他的人生。

然而現在，我需要給唐明尼克一個完全相反的處理方式。我看著法官，希望他明白我提出抗辯的原因，促使他做出入監服刑的判決，好讓小唐今天得以從法院全身而退。

「好的，謝謝妳，蘭佛德女士。還有其他要說明的嗎？」

我猶豫了，確認沒有其他需要進一步說明的，便重返我的座位。兩名共同被告的辯護律師站起身，反而輪流向法官請求酌量減輕刑期。他們的委託人之前就蹲過牢房，並知道現在是時候改變了。這是他們最後一次的機會。他們的大律師促請法官不要將他們送進早已屢見不鮮的監禁惡性循環，並央求法官使他們的未來能轉到不同的方向。

法官點點頭，清了清喉嚨並且看向被告席，我注意到自己摒住呼吸。

司法體系能不能幫上忙？

「妳在開玩笑嗎？」我的事務律師在電話另一頭低聲咒罵。

「這不是玩笑，我很清楚。」我說，「他判決小唐執行社區命令。他要接受十二個月的監督以解決酗酒問題，還要上增進思考技巧的課程，跟一二〇小時的義務勞動。其他兩名共同被告也獲得類似的判決。」

「荒謬至極！法官沒看他的紀錄嗎？小唐根本不會照做！這樣下去，我們幾週內就又要爲了違約回到法院。這根本是要他萬劫不復……」

「我試圖做了類似的說明，但是法官未能理解。他同意這是第二類的夜盜罪，也同意由於有一件以上的入室竊盜行爲，所以會加重罪行的嚴重程度。而且他們事先準備了拔釘槌，在酒精影響下於夜間犯案。我的意思是，光是**單就此案件**而言，就已經是能立即成立的羈押審判。法官顯然在進行某種改造任務，又或者，他認爲自己必須遵從觀護人的建議。我不知道。他審閱小唐所有的前科，然後說，縱使已經使用了包括入監服刑等各式手段，他還是沒有學到教訓。現在，正是執行社區命令的時機。」

「但是他所有花在還押候審的時間呢？法官怎麼可以忽視？」

「法官沒有忽視。他說，正由於小唐花在還押候審的等待時間如此久，所以他不會做出入監服刑的判決。實際上，他把這個當做緩解措施。我提出上訴請求，想當然他拒絕了。別擔心，我會替你寫份給上訴法院的申請草稿。」我停頓，電話另一頭是一片沉默。「問題是，小唐已經喋喋不休地向觀護人表明想要改變。他說雖然自己過去違反社區命令，但他堅持想要有一次改過自新的機會，他知道這次眞的可以翻轉情況。很顯然地，她被說服了，接著說明小唐改變的動機。」

「我了解了。」我的事務律師停頓，「我可以想像，他到現在是不是已經沒有那麼有動力想改變了……」

我遲疑了一下，「可以這麼說。」

離開法庭後，小唐帶著憤怒，對站在走廊的我吐口水，我明白這其來有自。早已經不是第一次聽他抱怨這個了：硬把與負責監督之觀護人的約定，塞入爆滿的時間表，問題是那些會面毫無意義，就只剛好夠時間簽個名、草草問幾個問題。偏偏這些問題從來不足以衍伸出深入又私密的對話，來構成撤銷罪行的理由。

我盯著眼前怒火中燒的小唐。去年他身上長了點肉，本來稚氣的男孩輪廓，變得有些頹廢。臉上多了幾分消沉喪志，那是一種我沒看過的敵意與無情。我望向其他簇擁在法庭門外的被告們，那是我第一次覺得很難從衆人中辨識出小唐。

我爲小唐案件提出的上訴申請，遭到上訴法院駁回。一個月後，離開法院的某天，我站在火車站月臺上聆聽來自書記官的語音留言：小唐在後天有個法院聽證，他的律師問我能不能幫忙代爲處理。在上訴遭到駁回後，小唐拒絕前往與觀護人進行例行會面，聲稱是浪費時間。法院經要求，發現他違反命令而因此予以判刑。語音留言提醒我，我的行事曆上，同一天已安排另一個案件，那是一個毫無希望的揮鞭頸部症候群⑯求償案。我已經花了好幾個小時準備，案件當事人被指控爲某個專門製造假車禍以求償現金的組織成員。通常，我會想盡辦法拒絕這種案件。因爲我知道，只要還有個稱職、有血、有肉，這些事務律師們不會在意是誰代表委託人當這些法官的出氣筒。我回電給我的書記官，一邊聽著他的回答，一邊想像上一回和唐明尼克會面時的樣子。

「儘管我知道自己過去在審判中爲他辯護，且應維持辯護律師的連續性。問題是，另一個案件已經早一步安排在我的行事曆上了。因此嚴格說來，我必須接下這起案件⓱。」我稍做停頓，「我也已經花了很多心血在另外那件案子，如果把它交給別人，我將拿不到半毛錢。而且，這場不履行判決的違規聽證也僅能剛剛好負擔我到牛津的火車費⓲，不是嗎？」

我說的全都是眞的，也全都無關緊要。

要是在一年前，我不會有這樣的想法：我會接下小唐的案子。問題是，我不想再目睹他卡於監獄和法院間，困在無謂又預料之中的蹣跚裡動彈不得；我不想再看著司法體系無力幫他，而小唐又無法幫自己。這不只讓我感到無能爲力，也讓我感到自己是這個體系的共犯。我打電話給律師，解釋自己爲何沒有辦法支援這次的聽證，同時試著忽略啃噬我內心深處的罪惡感。那次之後，雖然她也問我能否協助代辦其他案件，但她從來沒有再把小唐的案件指派給我。我永遠不知道，是不是小唐自己要求其他律師來代表他。儘管這些年來我一直代表他，但我與其他人一樣，終究放棄了他。他不會原諒我。

在拒絕小唐案件的幾年後，我爲了其他案件來到牛津。那天晚上我和友人一起前往她公寓附近的小酒館用餐，地點離市區有點距離，是我不甚熟稔的地區。餐廳裡氣氛輕鬆嘈雜，員工和用餐者多爲學生。用餐完畢後，我走向櫃檯付帳。櫃檯後方是通往廚房的門。當員工端著盛滿的餐盤與完食的器皿走進走出，門簾不時搖晃。我抬起頭，有點好奇門後的活動。在那裡，我看見一名正靠在不鏽鋼工作臺的男子。他穿著白色的廚師服和格子褲，側臉對著

⓰ 譯注。Whiplash Syndrome。突然有拉扯或「抽動」的動作，讓肌肉和韌帶伸展超過正常動作範圍，進而造成頸部軟組織受傷。為車禍常見後遺症，因為安全帶雖然能阻止人體向前衝，但是突然的作用力讓頭部仍會猛然向前擺動再迅速向後彈，造成頸部肌肉和韌帶過度拉扯而受傷。英國監管當局統計，每年車禍小額理賠約有八〇萬件，其中揮鞭頸部症候群的求償案件就多達七十五萬件。

⓱ 大律師依循稱之為「驛站原則」的系統運作。只要擁有足夠經驗和資格，且日誌上仍有空檔，就必須要接下來到眼前的案子。此系統防止大律師憑個人好處或案情接案。當官司撞期時，大律師與其助理會衡量個別委託人的相對責任，以決定哪一件案子應該視為優先。

⓲ 如果據稱被告是違反社區判決（意即未履行判決時），會被遣送回法院參與違規聽證。法規規定，一場違規聽證的辯護費用至今仍保持為八五．一一英鎊。我代表唐明尼克出庭辯護的費用，再減去辦公室營運費用一七．四四英鎊與火車票五七．一英鎊，因此合計稅前酬勞為一〇．五七英鎊。

視線外的人笑著。在那短短兩秒的轉瞬間，他看來就像是唐明尼克。門再度關上。

好長一段時間，我心裡一直放不下這份疑惑。之後，當我再次遇見唐明尼克的律師時，幾乎要脫口詢問小唐的近況，只是恐懼阻止了我。我害怕自己是錯的，害怕先前看到的其實是別人。最重要的是，我想要相信小唐就是我看見的人。我寧可想像某位不知名的人鼓勵他去改變，某人說了某些事，或某人做了某件事，促使他停止曾經一再上演的荒唐。我想要相信法官是正確的，爲了使他改變，需要在他身上花夠長的時間來導正。我明白這不是統計數據所顯示的，也知道對我來說這更像是奢求妄想，但我希望小唐就像其他我曾代表的委託人，已經終於安頓於某處，也表示我不用再看到他。

一路以來，我經手了無數案件，因此沒能一一記得每個人的臉龐。然而，有時當我瀏覽那本記錄所有證詞的藍色記事本，有些特別的事實或名字會勾起我腦海中的記憶。當時與案件當事人在法庭內的場景依舊歷歷在目，而這些人物都曾因爲不同的緣由觸動我的心弦。

他們將會永遠留在我的生命之中，而唐明尼克正是第一位駐留的人。

一九三三年《兒童與青少年法》
第五〇節　刑事責任年齡
我們應明確推定：
任何未滿十歲的孩童，都不會受刑事有罪之判決。

（本書所引法條均為英國法律）

第二章

因律師自大而受傷的德瑞克

法律是否也會傷害我們？

結案前的報導往往很不公平——
因為被告雖然攤在陽光下讓大家檢視，
檢方證人的身分卻是直到供證前都不會公開。
而法律書籍和戳記的背後，
其實深藏著祕密和歷史，破碎的夢想以及刻薄的羞辱……

「警察先生，拜託您！」

勞夫跟蹌跌進林間，雙頰發燙。他把手機緊貼在耳朵上，對著緊急專線說明自己的姓名、電話號碼、所在地和來電原因。他上氣不接下氣地說，在他身後的森林一隅有間公共廁所，裡頭有三名男子。他們一起待在那遍布著濕苔蘚、牆上滿是塗鴉密碼的廁所裡。每個隔間牆上，鼠蹊部高度的地方都被挖了洞。在這裡，男士們可以關上廁所的門，打開褲襠，隨意地邀請陌生人來享受魚水之歡。

「這三名男子下半身都赤裸著，」勞夫說，「正在對彼此進行極不雅觀、讓人作嘔的行爲。希望警方現在可以來這裡把他們給趕走。」勞夫向接線生描述了每名男子的長相，然後掛上電話稍作休息，試著讓呼吸平緩下來。他一半的身軀藏在樹叢背後，眼睛直盯著前方低矮的紅磚屋。然後，他離開了。

不久後，警方抵達現場。他們早已聽聞此建築的臭名。它座落在懷特島海岸線上一個小灌木林旁。當遊客於此地品嚐冰淇淋、穿著銅釦西裝外套及花洋裝的戀人們在遊艇俱樂部的草坪上觀看划船競賽之際，在他們身後這座聲名狼籍的森林中，男人們爲了性愛到此相聚。警方抵達時，不只看到三名男子。相對地，有很多男人聞聚在這了無生氣的建築外頭聊天抽菸。裡頭有兩名男士符合勞夫的描述，我們稱其中一位爲麥克。他是四十多歲的會計師，有引人注目的蘇格蘭口音、八字鬍，看來相當有自信；年輕一些的男子名爲喬治，三十出頭、身材纖細，白金色的頭髮服貼地梳在前額。他是這個區域的新人，剛從倫敦搬到此地工作。習慣了首都輕鬆愜意的酒吧與街頭氛圍，他覺得在這個保守的地區，要遇到男人很不容易——不單爲了隨興的性愛，還有同伴的情誼。

警方詢問那些仍在外徘徊的人們，能否根據以下描述，辨識出第三名男子：近七十歲、高瘦且頂上稀疏，穿著棕色燈芯絨長褲和花格襯衫。

「喔，我知道！」其中一位說，「那是德瑞克．波拉德。他時常在這裡出沒。」

當天晚上警察敲了德瑞克的家門。他是氣質恬靜的溫柔男性，當地郵局直到關閉前都是由他管理。現在，他把自己每天的時間都排得滿滿的：小型農園協會❶、教會合唱團、義賣會、茶會、募款會、通訊報。他是人們眼中可靠的志工、地方的守護者。他獨居、爲人低調，上了年紀卻始終受親友愛戴。德瑞克應門時，身上的穿著和勞夫的形容迥然不同。但是他的外貌與描述相符，並缺少當天下午的不在場證明，所以他坐上警車，前往警局應訊。

德瑞克和麥克選擇遵從新指派律師給的忠告，一律對每個面談問題都回答「不予置評」。另一方面，喬治則向警方全盤托出，他不需要律師，因爲自己無罪，報案人說的都不

❶ 譯注。Allotment Association。由英國地方議會成立，方便市民自行耕種在地食物。對於園藝或農藝有熱情的民衆，可以出租農園來種植作物。

是眞的。那天他和麥克一起聊天抽菸，兩人都衣著完整。他還說之前的確看過德瑞克幾次，但是當天德瑞克不在那裡，他和德瑞克也確實曾經在這裡做了那些讓此地臭名昭著的行爲，但也不是在那一天。那裡有另一名和德瑞克年紀相仿，同樣是高且禿頭的男人。喬治和這男子曾有過短暫對話，也曾分享香菸，但他不知道此人的名字。警方抵達時，那名男子躲入樹群中；當喬治離開建築物前坐上警車時，那名男子已經消失無蹤。但是喬治堅持，可以肯定的是德瑞克不在那裡，而且沒有人做了不對的事。

倘若這些男人承認犯行，警方可能頂多生氣地扳扳指關節，決定給個警告❷然後就放他們走。問題在於，這三名被告都否認罪行。就此，警察必須決定處理的方式。

警方看著這些證據：雖然本案的原告勞夫直到這三名男子被法庭定讞「有罪」前，都還不是受害者，而且他對其目睹的景象感到恐懼，並準備來到法庭說出一切。警方有喬治在偵訊時的自白，承認他和其他人曾在此建築物內發生性行爲。只是如果目擊者能指證麥克與喬治，爲何不能指證德瑞克？警方握有足夠且合理的證據能將這三人定罪，也能基於保護公共利益指控他們❸。畢竟，有個罪名就是爲了保護大眾不需目睹喬治剛承認的行爲而構想出來的。此項罪行的嚴重程度只會到治安法院，還不至於上交刑事法院交由法官與陪審團❹處理。因此，警方決定要對這三名男子提出控告。

直到後來拿到勞夫的證人供述，喬治才恍然大悟。

那天喬治一直在建築物內和麥克說話，兩人倚牆大笑、抽菸，把香菸遞給那些索討的人。當時有一名男子走進，喬治認出他：他們有過性行爲，就跟很多其他朋友一樣。男人向喬治使了個眼色後，走進其中一間廁所，關上門，解開褲襠，接著掏出陽具、穿過隔間上爲此設計的洞。但是喬治那天沒有興致，漠視了男子的要求。一會兒，男子生氣地甩開廁所的門，拉起褲襠，對著衆人咒罵後，就像一陣旋風般消失在森林中。男人們的笑聲迴盪著。喬

❷ 與其以輕微罪行起訴，可藉由警告犯罪者來處理問題。此僅適用於輕微的犯行，且犯罪者必須認罪。警告是一種法律上的告誡而非定罪。有條件的警告，須符合相關條件。倘若犯罪者違反規定，會因為原有罪行被起訴。警告紀錄可能會揭露給特定工作的僱主知道，而且也記載於透露服務署（Disclosure and Barring Service，DBS。此機關現已取代刑事紀錄檢查署）。

❸ 每宗起訴案件必須通過兩階段的測試。首先，必須有足夠的證據確保不利個別嫌疑人的每項指控。倘若證據不足，案件便要即刻終止。第二項測試則探究起訴該案是否符合大衆利益。即使有可能定罪，如果訴訟本身不秉行公正，則不應就該罪行進行指控。警方可以決定是否就輕微的犯行提出指控。對於其他所有犯行，則必須交由皇家警察署的律師審查，律師會套用此兩階段測試，並且決定警方是否應該提出指控。

❹ 「簡易罪」的聽證只能在治安法院（三位非法律專業之推事或區域法官）舉行，「簡易程序審理」則可在治安法院或刑事法院（一名法官和陪審團）進行聽證。「公訴罪」僅能於刑事法院審理。所有案件均從治安法院開始審理。推事的判刑權力僅限於最高監禁六個月的單項罪行，以及當有兩項不同罪行因連續判刑累計至最高十二個月監禁。倘若判決刑期超越推事權限，案件則上交刑事法院。被告同時有權利選擇由陪審團審判或經由治安法院庭審。

治讀完供述後，從網路搜尋到對應名字的臉孔。所有的點線終於集結成了面。

「那個男人，」喬治說，「就是勞夫。」

喬治爲此找了一名律師，一位名叫凱薩琳的事務律師。她曾經在島上所剩不多的小規模刑事辯護律師事務所工作，其他事務所要不是轉手做更有賺頭的工作，就是因爲資金縮減而結束經營。當喬治在法庭內宣稱自己無罪，麥克與德瑞克亦同聲應和時，正是凱薩琳站在庭內，爲他們寫下審判的日期。也正是凱薩琳，之後打了通電話給我。

法律的陳舊包袱

當凱薩琳的來電響起，我知道事有蹊蹺。我還在當事務員時，案件常常會出其不意地到來。取決於聽證日期與案例形式，律師會撥打電話到辦公室，要求事務員提供一列大律師的姓名讓他們選擇。如果我被選到了，案件會被放入我的日誌，在之後學習案件的相關內容。

當凱薩琳跟我提及這個訴訟時，我忍不住笑了。**在公共廁所的性行爲**，我壓根沒聽過這樣的罪行。但我回想起在法學院時和一位大律師的對話。

「妳怎麼有辦法記得全部的法條？」我好奇地問。

她噗哧一笑，「妳就查吧！我從來沒有一件案子是不用查閱的。」

在凱薩琳來電之後，我立刻動手查找這項罪行。它被埋在一則幾年前甫通過的憲法法條中——試圖用兩百頁的篇幅，透過法律釐清偏見和對同性戀的恐懼，而法條本身則移除了「嚴重猥褻」❺的罪名——此迫害同性戀的字眼，原本在憲法中已存在超過一世紀之久。

該法條宣稱能夠使法律中性化並不具歧視性。然而這項新罪行仍背負著陳舊的包袱，因爲它幾乎只被用來專指「泡公廁」——也就是同性戀男子在公共廁所的聚集性行爲❻。罪行字眼本身僅指涉公共廁所，如果性行爲發生於像是露營區的淋浴間、公園的樹叢間，或是游泳池的更衣間都不算數。而且，無論你是否爲單獨一人、造成他人恐慌或痛苦，也無論其意圖，都不會觸法。最常見的，當然就是需要有目擊者指證罪行。而此案的關鍵證人

❺ 一八八五年《刑法修正法案》首先禁止嚴重猥褻（任何發生於男性之間，在公共或私人場所的性交接觸）。罪行最終由二〇〇三年《性犯罪法》廢止，與此同時也創建了第七十一條——在公共廁所發生的性行為。在二〇一七年，根據艾倫．圖靈法，所有先前基於兩廂情願之私人性行為而被以嚴重猥褻罪名定罪的男性，將可以獲得赦免。

❻ 二〇〇三年《性犯罪法》第七十一條——在公共廁所發生的性行為，屬於最高判刑六個月的簡易罪，且此罪行之犯罪者毋須向警方註冊個人資訊。如果個人在大衆（或部分大衆）可以進入的廁所內，有意圖地進行性行為，則此項罪名便成立。此罪行源自於一九六七年《性犯罪法》，該法案將同性間之私人性行為除罪化，但是禁止在公共廁所內進行同性性行為。二〇〇三年，此法案將此罪行改為性別中立。然而，在二〇一一年到二〇一七年之間，英國交通警察逮捕的人當中，男性占了九二%，以比率而言，相當於每個月有超過一人遭到逮捕。

就是勞夫。

勞夫已經認出當天在公廁看見的三名被告。凱薩琳詢問皇家檢察署，她是否可以使用署裡的辨識工具來執行她這邊要進行的程序。她表示，有幾位證人宣稱，他們曾經和勞夫有過親密關係，想要有機會指證他。她起初收到拒絕的回信，後來再寄就都無消無息。凱薩琳百折不撓，下定決心自己來。一名接一名的男子從她狹小的等候室進到她的辦公室，在一系列相似的照片中指認出勞夫。

「對！」他們說，「在畫面中的男人是他們森林祕密俱樂部的常客。」

他們都認識他，他也認識大家。

期待從天而降的直接證據

報告在某個週五、大約是審判的十天前抵達辦公室。它們如往常一般，用粉紅絲帶繫好，放在信箱中，等著我從法院回來後領走。我已經養成在聽證的前一天閱覽案件檔案的習慣。雖然把時間花在這些沒拿到酬勞的案件上，讓我覺得很挫折，但這些案件都是因爲少了證人、法庭日程太滿、訴訟太氾濫而敗訴。但是我不想沒準備就貿然出庭。於是，我拿起報告，走到辦公室開始從頭到尾瀏覽一遍。

凱薩琳已和其他兩位共同被告的律師達成共識，因爲犯罪指控紀錄將喬治的名字列在首位，所以將由我來主導這場辯護。我開始爬梳案件的情節，想辦法讓凱薩琳自行發起的「勞夫辨識行動」成爲證據，然後設想會不會有令人雀躍的幸運從天而降，出現一項直接且扎實的證據，指出勞夫在說謊。不過，在治安法院中，這種情況很罕見。

這讓我想起，當我還是法庭菜鳥的一則案件。

我一直跟隨大律師伊佛學習，當時他在瑞丁刑事法院起訴當地一名幫派老大泰瑞。在衆多殘酷的作爲之外，泰瑞被控在女朋友瑪莉亞的額頭上用刀劃了一道。眼見瑪莉亞血流不止，泰瑞意識到傷口非常深。但是當他們抵達醫院時，瑪莉亞卻告訴醫生她從車上跌落。然而，現在她準備好說出眞相。法院裡每個人都知道她說實話的風險，因爲如果泰瑞被判無罪，一定會殺了她。

泰瑞的證詞中，句句否認曾傷害瑪利亞。舉證完畢後，他的律師起身宣布傳喚證人貝利，來支持其委託人的說法。貝利站在證人席，雙眼從泰瑞的律師滑向法庭後方的被告席。我轉身看著泰瑞，他坐在被告席中央，一動也不動，雙腳打開，手臂交叉於胸前。我注意到他的雙眼直直盯著貝利。貝利告訴被告律師，他當晚的確在泰瑞家中。

「瑪利亞當時喝到爛醉，以至於跌出車外，然後在摔落時被門的金屬邊緣給割傷。這是她傷口的來由，泰瑞沒有碰她。」

貝利舉證時，我發現坐在他身後的伊佛和警官交換意見。警官匆匆離開過兩次，第二次回到法庭時，帶著一捆薄薄的紙。當時伊佛正開始進行交互詰問。對於伊佛的提問，貝利堅持立場。

「不，我沒說謊。我甚至不喜歡泰瑞，只是不想眼見一名無辜男子因爲子虛無有的事受牢獄之災。」

伊佛低頭閱讀警官剛剛遞給他的資料，隨後抬起頭，眼光回到貝利身上。

「我們可以確定瑪利亞在當天受傷，」他說，「因爲這裡有她的醫療證明，能清楚說明她當時在急診室。」

「你說了算，我不記得確切日期。」貝利揮了揮手，不感興趣地看向遠方。

「問題是，你看，」伊佛冷靜地說，「這是發生在十一月二十八日，也就是你被扣留在警察局的那天？」

我從不曾親眼看過任何人的臉色瞬間刷白，而貝利臉上的血色，就宛若陳腔濫調描述的那樣，頓時消退無蹤。

「我們已經閱讀了你的監禁紀錄。」伊佛低頭看他手上的報告，「在十一月二十八日的凌晨，因涉嫌違反公共秩序而被逮捕，律師在下午兩點抵達。被監禁人在被認定處於足夠清醒的狀態下，於下午四點進行面談審訊，十一點多時無罪釋放。這大約是瑪利亞從醫院出來的**兩小時後**。」

陪審團一陣騷動，紛紛坐直身軀，目光完全聚焦在目擊證人席。貝利站直身子，一動也不動，看來好像就要昏厥過去。

「沒有其他問題了，庭上。」伊佛臉不紅氣不喘地坐下。

兩位在法庭後方等候的警官隨後因僞證罪逮捕貝利，我匆忙奔下法院的走廊追趕伊佛。他打開更衣室的門，同時順手摘下假髮。他轉身面向我，嘴角上揚撩起一抹笑意。

「這個，」他輕聲地說，「是上天給的禮物，發生的可能性微乎其微。如果發生了，就盡情享受吧！」

受雇的發言人

讀完喬治的案件檔案之後，我從地鐵站步行回到與友人共租的公寓時，已經很晚了。我打開門，迎面而來的是派對狂歡的暖和香氣、對話。晚餐派對已經開始了。我找到一張空椅坐下來休息，一旁是與我有過幾面之緣的人。他問了一個不久後我漸漸習以爲常的問題。

「那麼，妳現在在忙什麼？」

若早個幾年，我不敢奢望我的答案會如此有趣。

我的父母從來未進入大學教育體系，而當我告訴他們，我要暫緩學業去探索世界時，他們沒有選擇，只能默許。十九歲時，我在十個月內到五個國家旅行，然後回國開始攻讀英國文學。我知道，完成學業後我要找份自己覺得有價值、充滿變化又有趣的工作。更重要的是，要看重文字。法律似乎提供了所有我需要的元素，但是沒有響叮噹的大學高等學位，或是沒有家庭的背景當靠山，這目標似乎離我很遠。儘管我的祖母從沒接受過任何正式教育，她年輕時就成為一名推事，然而在我離開學校許久前，她便回歸佃農妻子的身分，所以也使不上力。

即將畢業前某天，一名友人和我深聊，勸我至少要試試看。我受到鼓舞，激發出嶄新的自信心，並搬回家開始想辦法實現這個目標。我從當兼職的法律祕書開始，每天花時間填寫表格、寫信和校對供詞。晚間，我在當地的小酒館當服務生送酒，跟為了案子來到當地法院進行聽證的大律師聊天。我也打過幾份零工，當事務律師無法出席審判時，幫他們在法庭做筆記。更早之前，我到威爾斯鄉村的小村莊，藉由協助一件女同性戀誘拐案來賺錢。被告的大律師頂著一頭紅髮和齊瀏海，說起話來低沉有力，以至於你可以在三個房間外就聽見她的聲音。我很喜歡她，我們一起在小小的威爾斯客棧酒吧買醉。

「妳必須成為大律師、妳可以成為大律師、妳應該要成為大律師。」她說。

所以，我跟銀行貸款，並在八個月拿到法律深造文憑❼，而且驚人地以最優異的成績畢業。

受惠於律師學院❽的獎學金贊助，我繼續深造，並申請家鄉城市的律師事務所實習工作。第二場面試開始前，我差一點想從現場逃走。另一名在等候室的應試者穿著西裝，充滿自信地坐著。儘管年紀尚輕，看上去也已是年屆中年的大叔。我坐立難安地玩弄著身上H&M套裝的鈕釦，開始想著自己爲什麼在那裡。但我留下來，也熬過了。他們提供大律師的實習機會給我。

在一年的實習生涯裡，我發現原來這份工作一般人也可以做。事實上，透過學習，這一

❼在英國要成為律師有兩種途徑。第一種是取得法律學位後，決定是否繼續參與法律實踐課程（Legal Pracitioner's Course, LPC）成為事務律師；又或者修習大律師專業才能課程（Bar Vocational course, BVC）成為大律師。第二種方式，是在研讀為期一年的學士後法律轉換課程（law conversion course）後，再修習法律實踐課程或大律師專業才能課程。要成為事務律師，必須完成法律實踐課程與其後在律師事務所的兩年訓練。然而，任何人一旦完成大律師專業才能課程，無論是否繼續為期一年的實習，或被遴選為律師事務所成員，皆可稱為大律師。

❽在英國有四間律師學院：林肯律師學院、內殿律師學院、中殿律師學院、格雷律師學院，它們最早是教育場所，大律師會在學院裡的各種晚宴中磨練技巧。現今，這些晚宴仍扮演舉足輕重的角色。每位大律師必須加入其中一間學院，完成學業後，其所屬學院會授予其「大律師」的資格。大律師在其所屬學院必須於一年內參加至少十二場晚宴，而學院同時扮演著提供成員學術獎學金的重要角色，會在研習期間以及取得資格後，提供其他訓練。

切變得更得心應手：和客戶說話、和陪審團說話、能夠讓自己「站在他的立場思考」。律師實習的最後一年，事務所的成員投票決定讓我加入團隊，可以從他們五個城市的分公司中選一間工作。從此，律師事務所的辦公室門上，插上刻有我姓名的匾牌。隨著新人加入，我的名牌便會往上升。

很快地，我發現自己日復一日地奔走於治安法院、郡法院、刑事法院❾之間，用盡全力感受、體驗每個案件。所有案子我都來者不拒：馬路上的交通意外、個人傷害求償、工作意外、驗屍調查、軍事法庭、離婚官司、父母爭奪小孩監護權。我好像是受雇的發言人，利用我受贈於教育與藝術的技巧，爲委託人們提供收費服務。並藉由法律世界的黑與白，引導他們從混沌不明的灰色地帶，找出自我生命的定位。透過我的口，講出委託人那些說不出口的故事，這就是我賺錢的方式。然而，我最愛的，也是我想成爲大律師的原因是——刑案。生命的一切都蘊含於此。刑事法庭裡滿滿都是辯護律師們，亟欲替那些令人難以置信的故事找出方向。幾乎每個星期，我都要握緊拳頭，好壓抑住不要大笑、不會憤慨於不公義的命運情節，或是因案件而感到背脊發涼。

當我告訴別人自己的職業時，他們臉上常常會出現嚮往的表情，可能還會說他們「總是想成爲一名律師」，想像身處建有石階的古老建築、坐在皮革製靠椅、頭戴假髮、身穿長袍和鍍金徽章。我試著告訴他們，這份工作也包含了在清晨五點搭上駛往市區的火車，前往一般人不會特別去的法院，那幢由紅磚和灰泥打造的呆板建築；在沒有窗戶的磚房中吃著自動販賣機賣的午餐；沒完沒了的等待；看著客戶一句謝謝也不說掉頭就走；還有那持續下修的國家資助薪資比例⑩。但是這些通常不是外人關心的重點，即便律師的工作與生活和他們臆想的截然不同。

晚餐的餐桌上，我受到鄰座客人的鼓舞，開始說起喬治的故事。人們紛紛轉頭看我，嘈雜的聲音也沉靜了下來。我拿起葡萄酒向後靠，說起甫發現的尋歡洞⑪、同性戀和陌生人

⑨ 譯注。現行的英國（英格蘭與威爾斯）法院框架，分為中央與地方兩級，並細分為民事和刑事兩類。作者所提及的治安法院與郡法院皆屬地方法院，前者專門審理輕微刑案，後者則橫跨多郡管轄權，處理民事以及輕微刑事案件；刑事法院則為全國性法院，受理不服治安法院判決的上訴案件，也可做為可訴罪的初審法院。

⑩ 從事法律援助的全職大律師平均年收入為五萬六千英鎊（二〇一四至二〇一五年稅前），此數字從每年六萬九千英鎊（二〇一二至二〇一三年）下滑。在二〇一四至二〇一五年，三九%的大律師收入不到五萬英鎊。此數字並非實質收入，而是收取費用，仍須扣除舉凡旅行、辦公室支出、訓練和保險費用等（介於二〇%與三〇%）。大律師是自營業別，且沒有法定以外的退休金、假期、病假或育嬰假。（*The Composition and remuneration of the junior barristers under the Advocates' Graduated Fee Scheme in criminal legal aid*, published by the Ministry of Justice, 17 December 2015）

⑪ 譯注。Glory hole。特殊性行為。透過公共廁所中隔離木板或牆壁上的洞，雙方進行性行為。

的性愛規矩，還有男男3P交纏的細節。餐桌上揚起一片笑聲、驚訝和好奇，因爲我這樣一名二十多歲的女孩——一嘴好聽的口音、一身黑套裝、端莊優雅地交叉坐姿——居然經歷了這種案件。

週末，我開始準備喬治的案子。一如往常——即使科技使其顯得過時⓬——我打開所有大律師皆曾攜帶的藍色筆記本，寫下相關人員的姓名、找到的證據、必要的環節，以及法律條文。唯有當我將證據轉化成滿滿的書面文字後，我才開始草擬問題。在法院，起訴律師會站在推事前方，散列三名男子犯行的細節，然後傳喚第一名目擊證人。檢察官能在不給證人任何提示的狀況下，從他們口中套出證據。

我的計畫是坐著靜待時機，不讓勞夫意識到我的證人坐在法庭外等著揭發他，好讓他跌入自己所挖的洞。我在想，當三名男子在法院另一端瞪著他時，他是否會崩潰？或許他只是想要嚇嚇他們，藉由羞辱來報復，沒有料想眞的會走到告上法院這一步。我看著剛草擬的問題，一股興奮之情油然而生。

我拿起《阿希伯德爾》⓭，這是本以精美紅色皮革裝訂而成的刑事案件寶典。我有責任向喬治說明，一旦推事不採信他的說詞而認定有罪後，他將遭遇什麼後果。我必須確認他可能面臨的判決。閱讀法條時，我不禁眉頭深鎖。當我們匆忙地在法院外，趕著進行第一次會面時，我必須告知我的委託人——雖然可能性很低，但如果推事認爲有必要，是可以把他送去吃上六個月的牢飯。

我再次閱讀勞夫的證詞。

我必須考慮勞夫說實話的可能性，也就是他的確目睹了他宣稱的畫面，但唯一荒謬的是他竟會如此反感。或許德瑞克那天**曾經在另一頭**，但是某種不祥預感讓他提早離開，所以他回到家，換下那些能辨認出他的服裝。也許喬治知道，一旦德瑞克的祕密生活被揭露，他的世界會天翻地覆，所以才故意撒謊來保護他？這一切都必須等我進到法庭，聽到證詞、仔細權衡後，才能知道答案。現在我只能等待、觀察、聆聽，希望檢方起訴的證據能在我手中失去效用。

⓬ 英國在二〇一六年實施刑事法院數位案件系統。現在，皇家檢察署或是事務律師，會將案件摘要透過電子郵件寄給大律師，所披露的資訊或其他素材，也會同步上傳到該系統中。

⓭ 譯注。此指《阿希伯德爾刑事案件與程序辯護手冊》（*Archbold: Criminal Pleading, Evidence and Practice*），為英格蘭、威爾斯及全球其他海洋法系的刑事法權威文獻。由大律師約翰·弗雷德里克·阿希伯德爾撰寫，一八二二年出版。一九九二年後每年修訂並發布新版。法庭上經常引用，具權威性。通常簡稱為《阿希伯德爾》。

對尊嚴的急切請求

審判前一天的週日晚間，我走過機場航廈時，才打開因週末出門旅行時關閉的手機，裡頭的語音留言頓時讓我醒了過來。是凱薩琳留的訊息。我回撥給她，一邊慢慢地走過機場。一想到隔天的案子就讓我很興奮。也想起當時，與我對坐在廚房餐桌另一端困惑的父母，解釋自己想做的事。

「當律師可能要花上一些時間，或許幾年，但我終究會成功的。」

而我的確做到了！我很愛這份工作。明天，在幸運女神的眷顧之下，我要打一場注定會贏的官司，展現勝利的榮光。

凱薩琳接起電話，另一端的她聲音很低沉。

「上週已經進行聽證，」她解釋，「就在上週五。」

我聽著，揣測她是否要告訴我審判已取消，檢方最終撤銷訴訟。我覺得有點失望，居然被自己腦海中的情節給騙了。

「是德瑞克，」凱薩琳繼續說下去，「他要求聽證，嘗試要說服推事禁止媒體報導這場審判。如果該命令獲准，媒體不能將他的名字公布於報章雜誌。」

這個想法讓我覺得自己錯了。我不曾想過那些在法庭外振筆疾書、爭先恐後拍照的媒體。

這起案件充滿了挑逗與令人興奮的淫穢情節，他們當然會在現場。我親自說過這則故事，所以我心知肚明。我想像法院的長椅上坐滿記者，振筆揮毫案件的點滴、畫下鎖在被告席的被告人像，將他們與其餘的人區分開來，彷彿他們的罪行會感染一般。站在德瑞克的立場，我滿腔的怒火更加猛烈，想像他以這樣極其痛苦、丟臉的方式遭人公開侮辱，將他描繪成如此不堪的男人。

凱薩琳告訴我，推事不發一語地聆聽法律顧問說明特殊例外的規則，適用於針對審判採訪細節的限制。結案前的報導往往很不公平——因爲被告雖然攤在陽光下讓大家檢視，檢方證人的身分卻是直到供證前都不會公開——但是，這個原則只適用於審判本身。基於法院公開的原則⑭，推事應記得，任何人都可以走入刑事法庭並聆聽審判，且提出的證詞是公開紀錄的一種。同時，根據法律顧問所言，公開正義的原則必須受到絕對保護。

「在經過極短的休庭後，」凱薩琳說，「推事將申請退回法院，拒絕德瑞克對尊嚴的急切請求。」之後，被告委任的事務律師們——事前警告過他的委託人不要有過度的期待——全都聳聳肩，向彼此揮手告別，迎接即將來臨的週末。

德瑞克陷入恐懼的陰霾。他回到家後，整理好書桌，把一切物件歸檔，爲所有他愛的人

⑭司法過程的公開性，是被莊嚴載入於歐洲人權公約裡的第六條第一項之基礎原則——公平審判之權利。任何市民或報導者都可以進入刑事法庭觀察，所有在公開法庭裡說的話都會成為公開紀錄。

寫下留言，再小心翼翼地燙摺合唱團的制服，準備交給下一位要穿的人。

然後，他結束了自己的生命。

法庭之外的漣漪

揮別週末的灰濛濛天空和滂沱大雨，週一早上的空氣顯得溫暖而潮濕。從家裡前往法院的旅程很長，一路上我要依序換乘火車、計程車、渡輪和公車。我感覺自己緊張地糾結著，完全不知道抵達法院後會發生什麼事。我只知道，我很害怕。

治安法院位於和刑事法院同幢的紅磚建築內。法院外的走廊靜悄悄地，除了有個角落聚集了一群男人，窸窸窣窣地交頭接耳。我走向他們，成群的男人令我有些驚恐。我根據證人的描述認出喬治，那些和他站在一起的，想必是他的目擊證人。我呼喚他的名字時，他轉過身，面帶驚訝，我注意到他的雙眼腫脹，眼眶紅腫。我靜靜地說我很遺憾，而他點頭回應。我深感無能爲力，表示自己必須進法院找其他律師，好釐清事情的狀況。

情緒已經蔓延至法庭，我看到麥克的律師正和法律顧問說話，德瑞克的大律師則獨自坐在律師席。審判程序預計在早上十點開始，我們不時張望，等待消息到來。勞夫沒有現身，也沒有接電話。法院不會強制要求被傳喚的證人出庭，也不會爲了等他而延後審判。檢方要求撤銷訴訟。案子結束了。

當天接近中午時分，我搭乘渡輪返回，風攪和著灰色的浪花敲打於舷窗，我看著自己筆記本上的紀錄：

Rv喬治・克拉克⓯

早上十點十分。無呈堂證據。案件駁回。

我不知道接下來要和喬治說些什麼。有別於德瑞克，我和他不曾在與男人相愛被視爲犯罪的陰影下長大，儘管我對化學閹割⓰與相關治療略有所聞，也聽過漂亮警官變裝來引誘男子入獄的任務。即使在同性戀除罪化以後，同志在公開場合的情感展現——像是大街上牽手、親吻——仍可因妨礙風化的罪名而被逮捕。

修改法律條文時，德瑞克已年近三十，其恐懼早已根深柢固。他因此過著雙面生活，始終活在害怕被揭發的陰影下。令人慚愧的是，這樣的罪行至今仍然存在。即便是現在，這樣受大衆公開的羞辱，賠上的更不只是一條生命而已。然而，我也深深地感到慚愧：爲自己的

⓯ 譯注。「R」意即女王（Regina），v則表示訴訟（versus），此處表示喬治．克拉克為刑案中的被告。

⓰ 編注。又稱化學去勢。以注射藥物減少男性荷爾蒙、抑制性衝動。部分國家用以處遇性侵犯，試圖達到降低性犯罪再犯的效果。普遍認為這是可逆的，停藥後作用會消失。但仍有人權和可能副作用的爭議。

傲慢、從案件細節中獲得的喜悅、預期打贏官司的激動，以及未能記得我曾匆忙找尋且埋藏在每條生命裡的深刻痛楚。

法律書籍和戳記的背後，其實深藏著祕密和歷史、破碎的夢想以及刻薄的羞辱。我從渡輪拉下行李箱的那一刻，陣陣感悟湧上心頭。

我們要記得——每件案子所激起的漣漪，遠比在法庭發生的一切更深遠悠長——這一切，我絕對不會再忘記。

二〇〇三年《性侵害法》

第七十一條　公共廁所內的性行為

（一）符合下列行為者，觸犯本法所定罪行，當：

(1) 所在場所為公廁，或大眾得以或被允許使用之公共場所的一部分，且無論收費與否，

(2) 刻意參與此活動。

(3) 該活動涉及性行為。

第三章

無法傳達眞心的家暴受害者薩芭

法律能否彰顯血肉人性？

沒有任何恐懼，
能與那些家事法庭裡的女性們所面臨的，還來得令人膽戰心驚。
她們被那些糟蹋自己的人質疑、被迫忍受對方提出的暴力恐嚇——
無論是肢體的、心理的或肉體的……

上午九點四十五分，我在南安普敦刑事法院，對面坐著兩名滔滔不絕的男子，完全無視我的存在——那是我與薩芭初次相遇的一個月前。無論我如何使勁地盯著他們，眼睛緊跟著他們比手畫腳的手勢、緊蹙的眉頭、聲音的抑揚頓挫，我還是無法理解他們在說什麼。我最終忍不住舉起手打斷他們的談話。

「坎恩先生，麻煩您。如同我先前說的，您的工作不是爲我的委託人提供意見，也不是和他討論事證。只要如實地告訴我貝古姆先生的回答，這樣就好。」

通譯坎恩先生轉向我，看來相當不悅。

「女士，我已經在嘗試了，但是他想和我討論這個案件。」他邊說邊指向我的委託人，只見貝古姆先生的目光急速移到我身上。我急於從我的巴基斯坦籍當事人那裡，爬梳出案件的細節——他在酒吧外的爭吵中揍了一名男子，對方的眼眶骨折——因爲這場引發他人重大身體傷害的審判隨時可能開始。

受害者當下喝得爛醉，後來引發的腦震盪使得他幾乎不記得任何事。唯一願意指證的目擊證人是名保安人員。當時他站在酒吧外面，卻因忙著處理其他衝突，所以並未看見這一拳重擊。正因如此，我的委託人對於事發經過的說法不會遭到質疑。只要貝古姆先生能夠解釋清楚，他有的是機會獲得無罪宣判然後遠走高飛；相反地，如果他無法說清楚講明白又被判有罪，命運將就此永遠改變，而且幾乎可以確定他會被送進監獄，並同時面臨被遣返回其出生國的風險。我往前傾，跨過桌子敦促他看著我。

「貝古姆先生，其他男人對你咆哮時，你有什麼感覺？」

拜託多說些話吧！我心想，鼓勵他多表達一點。

給我可以用來拯救你的隻字片語吧，像是：我很害怕。我聽不懂他們說的話。男人比我高大許多，又非常粗暴，揮舞著他的雙臂且大聲呼叫。他朝我前進。我想他是要來打我的。我被困住，無處可逃。所以為了讓他遠離我，我在他揍我之前打了他。

如果陪審團認定貝古姆先生出拳揍其他男人的臉，是符合比例原則的正當防衛，無論他是否最先動手，其作爲即符合法律規範。問題在於我的委託人必須親口說出這一切——不論我多想套出這番話，也不能說給他聽。

我無奈地看著坎恩先生轉向我的委託人，深吸一口氣，莫名其妙地用著急迫的口吻跟他說話。這段話的翻譯過程花上好長一段時間，且附帶許多手勢。貝古姆先生開始說話，朝著坎恩先生回答。只見坎恩先生發出咕噥聲回應，一下點頭，一下又搖頭。我介入他們的對話，聽見自己聲音裡的挫折，但是我不在乎了。

「坎恩先生，您已經向貝古姆先生問了我提出的問題了嗎？」

坎恩先生轉身，顯得傲慢又跋扈。「女士，我現在正在問……」

「問題是，您的翻譯聽起來比我的問題要長得多。可以麻煩您轉述他說了什麼嗎？對我來說，擁有他的指示很重要。」

坎恩先生的臉孔微微抽搐，向貝古姆先生揮手。

「他說，他揍了男人。」

一週才剛開始，但我已經有衝動想閉上眼睛、把額頭擱在冰涼的桌上。在我回應前，擴音器已大聲地喊出貝古姆先生的名字，召集我們到法庭。我開始移動，抓起假髮戴上。無論我們準備好了沒，審判都會開始。

是律師，也是翻譯

我抬頭看了法庭內的時鐘，轉眼已來到下午四點半。貝古姆先生此刻才剛開始進行他與起訴律師的交互詰問，看樣子這件案子很有可能會延續到週三。我在心中確認這整週的行程。回家的路上我必須打電話給書記官，請他們把週三的案件退回給另一名大律師。我們還是有機會在明天前完成貝古姆先生的案件。倘若退回週三的案件，我會少一筆工作和進帳。但是我不能冒這個險，書記官現在就要知道時間表，好安排其他大律師的工作，並把文書資料準時提供給他們。

我努力在腦海中搜索對週三案件的記憶，那是場家庭事件的聽證——爸爸爲他還小的女兒申請同住命令，我代表母親一方出庭。我記得事務律師的信件裡解釋，媽媽來自孟加拉，幾乎不會說英語。我往上望向證人席，只見生氣的法官正在提醒坎恩先生與貝古姆不要在被告回答問題前進行協商。一想到自己又將接下另一個無法理解當事人在說什麼的案件，我感到筋疲力竭。

貝古姆先生的案子確實在週三舉行，但這只是湊巧。他在舉證時吐出一句句痛苦的字眼，我因此可以在對陪審團的結辯裡，表示貝古姆先生是被攻擊的那位。這些用字是坎恩先生代表貝古姆先生提供給我們的，但在我的指示下，這些字帶著我的強調與聲音。我帶著解脫感離開法庭，在走廊等候著。此時貝古姆先生出現，臉上滿是笑容。

「謝謝妳，女士，」他說，一邊抓起我的手。「我很感謝妳做的一切。」

這是我第一次聽到他說英文，雖然口音明顯，文法卻很完美。坎恩先生安靜地出現在他身邊。我去簽時間紀錄表，然後他們倆一邊用著共通語言聊天，一邊走下法院的階梯。

我看到坎恩先生面帶笑容地拍拍我委託人的背，一度猜想，我剛剛是不是上當了？又或者，是否陪審團——由於被告知要姑且根據法律，相信有利於貝古姆先生的說法——也被唬弄了。我走回更衣間，感覺有點不安：坎恩先生是否引導當事人說出有利的證詞，以幫助我的委託人勝訴？又或者因爲他明白直接翻譯經常會抓到藏在字裡行間的祕密，所以僅僅試圖解釋每個問題的細微差別？我永遠不會知道，然而我想起其他自己曾代表過的案件當事人，當時沒有翻譯隨侍在側，因此假定這些以自身母語表達的當事人，明白如何使用正確的用詞。然而很多時候，他們其實並不清楚。

在某種程度上，我是否也成了他們的譯者？我的工作，是從委託人的故事中抽絲剝繭，挖出他們要對陪審團說的話：他們怎麼想、有什麼感受？還有，在案子近尾聲時，用我的方式總結委託人的話語，好讓他們的故事聽來更爲流暢。當我在更衣間的鍵盤輸入登入密碼的那一刻，我想或許自己本質上，做著和坎恩先生相同的事情。

預料外的舉動

當阿斯夫．秋德赫瑞帶領一整群的親戚來到薩芭的家，她的第一個想法是：他看來好像一名流行歌手。比她年長的他，身材高大魁梧，帶有陌生異地的世故感，一頭深色粗髮往後梳。他對薩芭微笑，她紅著臉、羞赧地移開眼神。**這男人將會是我的丈夫**，她在心中默念這句曼特羅❶，讓一切隨著複誦變得更加眞實。幾天之後，婚禮結束，親戚們前腳一離開，阿斯夫後腳便搭機返回英國。薩芭獨自與家人留在孟加拉，擔心這一切可能只是一場夢。

八個月後，薩芭與舅舅在倫敦郊區的機場會面，第二天她便坐著舅舅的車北上前往新家，去見新婚的丈夫。薩芭的舅舅娶了母親的表妹，跟她很不熟，但他們是薩芭在異地僅有的親戚，所以她對他們夫妻倆滿懷感激。她的行李晚點才會到，因此薩芭只拎了一個裝有貴重物品的袋子便來到新家。那是二月天，她與舅舅往上走向樸素的排房，異鄉陌生的灰冷空氣彷彿穿透了她。打開前門，迎面襲來一陣人造暖氣，薩芭聞到烹飪的氣味，剎那間一切是如此熟悉又詭異。

她的婆婆佇立於前方走廊的暗處，薩芭先前當然見過她，在第一次介紹以及婚禮時便打過照面。然而少了孟加拉的熱氣、光線，還有父母的鼓舞，她幾乎認不出眼前的婆婆。雖然秋德赫瑞女士比薩芭矮一些，但她寬廣的身材與散發出的權威感，突顯出她的堅毅。舅舅離開後，薩芭意識到有股感覺自從踏入這個新家以來，就一直揮之不去——那是恐懼。

在薩芭眼裡，阿斯夫第一次出現預料外的暴力舉動，似乎是件無關緊要的事。當律師要求她說出一切時，她對這個部分幾乎隻字不提。

那是她剛抵達英國的幾天後。她與阿斯夫在床上肩並肩坐著，薩芭還沉浸在一種興奮又詭異的感覺裡，試著認清眼前這名男子已成爲她丈夫的事實。此刻，兩個截然不同的世界相遇，正試著摸索出融合的方式，而阿斯夫只顧著埋頭瀏覽手機上的音樂錄影帶和臉書的動態消息。薩芭心想，阿薩夫可能跟自己一樣喜愛音樂，於是興沖沖地穿過房間，拿出行李袋中

❶ 譯注。mantra。梵語譯為真言，起源於印度吠陀教傳統。其連串的字音可以幫助複誦者滿足所求及消除障礙。

的一本冊子：一本搜集了各式物品的紀念冊。裡頭塞有她崇拜的寶萊塢歌手和演員照片；中間貼著門票，那是她和朋友一起去看最愛歌手的演唱會所留下的，演唱會結束之後大夥還在後臺等他出現。歌手從這群咯咯笑的可愛女孩手中取過票根，在背後寫下留言，還不忘在簽名後加上許多親吻記號。薩芭憂心自己比不上阿斯夫的成熟世故，看著丈夫翻閱著她的紀念冊時，她暗自竊喜，心想，他可能會因此認爲她比自己想像得更見多識廣吧。

「這是什麼？誰寫的？」他以碩大的手指輕叩著門票質問。

薩芭低下頭，害羞且開心地娓娓道來。但在她說完前，她發現阿斯夫已經站起身，咆哮著她無法理解的英文。她眼看阿斯夫舉起紀念冊並動手撕毀內頁：他先將門票撕成兩半，再狠狠撕個稀巴爛；接著，其他頁也被他如出一轍地破壞。他咆哮、把紙張碎片扔向她。薩芭如凍僵般，一動也不動地看著他，不解卻也無能爲力地眼看這些碎片飄落。她此刻才注意到，原來有其他人也在房間內。阿斯夫的母親大聲斥責她的兒子，指引他下樓。

離開房間前，阿斯夫轉身，沿著書背將紀念冊撕成兩半，把碎片撒向薩芭。她害怕地閃躲，一轉身，阿薩夫已離開。地毯上滿是繽紛的亮光彩色紙片，與滿天飛舞的斷編殘簡，還有門票上那被扯得碎爛，早已支離破碎的吻。

家暴受害者

抵達英國的短短六個月後，薩芭發現自己懷孕了。隔年三月，一個大雨滂沱的日子裡，她的女兒納茲亞在醫院誕生；同年十一月，阿斯夫的母親帶薩芭去醫院。一如預期，醫師證實這兩天以來讓她元氣大傷的疼痛和流血，是她第二次身孕的終結。薩芭其實一點都不想懷孕，而她試著不去承認這個讓她充滿罪惡感的解脫。醫師交給薩芭一只塑膠試管，吩咐她到走廊盡頭的廁所。

薩芭坐在馬桶上，瞅著門上以多國語言寫的護貝告示，其中一種是她的母語。這並非她第一次看到，每回她來赴產檢預約，以及之後帶納茲亞來檢查，醫師總會給他一只塑膠試管，指示她到這間廁所去。

> 如果你是家庭暴力的受害者，但是無法親口告訴我們，撕下你尿液檢測試管的標籤，我們便會協助你。

這場婚姻從一開始，阿斯夫便對薩芭暴力相向，但是在得知她懷有他的骨肉後，暴力行爲便停止。相反地，他利用其他方法來折磨她，對她的烹飪、打掃、家事處理方式挑三揀四。她的存在本身彷彿就冒犯到他。

納茲亞出生後，阿斯夫再度出現暴力舉動，然而薩芭試著去忽略。因爲她覺得是自己犯了錯，才導致這些行爲的發生：因爲他覺得薩芭不聽話，所以把她推下祈禱用的跪毯；因爲他觀看電視足球比賽時，薩芭阻擋了他的視線，所以狠狠地踹了她的小腿；如果她在他咆哮時離開，便會抓起她閃亮烏黑的長髮向後扯。

直到有一天，輕推變成猛擊，輕拉成了硬扯，緊抓手腕演變成將手臂反轉在背後。深夜時分，她躺在阿斯夫身邊，讓自己的身體成爲他獲得歡愉的工具。因爲他說這是她的責任，她還沒爲他生個兒子，而這是一名妻子——他的妻子——應該要做到的。

接著，令人戰慄的那一天。當納茲亞在客廳地板上玩耍時，阿斯夫手持菜刀架在薩芭的喉嚨上。她一度以爲自己就要死了。她知道自己如果不離開，他可能會殺了她。

不論何時，只要薩芭離開家門，她的丈夫、婆婆或其他親戚就會跟著她。他們的說法是，薩芭需要他們的翻譯。前門一直都是上鎖的，樓下客廳旁有個走道，她只能使用那裡的電話與父母和親人聯絡，這是爲了確保她沒有自己的隱私可言。阿斯夫認爲她用不到手機，所以拒絕買給她。財政大權掌握在阿斯夫的母親手裡。薩芭想要帶納茲亞回孟加拉拜訪雙親——她擔憂年邁又身體不好的父親，可能在死前都見不到納茲亞——然而這趟旅行一再被拖延，直到最終薩芭就不再提起。即使她有自己的錢，仍然無法回去，因爲阿斯夫把她的護照交給他的母親。薩芭到他們家的第一天後，就再也沒見過自己的護照。

在阿斯夫拿刀威脅她的幾個星期之後，郵差前來按鈴，要求簽收包裹。此刻，薩芭看到機會，抱著納茲亞應門。郵差登上廂型車即將駛離之際，她迅速踏上房前小徑。然後，就在接近前庭大門的那一刻，她的後腦勺感到一股強烈的疼痛——有人抓起她的頭髮向後扯。她大叫並舉起手，她的婆婆把她抓回房子內。薩芭一邊啜泣，一邊看著秋德赫瑞女士鎖上前門並拿走鑰匙。接近深夜時分，薩芭開始出血。

此刻，薩芭盯著試管標籤上的多孔紙帶。她抓起紙條邊緣撕開，折起紙帶並把它與其他馬桶內容物一起沖走。她不知道，其實並不需要尿液樣本，也不知道觀察她好幾個月的醫師——留意到她丈夫的家人總是隨伺在側並代她發言——早注意到她前臂上的勒痕和眼睛下方的瘀青。所以，醫師每次都要求薩芭提交尿液樣本，希望她能讀到門後的標語。當薩芭回到醫生的診間，誰也不看地便交出裹在衛生紙內的試管。

後續的情節快速開展，薩芭的記憶似乎也因此跟著混亂了起來。她記得醫師要求婆婆帶納茲亞離開房間，宣稱薩芭需要脫衣服做檢查。獨自一人的薩芭，以生澀的英文告訴醫生：

「是的，我希望警方來接我。」

她記得房子的敲門聲、和納茲亞一同坐在警車後座被帶到警局。不知何時，她的舅舅和舅媽也來了，把她帶回到他們在雷丁市郊的房子。她發現，阿斯夫想必打過電話給舅舅和舅媽。她也發現，他們告訴警方薩芭不想要提出訴訟，只想要她的丈夫遠離她。

有一段時間，爭端看似告一段落。阿斯夫沒有聯絡薩芭。儘管舅媽與舅舅的房子很擁擠，卻漸漸讓她有家的感覺。然而，後來舅媽與舅舅告訴她，他們與社區裡的長者們談過：阿斯夫想要復合，他要見女兒，也要妻子回去，而他們也同意薩芭必須試著解決這個問題。納茲亞的第一個生日就要來臨，而阿斯夫想要見她。在他們眼裡，阿斯夫沒有以暴力對待納茲亞，且與薩芭之間仍存在婚姻關係。她畢竟還是他的妻子。

幾週後，薩芭坐在舅舅夫婦的車內。她望著樹芽的剪影映襯著藍灰色的三月天空。納茲亞在她身旁熟睡著。薩芭感覺到自己正駛向危險的路上，然而無法拯救婚姻的罪惡感淹沒了她的恐懼。她心想，阿斯夫不是游手好閒的酒鬼，至少有工作可以養活她。要回到他身邊的一股壓力油然而生，使她幾乎無法呼吸。

薩芭站在舅舅與舅媽後方的門階，手中抱著沉睡的納茲亞。阿斯夫開了門，龐大的身軀占滿了門框。他對薩芭視若無睹，從她手中接過孩子。納茲亞從睡夢中醒來開始哭泣，她緊抓薩芭的脖子。爲了要分開她們，阿斯夫一根一根掰開她的小手指。薩芭眼見納茲亞嚇壞的小臉蛋消逝在房子內，想要追向前，但是秋德赫瑞女士從走廊的陰影裡往前一步，大聲說話好蓋住納茲亞的尖叫聲，也同時擋住薩芭的路。當阿斯夫再度帶著孩子出現，薩芭看到納茲亞一邊的臉頰上沾黏著鼻涕，小小臉龐上的雙眼充滿了恐懼。

薩芭事後向警方描述這一切時，已記不得事件發生的先後順序。她記得自己向前走，試著要帶回納茲亞，但是阿斯夫把孩子給拉回去。她的舅舅、舅媽與阿斯夫和他的母親在爭吵，四人之間你來我往，爭執不休。阿斯夫撂下狠話——

「外頭有上百名女子等著要嫁給我，薩芭是丟人現眼的妻子和母親，如果我把孩子帶回孟加拉，找個新太太把孩子養大會更好。」

接著，他突然走出門，朝他的轎車去，薩芭追趕在後。可是，當阿斯夫甩上門時，大門的門閂已然栓上。她看著他在上車前，把納茲亞放到座位上。

他是不是早已盤算好這一切？她不禁猜想，他手中是不是握有納茲亞的護照？是不是也有自己的？這會是她最後一次見到自己的女兒嗎？出口的門閂終於打開，薩芭飛奔穿越馬路，拋下她的舅舅與舅母在後頭。她張開雙手，砰地一聲打在玻璃上，一次又一次，試圖擋住車子。納茲亞看到她，也伸出雙臂。當汽車開始移動，薩芭在一旁跟著跑，一隻手仍不放棄地貼在車窗上，汽車開始加速後，她再也跟不上了。轉眼間，車在街角轉了彎後便消逝於眼前。

警察在兩小時後找到阿斯夫，他的車就停在幾條街之外，薩芭永遠不會知道爲什麼；或許他計畫帶著納茲亞到別的地方，但是中間出了差錯——他沒有解釋。薩芭明白，這情形永遠不會改變：她與納茲亞是阿斯夫的財產、他的私有物，需要隨他所願、唯命是從。自從結婚的第一天起，他就是這樣看待她的。警察決定不再採取進一步的行動；這是家庭問題，而且阿斯夫沒有犯法。他們說，然而薩芭必須向法院申請命令。唯有法定命令，才可以保證下一次孩子也可以如此迅速地回到她身邊。

薩芭的舅舅和舅媽不再逼迫她回到阿斯夫身邊。但因爲秋德赫瑞女士拒絕歸還薩芭的護照，所以她沒有身分證件可以申請住宅福利，她與納茲亞也因此回到舅舅的家。有一天，一份裝滿紙張的大型牛皮信封寄到家裡，薩芭的舅舅嚴肅地說：這封信件是阿斯夫寄的，他向法院申請將納茲亞帶離薩芭，並把女兒交由他養育。

阿斯夫在他當地的法院提出申請，完全忽視薩芭和納茲亞所居處其實遠在數里之遙的事實。直到幾個月後法官收到申請，認定此案並非在正確管轄地提出，應該要交由孩子所居地的法院處理。這也是爲何後來薩芭會現身於南方的雷丁治安法院，等待我陪她進行這一生中最勇敢的事。

必須自己面對的罪惡

我無法出席薩芭第一次聽證，到頭來影響並不大。因爲現場沒有幫她準備通譯，阿斯夫也沒有出席，聽證因而往後延了六個星期。

我踏在覆滿落葉的道路上前往法院，濃濃秋意已凜冽成冬季的寒冷。雷丁治安法院是幢難看的紅磚建築，其中一部分是家事法院，推事在此爲各式的案件❷開庭。我踩上通往家事法院等候室的短階梯，抵達時只見裡頭空蕩蕩地，僅有薩芭以及一名男子。

「這名男子是妳們的通譯。」法警說

薩芭與男人坐得遠遠的，好像完全沒有對話。在我向薩芭自我介紹，並引領她至會議室後，我走回去和通譯男子說話。他優雅地站著，頭髮裡穿插著幾根銀色線條，飽滿的鬍子油亮亮地服貼在友善的臉龐上，看來已有些年紀。稍後在會議室裡，我發現他有安靜、不惹人注意的天賦，說話時彷彿是薩芭的延伸，雙方間的交流非常流暢、自然，以至於我們在會議的最後，薩芭與我在等他翻譯時都沒有看他。

可能因爲終於找到說話的方式，薩芭對我說出了一切。

她跟我談起這場由雙方家庭安排的婚姻，以及她隱身於一個完全陌生也無法理解的國家。她告訴我，她有多畏懼阿斯夫的母親，她是名寡婦，徹底倚賴著兒子。他的姊妹們結了婚，搬去和丈夫的家庭同住，照顧家庭的重擔也因此落在阿斯夫一人身上。

當她語畢，我爲她列出法院的程序。她發現自己必須在法庭上再把這個故事完整複述一

❷ 除非案件本身牽涉更複雜的爭點，會上交由法官審理，不然受過指定訓練的推事擁有各類家事案件的決定權（無論公共或私人範疇）。現今英國已設有得以涵蓋所有家事案件的獨立家事法院系統。理論上，簽發案件時會依情節程度，分派給相適的法庭——即推事或法官——進行審理。

遍時，我看見她的恐懼。我解釋這些說詞必須要被寫成陳述。此外，因為所有的家庭程序訴訟都在民事法院而非刑事法院進行，推事會把這些陳述視為供詞。但是之後她必須在法庭中站起來宣誓，並接受質詢，這包括測驗、質疑、被要求給予更多明確細節。法院也可能否定她的答案，表示她在說謊。然後在同一個空間裡，阿斯夫會看著她做這一切。

「我沒有把這些發生過的事告訴舅舅與舅媽，也沒告訴我的父母。因為他們會說這些是要在社區中自己解決的私事，而不是傳進陌生人的耳朵。我很擔心在大庭廣眾之下讓自己的丈夫蒙羞會帶來的後果，還有隨著這個侮辱而來的影響。」薩芭說。

我告訴她，我可以理解她「我怎麼能這樣做？」的心情。

但是兒童和法院諮詢與支援服務單位（CAFCASS）❸的官員寫了信給法院，說明薩芭由於家暴的緣故離開她的丈夫。這位官員已經清楚表示，在決定納茲亞的住所前，必須先裁決暴力是否發生。法治系統如此設定，我們無從逃避。

CAFCASS的官員擔心阿斯夫會誘拐納茲亞，且有鑒於孟加拉並非海牙公約❹締約國，建議法院直到做出最終裁決前，應保有納茲亞的護照。

我盡可能溫和地對薩芭解釋，「這意味如果阿斯夫把納茲亞帶到孟加拉，就很難把她帶回來。」

看著坐在對面不發一語的薩芭，我想著弱不禁風的她，宛若受困的鳥兒無處可去。

「我們會到法院，」我繼續說，「我會告訴推事，妳對阿斯夫的申請有異議，同時要求納茲亞和妳同住。我會要求確認父親和女兒之間沒有接觸，因爲妳非常害怕阿斯夫會再試圖把女兒帶走。我會告訴他們『對』，妳提出了家庭暴力的指控，而且『對』，妳想要繼續這個案件。」

「如果他對指控有異議，推事會下令要求事實調查聽證❺。」我小心翼翼地把檔案推近自己，「在這次聽證裡，我們必須要證明妳所聲稱的事有可能會發生。然後，在異議聽證（又稱抗辯聆訊）後，推事會指示完整的CAFCASS報告，以決定這些調查發現對於

❸ Children and Family Court Advisory and Support Service，CAFCASS。這是英國非政府部門的獨立公家機構，其官員乃獨立於當地政府之外的社工人員。法院會在案件初始時，聘請他們與雙方當事人談話，以了解是否有任何攸關兒童福利或保障之疑慮。倘若存有相關疑慮，法院會要求他們進一步參與案件。機構人員會進行簡短的風險評量，接著寫信向法院報告個別父母方的供述，以及父母是否留有社會服務與警察紀錄。如果沒有會引起疑慮的紀錄，則他們之於案件的參與就到此為止。如果在案件開始或最終聽證前的任何時刻，出現攸關福利之隱憂，法院會要求CAFCASS與孩子溝通，了解他們想要的。如果孩子已夠成熟，則在報告中總結對法院提出應該執行的命令建議。

❹ 編注。Hague Convention。正式名稱為《國際誘拐兒童民事方面公約》。當未滿十六歲的孩童，遭到跨越國境的非法誘拐或拒不歸還時，國際間有合作框架協定，以確保將該孩子歸還到原居住國（常居住國）。因此在部分國家，如未獲得夫妻中任何一方同意而擅自帶孩童出國時，即使是親生子女，也會被視為誘拐兒童。

阿斯夫申請的影響。」我站起身，望著薩芭，「我明白這非常、非常困難，但是我保證會盡我所能讓事情簡單化。比方說，過程中我們會休息許多次之類的。」

「休息許多次。」當我去找阿斯夫的大律師時，我心裡想著。「這麼做有意義嗎？」如果這是刑事案件，所有家暴的指控會交由訓練過的員警，在獨立的房間內問訊。薩芭的舉證將被錄音，在接下來的所有審判中，永遠不須再與阿斯夫待在同一個房間裡。證人室通常會與法庭保持距離，確保原告和被告不會無意中相遇。薩芭的交互詰問會以影像連線的方式進行，如果她想跟其他原告一樣，讓陪審團看見她，好讓她得以直視他們的雙眼說：**「請相信我，我說的是實話。」**——法院也會在證人席設置一個螢幕，來保護薩芭不受阿斯夫目光的干擾。

同理可循，如果這是牽涉被告遭指控家暴的刑事案件，被告代表自己出庭❻，所有法庭裡針對薩芭的問題，會經由律師之口表達。法律禁止該名被告，對其做出家暴指控的受害者問話。相反地，法院會指示大律師代表他進行交互詰問❼。這意味著，相異於家庭案件，當原告在舉證對自己施予暴力的對象時，毋須看對方睜大雙眼兇狠地瞪著自己，或是安靜地用手指在喉嚨上比出割喉的手勢。

我知道被法官傳喚至法庭內，透過他人的問題來進行證人的交互詰問，會有種很奇怪的感受，因爲我有過經驗。但是，沒有任何恐懼，能與那些在家事法庭裡的女性們所面臨的，還來得令人膽戰心驚。這些我也曾經歷過。她們被那些糟蹋自己的人質疑、被迫忍受對方提出的暴力恐嚇——無論是肢體的、心理的或肉體的。

❺ 家事訴訟程序的一種審判，旨在決定一方對另一方所提之指控是否真實。兩方皆提出主張、舉證並且受交互詰問。有別於刑事審判，因為法院必須裁決哪一方所聲稱的情況可能性較高，所以會依據蓋然性權衡（主張民事案件的證明標準只須達到「法官雖然還不能排除其他可能性，但已能夠得出待證事實十之八九是如此的結論」之程度即可）做決定。

❻ 目前沒有準確的紀錄顯示，究竟有多少被告在刑事訴訟程序中代表自己出庭，然而來自傳聞、故事的軼事證據指出，自從實施收入調查，以確定被調查者是否符合接受刑事法律援助的條件後，此數量開始上升，尤其在治安法院最為明顯。轉型正義慈善機構在二〇一六年所公布的一篇名為《被拒絕的正義》報告中，引用了來自推事協會的調查：二〇一四年來到治安法院的被告中，有二五%的被告沒有委任律師；受訪者見證了沒有委任律師之被告，由於不了解加諸於自身的指控，在其實不建議認罪的狀況下做了有罪答辯，反之亦然。這造成證人交互詰問過程的混亂，並且因為他們不知道如何減刑，而獲判更嚴重的刑期。司法部目前正在針對刑事法院的情形進行調查。

❼ 一九九九年《青年司法與刑事證據法》第三四至四〇節禁止訴訟當事人，在刑事審判庭的性侵或兒童相關訴訟程序中，對原告進行交互詰問，然而家事法院並無此類禁令。如果薩芭的聽證發生於今日，阿斯夫不會有獲得法律援助的資格（請見注❽）。雖然她得以在螢幕後方或透過錄影連線舉證，但阿斯夫能在法庭裡對薩芭進行交互詰問。二〇一七年一份更新的訴訟程序指南表示，法官應該「準備好在必要且適當的時刻，就案件的重要爭點，代表當事人向證人提問」。法官、法律從業人員，以及慈善組織都要求議會複製刑法中交互詰問的禁令至家事法院中，並且提供律師經費，對被控犯罪之當事人代表進行交互詰問。

有限度的法律援助意味著，我會定期來到家事法院，發現我的對手本身就是訴訟當事人──他代表自己出庭❽──然後我需要回到自己的會議室，溫和地警告我的委託人，如果她想要繼續在異議聽證裡進行家暴指控，必須要理解這將牽涉令她難以忍受的事，比方說接受她最害怕的人對她盤問。

家事案件和刑事審判的事實調查聽證，實際上沒有太大的不同，除了一點之外：我的家庭案件委託人並非目擊者，而是當事人。就算他們沒有提出申請或不願出庭❾，仍然是案件當事人。基於爲了出庭供證，他們有權獲得暫時的保護。然而，在此之前，她們將被迫與施暴者排在進入法院的同一列隊伍、坐在一樣的等候室、在相同的餐廳中吃東西、坐在相同法庭裡同一排的長椅上。這又怎麼能保護他們不受到恐懼的心理壓力影響呢？

很可能只有當法院採信他們的證詞，而非施暴者時，才能獲得絲毫的慰藉。然而，當法官或推事證實了我委託人的主張，而她在我懷中像個做惡夢的孩子般抱著自己時；又或是當對手撞翻椅子、丟擲水瓶，或對一切不公大發雷霆時，只能像塊人肉盾牌般站著的我，嚐到的只是毫無價值的空洞勝利。

即便法律或律師已經試著不要弄得訴訟當事人困惑地團團轉，但對他們而言，事情還是很容易就會變成這樣。辯護不是一種藝術形式，它可以經由學習獲得，但是我常常看著對手在文書資料、情緒和蒙蔽心智的挫折間蹣跚而行。然後，他們會坐下，感到挫敗與迷惑，想起所有他們本來想要問的問題。在這一切終結後，縱然我相信我的當事人證詞是眞的，這場聽證本身並不公正也不公平。而這對我來說，意味著所有人都輸了。

控訴與回應

我留下薩芭和通譯在會議室，自己前往尋找阿斯夫的大律師；她在律師室中講電話，朝

❽《罪犯之司法援助、判刑與懲罰法》，明確規範大量民事案件的法律援助，包括多數家事案件中的私法爭端（意即任何沒有國家介入的案件）。對於家庭暴力的受害者，只要能夠出示「觸發證據」，則有權利獲得法律援助，得以在「例外情況」下提出法律援助申請。在二〇一三年四月與二〇一四年三月之間，只有五十七件申請獲得核准。那些被摒除在外的申請中，包含母語非英語的申請人。如果薩芭的官司發生於今日，她可以基於家暴歷史而獲得法律援助的資格，阿斯夫則沒有獲得法律諮詢及律師服務的資格，且必須要自己對薩芭進行交互詰問（請見注❼）。罪犯之司法援助、判刑與懲罰法的限制，導致代表自己出庭的被告人數顯著增長。英國司法院在二〇一七年四月到六月的數據顯示，只有一八%的家事案件雙方當事人有法律代表，三六%的案件中完全沒有任何律師參與其中。

❾法院逐漸意識到，無律師代表訴訟人後，企圖騷擾前任伴侶並提出反覆且無根據之申請所造成的影響。法院擁有權力限制這類行為。一九八九年《兒童法》第九十一節（十四），給予所有法院處理兒童法申請的權利，以避免未來當事人在沒有法院允許下進行申請。這被稱為禁止命令。然而，法院不常使用此權利，通常只在訴訟當事人已經提出許多次無根據的申請後，才執行此命令。

我揮手。

「抱歉，抱歉，我剛剛在跟我的事務律師們通電話。我不得不說，我的委託人今天不會出席。」

當下我立刻衡量這個情況，這將是第二個連續開不成的聽證，推事恐怕會不高興，但是我也知道，所有的延宕對薩芭是有利的。距離納茲亞和阿斯夫最後一次接觸越久，法院重新提出此做法的決定也會越謹慎。他們這幾周內不可能找得到其他的聽證檔期，而薩芭也可利用這段時間重新整頓自己：去找回自己的力量、繼續學習如何獨自生活。尤其是如果數個月後，她必須要去說服法院自己有能力獨自撫養納茲亞，這將對她很有利。

「有任何無法出席的理由嗎？」在她結束通話之際我問道。

她看來有些尷尬。「他滾回孟加拉了，看樣子是去渡假。當然我已經嚴厲警告事務律師不得再讓他離開。他們提供了他的號碼，所以我跟他通了電話，也做了指示。我告訴他，就算他否認每項妳的女性當事人所說的，法院不會在沒有進行事實調查的情況下，就同意雙方進行接觸。所以，我們也可以就直接開始，要求雙方供述然後做成列表。妳同意嗎？」

儘管我揚起了眉毛，我還是同意了，然後回到會議室告訴薩芭，阿斯夫不會來。她如釋重負地放鬆了肩膀。

當印表機熱騰騰地吐出紙張來，我把它們擺成扇形攤在桌子上。薩芭與阿斯夫都提交了證人供詞，他之於她說法的回應，一則接續一則地陳列，內文皆被翻譯成孟加拉語，其抒情的文字對照殘忍的主題顯得很不協調。另外一份史考特時間表❿：記錄薩芭控訴和阿斯夫回應的列表——一份以黑白區塊劃分，記載受難折磨的目錄。時間表一共兩頁，我瀏覽內容，氣憤地發現薩芭不甚靈巧的供詞，似乎已經被事務律師逐字複製到表格上。

當事人對另一方提出控訴的數量沒有上限，但是因爲法院時間有限，通常事務律師只會選擇最嚴重的予以條列。然而這個決定——選擇哪些要點放上表格——對於視每項都事關重大的當事人來說根本無法徹底交代。事務律師在寫清單時，總是會想把所有要點都放進表中，任由大律師應付庭上惱火的法官。但因爲法官不可能在分配的時間裡審畢所有的指控，因此列表上的指控必須立即減半。這使得已做好心理準備要來面對一切的當事人感到失望。

我從最下方開始往上讀完阿斯夫的欄位：否認、否認、否認。

我接著看列表最上方的第一個，也可能是最輕微的指控：撕毀被告母親的書；阿斯夫的回應：同意。

在他的目擊證人供詞中，除了他就是不喜歡妻子有其他男人的紀錄，他沒有提供任何解

❿ 編注。Scott schedule。將法官必須決定的問題，透過詳列方式呈現。通常有三欄：第一欄是控訴的個別項目、第二欄是被告針對控訴的回應，第三欄則是交由法官使用。

釋或理由。既無懊悔亦無後悔：他似乎什麼都沒有想。那一瞬間，我知道自己可能抓到他的狐狸尾巴。阿斯夫於那項漫不經心的供詞裡，顯露出他是怎麼看待薩芭的：她的所有物、她的過去、她的現在和未來，都是依他所願來進行，並以暴力與恐懼來控制，當他想破壞時就動手。他明白自己不應該打薩芭，所以他否認，知道這是薩芭不利於他的用詞。但是對他來說，破壞妻子的珍藏物品是合理的。這是基於薩芭現在屬於他的這項事實、因爲薩芭也這麼認爲，且他不認爲承認這點有何不對。讀到這一頁，我感到惱怒的同時，又慶幸事務律師並沒有如往常般隨手移除這項主張。

因爲我希望阿斯夫對這一點的供認，能成爲擊垮他的證據。

對掌控妻子的執著

薩芭坐在證人席，她的目光穿過我直到身後的角落。暖氣機哐啷作響，試圖要擠出熱氣，但是法庭內仍然很冷。在證人席裡的薩芭顯得比平常更瘦小。我看向右邊，阿斯夫坐在他的律師身邊，雙眼緊盯著薩芭。通譯安靜地站在證人席旁，穿著慣有的一身燙整燈芯絨西裝。我想知道是否該要求通譯把問題再翻譯一遍給薩芭。

「妳控告丈夫強暴妳，這是從什麼時候開始的？」薩芭銅鈴般的大眼直直盯著我看，開始哭了起來。我看向推事，思考是否有必要提出中場休息，但是通譯打斷我。他的聲音聽來焦慮不安。

「庭上，我必須說，我認爲她的答案很難完整地透過翻譯表達。」通譯停了下來，從胸前口袋掏出手帕，急忙地擦拭臉龐。

我望向推事們，留意到表情改變，似乎在腦海中搜尋適切的用語。

通譯補充說明，「事實上，庭上，在我們的文化裡，女人不會跟陌生人說這類關於男人的事。我想她覺得很難對我全盤托出，講出她被法院要求說明的細節。」

在那一瞬間，他面無表情地短暫瞄了阿斯夫一眼。我好奇他心裡究竟在想些什麼：譴責阿斯夫被妻子控訴的所做所爲？還是他不同意薩芭在公開場合談論這種私人事務？

通譯再度開口，打破沉默。

「如您所見，這裡也有許多她說的內容，是我無法確切翻譯的。她告訴我們，他的丈夫抓著她的頭髮，好將她拉離祈禱跪毯。問題是她用來形容感受的話語是無法直接翻譯的：她感到羞愧，但是同時因爲阿斯夫也打斷了她的祈禱，所以覺得自己冒犯了神明。相對於你們，阿斯夫透過拉扯頭髮的這種行爲，在我們的文化中蘊藏著更深層的意義。」

在推事回應前，薩芭開始說話，中間幾乎沒有停頓。通譯先生切換回薩芭的敘事立場，把我們帶進她婚姻的噩夢中。

當她完成供證，換阿斯夫上場。他穿著深藍色的牛仔褲，鼓起的肚子彷彿要撐開白襯衫的鈕釦。搭配他來自英國約克郡布拉福市的口音，而非孟加拉的腔調，更凸顯了他與薩芭所處世界的天差地別。看著他在薩芭之後舉證，我發覺到他們之間的鴻溝，還有他的優勢。

阿斯夫在交互詰問裡做的否認很簡短，就是薩芭捏造了這一切。然而，因爲他事後補充的幾點說法，我對事件有了更深的思考。

「薩芭的家人跟我提了很多次，說她想要回到我身邊，可是他們卻一直延遲復合的時間，因此我才決定訴諸法院。」

就在那一剎那，我看清阿斯夫這起案件的眞相，更生氣自己爲何沒有早點發現。阿斯夫的請求無關女兒，他在乎的是薩芭以及他對自己妻子的掌控。法律規定，他不能強迫薩芭與他同住，但是可以要求法院給他納茲亞。阿斯夫深知，倘若法院眞如此判決，薩芭必會回到他身邊，因爲她不會願意與孩子分開。

「秋德赫瑞先生，你爲什麼要撕毀這本書？」

「因爲上面有另外一名男子給我妻子的留言，看來帶有愛意。我不要那個東西存在。」

「那個留言是在你們相遇之前寫的嗎？」

「是。但她現在是我的妻子了，不是嗎？」

「所以一旦你們結婚，她的東西變成你的東西？」

「對，在我們的文化裡是這樣。」

「任你所願地使用？」

「這很自然。她知道、我也知道，身爲一名妻子，她的角色是什麼。」

「書的其中一頁冒犯了你，因此你撕毀整本書？」

「我已經承認了，不是嗎？」

「她的書、她的所有物、她的身體、她的自由——所有一切都屬於你……」

「聽著，這不一樣。在伊斯蘭教義裡，妻子只有對她丈夫有責任，不論她願不願意。」

噠啦！就是這裡，我逮到他了！

飛舞在法庭中的人性

我仔細觀察魚貫回到法庭內就座的推事們。他們花了近兩個小時思考，讓我不禁擔憂，事實上我可能高估了自已的自信心。

不像陪審團習慣在案子進行時沉著臉或點頭、微笑，絕大部分的推事早學會戴上專業公正的面具。他們鮮少會向你透露蛛絲馬跡，但是我透過經驗和觀察，學習到當中沉默的語言——一張明亮的臉龐、一抹嘴角的笑意、微微將頭點向另一邊，皆意味著同意。在陪審團與推事之間有個共通點，如果他們在走回法庭宣布判決時，已經準備好看我的委託人——以眞誠坦率的臉與眼神——我就知道我們是安全的。那天下午，當推事坐上他們的椅子，三人都帶著微笑看向薩芭。

在陪審團宣布每項指控皆經證實之後，推事審判長直截了當地看向薩芭。

「薩芭·秋德赫瑞爲其指控所提供的獨立證據非常少。然而，考量她的文化背景、英語能力的不足，以及家庭裡的霸凌與壓迫氛圍等種種因素，使得她難以向他人陳述被虐的經歷。儘管薩芭看來顯然很痛苦，但她回答了所有與指控相關的長篇問題，推事們因此認爲她的表現既勇敢且誠實，對她的供詞以及表述的方式很滿意，相信她說出了受丈夫凌虐的眞相。」

我看了阿斯夫一眼，但他只是直直地盯著前方。聽證結束後，他闊步離開法庭。薩芭、通譯與我急忙推開旋轉門，卻發現阿斯夫已走遠。我不知道那天會是我最後一次見到他。

空蕩蕩的走廊上，薩芭站在我前方。我正忙著確認下次指示聽證的日期，推事會決定是否要舉行。通譯在翻譯時，薩芭並沒有看我，所以我好奇她是否了解剛剛發生了什麼事。接著，毫無預警之下，薩芭搖搖晃晃地向後跌到椅子上，雙手摀著臉開始啜泣。

那是個晚春的下午，在離開法院並步行前往車站的路上，我任由這股歡欣的愉悅感灌溉著我。總有某些這樣的時刻，我很確定世界上恐怕不會有比這更棒的工作了。我遙想通譯那崇高的臉龐，想知道他的想法，然後又想起貝古姆先生與坎恩先生的案子，好奇我是否一直以來都是錯的。

或許，法律事實上，不只是文字和語言，更不只是把法學書薄如米色紙頁上的內容，編織爲漂亮的論點。或許，它的眞諦遠大於說出一篇好故事。因爲追根究柢，法律的核心是人性。它包含了數以千計細小的觀點與評斷，它們飛舞在法庭中，穿越語言、階級還有性別。這也是爲什麼，辦案不能單純紙上談兵。相反地，我們執意彰顯血肉人性的重要，並透過等量的力道斟酌試探每一方。

我相信，當我們這麼做並好好地實踐，多半是可以實踐正義的。

尋找新的妻子

六週後，我來到法院進行指示聽證。

我這才意識到，自從將薩芭從那場婚姻的噩夢拯救出來後，轉眼已經快要兩年了。我看到阿斯夫的大律師踏出律師室走向我，滿臉歉意。

「剛剛我被告知，我的委託人已經返回孟加拉。我無法知道究竟出於何原因，也無法獲知阿斯夫回到英國的時間。我了解在缺少委託人指示的情況下，必須撤銷訴訟紀錄。我會提出申請，並把後續交給妳處理。」她舉起雙手比出投降手勢，順勢翻了個白眼。

會議室中，薩芭與我並肩坐著，有一封來自CAFCASS的信件在一天前寄達，身後的通譯員正在翻譯信中的內容。內容很直白，根據調查結果，直到完整的CAFCASS報告出爐之前，納茲亞與其父親之間應該暫停接觸。法院應該要強烈考慮發出有利於薩芭的同住命令，以確保阿斯夫不會再一次將納茲亞帶走。我放下信件要薩芭別擔心，阿斯夫今天不會來，他已經回孟加拉了。

薩芭看著我。我讀不出她的情緒。

「他在孟加拉？」她用英文問我。

「對。」

「他想要離婚，他想要找新的妻子。」她低聲說。

我不知道該怎麼回答。如果這是眞的，那也是美事一樁，現在阿斯夫不會再來煩她。我抬頭看著通譯。

「我想她感到羞愧。」他的聲音很和藹，「她害怕自己讓家族蒙羞，害怕現在其他人都不要她了。」

我回頭看著薩芭，她凝視了我一會兒，接著看向她的包包，從中拿出幾個大信封。這些是阿斯夫寄的，裡頭有份紗麗服裝目錄，畫面上的女人被撕成兩半。她用生澀的英文和透過通譯解釋，告訴我「被撕毀的紗麗意味著羞辱」。阿斯夫要她明白，她談及這段婚姻的行爲讓他蒙羞。

薩芭沒有想過阿斯夫會來到法庭，也不曾想過他會在其他天現身。他已經告訴她的家族，她不是好女人，他不再要她了，他要離婚。薩芭很擔心納茲亞，擔心她沒有爸爸，更害怕因爲納茲亞是女孩，所以阿斯夫不會像重視男孩般善待她。

對阿斯夫來說，重點從來不是做一名父親，而是擁有她們。如果他不能擁有，便失去興趣。

一旦法院強迫阿斯夫的母親交出薩芭的護照，那麼薩芭可以在她舅舅與舅媽的協助下，在這個國家建立屬於自己的新人生。現在她還不能回去孟加拉，不能在此刻背有離婚恥辱的狀況下回去。

我們進入法庭，我向推事說明阿斯夫的離婚請求、他對薩芭的騷擾，還有薩芭質疑他回去孟加拉的原因。推事同意我所提出的同住命令，這對薩芭是有利的；判決阿薩夫有責任把此案帶回法院繼續審判；如果他在三個月裡未做到，法院會駁回其申請，必須即刻交還薩芭的護照給她的事務律師。

我在擁擠的等候室外頭向薩芭道別，然後轉身和通譯握手，感謝他的協助。我注意到他的手指是如此地細緻優雅，肌膚是如此光滑卻冰冷。霎時之間，對於他所做的一切，我充滿了感激。

他們倆一起離開了法院，我拾起肩包的同時向他們揮手告別，但是因爲我去車站的方向與他們相同，所以很快地又追上兩人的身影。他們繞過曲曲折折的小路，經過日間市集、穿過攤販和各式新鮮的聖誕節裝飾。我在他們背後觀察著。突然，有個景象使我停下腳步。

是薩芭，她的身軀看來與身旁臃腫的攤販有些不搭。儘管明顯地與他人不同，但此刻的她似乎非常自在，展現出我不曾看過的姿態。通譯穿著同一套精燙過的燈芯絨西裝，直挺挺的車縫線順著腿部前後接合，猶如我的祖父。他們的頭向彼此輕微擺動，看得出來他們在聊天，然後薩芭轉身回應他說的話，她點頭的方式似乎藏著什麼弦外之音。

我駐足目送他們的背影漸行漸遠，兩人都沒有留意到我的目光，持續向前走著。直到最終，他們的身影淹沒在茫茫人海間。

一九八九年《兒童法》

第八條 兒童安置命令與其他兒童相關之命令⓫

（一）依據此法規，《兒童安置命令》規範為與以下任一安排相關的命令：

(1) 將會與兒童共居、生活、相處或有接觸的人，以及

(2) 當兒童將和任何人共居生活、相處或有接觸……

⓫ 這些年來，家事法院依一九八九年《兒童法》第八條，就其所屬相關命令做了更動。先前稱為「監護命令」改為「居住」與「接觸命令」。此外，二〇一四年《兒童與家庭法》更名為《兒童安置命令》，旨在避免父母任一方堅持對孩子而言，某方家長中比另一方重要。此概括性術語，現在用來涵括任何分配兒童在個別父母方時間的命令。

第四章

不想要正義判決的男孩雷蒙

法律能否挖掘全部真相？

如果當你踏入證人席，
什麼話都還沒說，便知道注定會被懷疑，這將有多麼難受。
尤其當你的故事裡還埋藏著無法說出口的真相時，一切又是談何容易。
律師這份工作教會我最重要的一課：
真相從來不會獨自存在，故事也不會只有一個。
相反地，每個案件背後都是複雜生命交織成的網絡。

曼蒂．懷特的呼吸聲很嘈雜。她發出呻吟，氣喘吁吁地彎下龐大的身軀，倚靠在她的機械式助行器上。法警在她身後徘徊，稍微張開雙臂，好像要在她跌倒時抓住她。在我和檢察官長椅座席附近，兩人正想盡辦法操縱那笨拙又冥頑不靈的裝置。眼看令人極度尷尬的荒唐鬧劇正上演，我試著不要看向他們。

在狹小的空間裡，曼蒂前前後後地移動著助行器，一點一滴地前進，終於擠過最後一個崎嶇難行的路段。法警接著引導她到座位上，安排她坐在證人席最後方。我們事先已被告知，曼蒂無法爬上證人席前方的小階梯。她笨重地坐下，雙手放開助行器。對於折磨結束，法警顯然鬆了一口氣，把助行器推到法庭的另一端。

曼蒂如今坐在我們前方，我第一次有機會好好端詳她。她非常龐大，難以分辨年紀，稱她是四十歲或六十歲都說得過去。她臉龐上的紋路彷彿訴說著生命的艱難。相對於她染的一頭紅色短髮，粉飾的肌膚顯得格格不入。腰上的一團肉，從她的上衣和內搭褲溢出。眼前的景象使我有些不知所措。以如此私密的方式向他人展露自己，想必非常痛苦。我不知道她究竟是沒有察覺到，或是重新整裝太過尷尬，抑或她壓根就不在意。

法官傾身越過他的長椅，往下告訴曼蒂，如果她覺得不舒服便開口要求休息。她回以法官一個介於漠然與驚訝之間的表情。我看著右手邊的陪審團指示曼蒂進入法庭，他們剛剛聽完檢察官的開場白，現在可以把曼蒂的臉置入此案的受害者輪廓裡了。

他們此刻能夠想像她的恐懼，腦海中可以浮現生動的畫面：當我二十一歲的當事人——雷蒙．貝克，以及他十七歲的妹妹——丹妮耶拉❶，闖入曼蒂位於住宅區的一樓公寓。當入侵者緩緩朝曼蒂逼近，舉起拳頭，大聲要脅她若不服從就要揩幫派和請她吃子彈時，她該有多麼害怕；當我的委託人把她的手機擲向角落，讓她不能打電話求救，她的神情該有多惶恐；當他們洗劫她的公寓，直到發現想要的物品——一臺DVD播放器後，才撂下狠話然後離開現場時，她該有多麼驚嚇。此刻陪審團也可以想像，曼蒂無助地等到確認只剩自己一人後，才緩緩爬過地板，撿起電話打給警方求援。

我看到幾名陪審團員看向法庭後方的被告席，我的當事人獨自坐在裡面。陪審團知道爲何他身旁沒有共同被告，因爲檢察官方才告知，他的妹妹，同時是共同被告的丹妮耶拉，已經承認家庭夜盜的罪行。她的認罪同時意味著，檢方所起訴的案件確實發生。當陪審團聽到這個消息時，我看到他們的臉上畫過一道陰影。他們想必認爲：如果其中一名已經認罪，另一名又怎麼會否認呢？我可以理解這點，因爲一直到今天早上，我也抱持著同樣的想法。

❶如果未滿十八歲者和另外一名成年人一起遭到控告，則此案子不會在青少年法院舉行，而是隨成年人在刑事法院裡一起進行聽證。

我不相信他

伯恩茅斯刑事法院是幢占地廣大的長型建築，以許多玻璃點綴其上，外型看上去有點像郊區的省立機場。它建於一九九〇年代中期，位於高爾夫球場、地區飯店與醫院構成的少見三角地帶之間。儘管是條通往法院建築的道路，但沿路上起伏不平的柏油路和好幾個圓環，反而讓人感覺更像是條開往郊外有停車場的零售商場。

搭乘火車與計程車到這間法院的成本和聽證費用常常打平。因爲享有特別的免費停車場優惠，所以我往往選擇開車去。從倫敦出發，來回路程要花上六小時，比搭火車還久。但是我善用在高速公路上的時間來演練交互詰問，並對著經過的車潮大聲排練結辯。然後，在遇上塞車或紅綠燈時，我則在記事本上寫下各人事物間的關聯性。

四個月前，雷蒙的審判尚未開始，我站在伯恩茅斯刑事法院的更衣室內，看著窗外的天空。時序已入深秋，在葉子開始掉落前，秋老虎發威了好一段時間，天氣仍暖洋洋的。鬆軟的白色雲朵映襯著藍天，宛若嬰孩的風鈴搖曳生姿。

我前方的桌子上，擺放著那天早上雷蒙在法院進行答辯與案件管理聽證❷的一綑薄卷宗。最上方是我爲雷蒙這場官司所準備的辯護資料，縱使我忖度此案件可能甚至不會進入審判程序。因爲對他不利的證據太多了，雷蒙顯然需要認罪。

我一邊這樣想著，一邊走過更衣室洗手間旁的鏡子，脫下身上的西裝外套。法院的暖氣似乎隨著月份調整，而非氣溫。在那擠滿忙著準備出庭的大律師們❸的更衣間，儘管空間不小，卻有種擁擠悶熱之感。我打破不成文的禮儀規範，穿上長褲套裝而非常見的裙裝，這讓我不必忍受穿絲襪帶來的悶熱感。我那燙漿的合身T恤，遠比白領襯衫更適合在法院內穿。但是爲了調整衣領，要在所有人面前脫下我的夾克這件事，總讓我感到赤裸裸。

我瞄了一眼鏡中的一群大律師，清一色男性，塞滿了整個房間。我猜想是否有人會看著我舉起手，固定領口的魔鬼氈。或者更糟的是，如同之前某天令人不堪的早晨，會不會有人自告奮勇提供我其實不想要的協助。我心裡希望他們最好忽略我，並以最快的速度完成這個動作，趕著讓夾克和律師長袍恢復我的平等地位。

開庭當天早上，我沒有很多時間思考雷蒙與丹妮耶拉的案件。因爲同一天，我在不同法庭裡還有另外兩件案子要開庭。一抵達，我馬上去找各法庭的書記官，請求他們高抬貴手，

❷ 現稱「答辯與審判準備聽證」。這是刑事法院中第一場聽證，被告可能會進行答辯，而法院會安排審判日程和提供其他指示。在這場聽證中，被告須遞交答辯狀，文件中將會列出他們的辯詞細節，意即哪些為有異議之證據要素。如果證據沒有異議，能確保已達成協議，且證人無須到法院，檢察官則會宣讀這些沒有爭議的證據。

❸ 譯注。出庭律師（barriester）也俗稱為大律師。

務必在確認我完成一個案件後，才傳喚另一件案子。其中一個聽證很直白：由我來起訴一位被告提出的保釋申請。上午走向更衣室時，我已經事先從皇家檢察署辦公室取得相關報告。我推測，至少從我所讀的資料看來，這名被告的請求毫無希望。他是名藥頭，從監獄釋放後一週，警方在他常出沒的角落看到他，並且立即一路急速追趕。他奔跑時，從長褲褲管掉出一包包的古柯鹼粉末，沿地的小紙包還在路上撒成一條毒品軌跡。被警方抓到時，被告宣稱自己不知道毒品的存在。他說自己之所以穿三件內褲，是爲了保護睪丸不被別人踢襲，並非警方認定的爲了藏匿毒品。

我的另一名案件被告委託人，也是在充滿對他不利的證據下，宣稱自己是無辜的。他是被控犯下複雜詐欺罪的中年商人。我知道他決心對抗到底，如同我曾代表過的其他類似犯行被告。他挺難對付的，自視甚高，就像在和警方鬥智比賽中獲勝一般，覺得自己必定比法院更聰明。他會巧妙地閃避我提出的質問，透過冗長晦澀的解釋以及狂妄的自大態度，轉移問題的焦點。這段過程令人筋疲力竭，也意味著我必須想辦法擠出時間來處理雷蒙的案件。

另一方面我也了解到，雷蒙的案子其實是個非常單純的夜盜罪——兩名有犯罪紀錄的年輕兄妹，聯合對抗一名殘障的中年女士。他們當天下午沒有目擊證人，我的委託人也已經分別在家中和警局接受過兩次偵訊。只是不久之後他改變說詞，承認自己去過曼蒂的公寓，因爲他知道警方已經在各個角落發現他的指紋。我忖度，想必他覺得沒有認罪以外的選擇了，而只有瘋了才不認罪。

通常，我會事先了解共同被告的大律師——了解對方經歷——但是她尚未簽到，我也沒有時間去找她。我推想，可以在進入法院前和她聊一下，也希望她的看法和我一致。

我花了將近整個早上的時間在詐欺案當事人身上，因此直到聽證開始前，才有短暫的時間得以與雷蒙會面。走廊間，一排藍色的海綿座椅沿著牆面擺放，雷蒙坐在其中一張椅子上。他好像是課堂上的男學生，在我呼喚他名字時舉起了手。我沒有預期他是如此地弱不禁風。他的兩側肩膀往前傾，雙腿以詭異的角度打開，看起來好像有什麼肢體障礙。現實裡的他好不起眼，是那種一不小心可能就擦身而過的人。倘若在路上與他交錯，可能會想不起來該如何描述他：約二十出頭、深黝色皮膚、中等身高，頂著平頭的纖瘦男孩。

我坐在雷蒙身旁，刻意選擇坐在沙發的邊緣，以免陷入軟墊的中心，還意識到自己有點不耐煩。老實說，我需要雷蒙盡快跟上腳步。我的另一名委託人還在對面的會議室裡。他覺得我很不尊重他，因為同時間我手上還有另一件案子。

我快速地帶雷蒙了解這項罪行。

「檢方如果要把此案以夜盜罪起訴，需要能夠證明你有非法入侵並且偷竊物品的事實。」

我匆匆彙整了證據，瀏覽過供述和訪談資料，接著打開我草擬的被告案件陳述。

「這**眞的**是你的辯詞？」我問他，「因爲曼蒂傳簡訊邀請，所以你們兄妹倆前往曼蒂的住所，然後她提供DVD播放器做爲債務的抵償？」

雷蒙點頭。

「那麼，她爲什麼會欠你錢？」我問道。

「我媽媽借給她的。」雷蒙回答，「我去收錢。」

「很好。你媽會到法庭說出這一切吧？」

雷蒙鼓起腮幫子。「不可能。她不喜歡上法院。我不可能把她帶來。」

我猶豫了，思考該如何繼續推進這個論點，但心裡暗想這可能只是浪費時間。我瀏覽訪談資料，搜尋我需要的部分。

「警方在公寓中發現你的指紋。」我說，「你也說，這是因爲你媽有時候會幫曼蒂打掃房子，而你去幫忙打掃時所遺留下的？」

「是這樣沒錯。」雷蒙回答。

「那在第一次的偵訊中你爲什麼要說謊，說自己從沒去過她的公寓？」我抬頭看向掛在法院走廊牆上的時鐘。

「因爲我會怕。」他說，直盯著自己的雙手。「我想待在家，不想被警察逮捕。我只希望他們走開、不要來煩我。現在我知道這樣做很蠢。」

「害怕？你爲什麼會怕？是因爲你認爲自己犯了錯嗎？」我問，他聳了聳肩。我倒抽一口氣。「那你還留有那只手機嗎？收到曼蒂邀請你們去她家那則簡訊的手機。」雷蒙仍盯著下方，喃喃地說已經弄丟了。

我不相信他，心想他在浪費我的時間，一方面也惦記著另一位委託人正在對面門內百無聊賴地等我。此時，擴音器傳來低沉的聲音，呼喚雷蒙和丹妮耶拉的名字，大律師們穿越雙層門進入法庭。

太遲了，這一切都太遲了，我心想。聽證已經開始了。

「在這裡簽名。」我把答辯狀❹塞到他手裡。雷蒙拿起我遞過去的筆，在頁面底部簽下孩童畫圈般的簽名。我站起身，示意他跟隨，一邊在我們走向門時，一邊匆匆說完我的建議。

認罪可以減刑三分之一；離審判日期越近，你的優勢就越少❺；殘障的受害者會是使罪行加重的因素，在法庭裡畫面可不好看；受害者事發之後立即打電話給警方；大量的證

❹ 譯注。在英國高等法院的民事訴訟中，被告就原告在起訴狀中所述的事實和主張，做出回答的正式文書。凡意欲出庭應訴的被告，必須在法定期限內將其答辯狀送達原告方。

❺ 見第一章注⓭。

據；兄妹倆的犯罪紀錄。還有很多很多。雷蒙面無表情地聽著，然後當我們停在法庭外時，他看著我。

「我沒有拿走DVD播放器。我沒有。是她自己交給我的，眞的。」

這句話解除了我部分的壓力。我痛恨在自己適切地提供建議與聆聽後，那股匆忙的壓力和重重疑慮的折磨。

「好。」我說，一邊推開旋轉門，降低音量說話。「你只需要針對你眞的有做的事情認罪。如果你說自己沒有做，那我們就必須要進行審判。當他們要求你答辯時，你要回答：『無罪』。清楚嗎？」

當我們走進法院時，我感覺到身後有人。是丹妮耶拉與她的律師。當他們等待庭務員時，這對兄妹檔短暫地向彼此打招呼。胖胖的庭務員心情不錯，慢步走向他們，彷彿向他們展示前往戲院的路般，打開被告席要他們就座。我轉向丹妮耶拉的大律師，她就站在我的左手邊。

「不好意思，我找不到妳！」她說，「妳看一下——我已經塡了表格。」道謝後，我拿了那張一旦決定認罪就需要塡寫的長表格。「妳看，」她繼續說道，「我只是幫忙這場審判的大律師代班。無論如何，現階段她要做**無罪抗辯**。我還沒有寫答辯狀。我會要求申請抗辯的時間，但我覺得她可能很快會改變心意……」

我點點頭，匆忙趕往法庭前方，等待上一場審判的大律師們離開。檢察官的座席前方擺著一疊文件，他忙著重新整理，並把一疊紙放到最底部，再伸手拿取下一堆文件。他注意到我在看他，向我投以打量的目光。

「無罪。」我脫口而出，並且以搖頭來強調我的立場。

他點頭示意。

我將手上的被告答辯狀遞給他，他漠然地掃了一眼。過了今天，檢察官恐怕就不再插手這起案件，然而他至少要對案件最基本的脈絡有所了解。我擠在他身後，在右手邊找了個位置，略帶猶豫地開始填寫方才共同被告律師交給我的長表格。

兩聲清脆的法槌聲響起後，法警大喊「全體起立」。當法官進場時，我們匆忙地移動腳步。

他是否有什麼沒說？

這場聽證的一個月後，我收到丹妮耶拉大律師寄來的電子郵件。我認不得這位律師的姓名，於是查找了他的檔案。他比我年長，深色頭髮搭配一張笑盈盈的臉，看來人滿有趣的，是那種一同打官司會有樂趣的人。他的樣子、說話的聲音以及表現的方式，像是書上或電視上典型的刑案大律師，是那種能夠輕易取得當事人信任的類型。

他的電郵內容友善有禮，但我懂他想表達的意思。對他來說，雷蒙的理由相當荒謬可笑，他甚至安排事務律師去與他的委託人和母親會面，以給予一些**合理的指示**。

我讀出箇中意涵——這是個警告——丹妮耶拉將被告知應該認罪。如果她這麼做，雷蒙將會獨自面對審判。問題是，在他妹妹承認犯行的情況下，又有什麼希望去說服法官他沒有犯罪？我不想要被別人評論，說我不論證據多充分，還執迷不悟要進行審判；說我沒有給予委託人適當的建議；說我在證據充分的狀況下，未告知委託人會被定罪的可能性。

現在，這場審判肯定不會繼續下去了。我心裡感到如釋重負，因爲我不用在尷尬的情境下，指稱殘障女子是騙子。我在鍵盤上敲下信心滿滿的回覆：我們現在需要的，只是我們的委託人先認罪，然後另一位必定會跟著做。

我寄出電子郵件的一個月後，法院召開了聽證，丹妮耶拉站在庭中改口認罪。我的事務律師告訴我，只有她這樣做，雷蒙還沒改變心意。這也是爲何六週後，雷蒙的名字顯示在法庭外的螢幕上，他要進行審判，不論丹妮耶拉在不在他身旁。

那天早晨，我看到雷蒙在法庭外坐著等待。還有好幾場其他聽證被安排在我們的審判前，所以我們有些時間。我帶他走到走廊盡頭較安靜的角落，然後並肩坐著，再一次審閱手邊的證據。

雷蒙回答著我的問題，讓他的故事開始生動起來，也有了畫面。

他說自己認識曼蒂，會和妹妹一起去她的公寓，有時候他的母親也一起前往。曼蒂有雷蒙的電話號碼——她傳簡訊給雷蒙，要他到公寓來拿抵欠他母親債務的物品。她把門開著、也邀請他們入內、一起聊天。曼蒂向他們展示DVD播放器放置的地方，確定他們拿了相符對接的電線，甚至提供袋子，好方便他們帶機器回家。

我皺起眉頭，看著我爲此案準備的筆記。如果說爲了拿取物件抵債，DVD播放器可以說是最不合常理的選擇了。因爲賣掉它，市值最多約二十英鎊。除此之外，他們是在曼蒂家衣櫃裡的紙箱找到DVD播放器，而衣櫃位於公寓深處的臥房中。

我看著雷蒙，試圖讀進他的內心。直覺告訴我，在我聽到的這個版本下，還藏有另一則故事。一旦我可以搞清楚故事眞相，雷蒙或許還有翻盤的機會。

「雷蒙，」我問道，「假設你說的是眞的，爲什麼你妹妹要認罪？」

雷蒙低頭瞅著走廊的藍色地毯。「她的律師告訴她必須這麼做，也跟她說證據非常充分，還說她的犯罪紀錄很長，一旦被定罪，肯定會成爲階下囚。唯一不用被關進大牢的方法就是認罪，因爲她還是青少女等諸如此類的理由。」

我脹紅了臉。這些話是丹妮耶拉轉述給雷蒙聽的，讓我懷疑這是否眞的出自那名友善的黑髮大律師之口。但他想必傳達了類似的意見，何況他說的也是事實。

丹妮耶拉的犯罪紀錄比起雷蒙要糟糕地多。多數是零星竊盜，伴隨數次持有毒品、輕微暴力和擾亂公共秩序的罪名，入監服刑是遲早的事。儘管雷蒙年長四歲，但他只有一項前科：幾年前在聖誕夜順手牽羊而被起訴。倘若我在追問細節前仔細觀察事發的日期，我大概可以推測出犯行的原因，也就不用讓他尷尬地承認，是因爲母親沒有錢買耶誕樹，所以他才爲此行竊。

「莎拉．蘭佛德？」

聽到這個聲音時，我嚇了一跳，立即認出這深沉而自信的聲音，是來自史丹利．夏普——我的檢察官。他站在前方盯著我，熙來攘往的大律師、被告和警察們在他身後川流不息地走動著。他在巡迴審判法院體系❻裡很有名，他和其他成群的男性擠在走廊與更衣間，大搖大擺地開玩笑、捉弄彼此和互相吹捧。我當然認得他，雖然他不知道我是誰。

「是我。嗨，你好。」我站起身，與其平視。他手臂下的檔案文件看來沒有任何筆記，仍然完整地用粉紅絲帶繫著，讓我懷疑他對這場審判的準備不多；也讓我臆測他覺得沒有必要準備，因爲不利我當事人的證據是如此充足。

「我們可以聊一下嗎？」我用頭示意走廊盡頭方向的更衣間。

我們待在更衣間外頭。我站在門上的鍵盤旁，史丹利則是向後倚靠著牆。他看來是那種會不擇手段達成目標的人，並且深諳在這類情況裡，自己的年紀與位階所占的優勢，所以正在思考要如何善用它們。他沒興趣浪費三天在一件微不足道的竊案審判上，尤其當他大可把這些時間花在其他更重要又更能拿到更多錢的案子上。我倆都很清楚這點。

「我們**眞的**要進行審判嗎？」史丹利意有所指地問我，「我的意思是，我就不拐彎抹角了，妳委託人的辯詞根本是無稽之談。他妹妹認罪了，妳**知道**吧？」

我點頭，心想沒有理由和他討論檢方在此案的弱點。如果我回應了，最佳情況是頂多我聽起來像在發牢騷，最糟的情況則是我拱手讓給史丹利機會，去搞清楚如何塡補那些論點的缺陷。然而，他的自信加深了我對自己的質疑。有可能，我相信雷蒙的故事存有另外一種版本的想法是錯的，那不啻是個天眞的願望。猶如多數自營工作者，我必須學習相信自己的判斷。

在我取得大律師資格的頭幾年，我總在從法庭返家的路上，在腦海中像電影輪播般播放案例：有沒有其他人輸了？有沒有其他人贏了？有沒有其他人打電話給證人？有沒有其他人已經問了這個問題？直到我代表雷蒙這段時日以來，經驗帶給我自信與肯定去相信自己的直覺。但是這不表示面對資深大律師❼的不悅，以及其明顯認爲我是傻瓜的暗示，不會讓我

❻編注。巡迴審判是英國司法體系的重要組成部分。早期往往將全國劃分為若干個司法區，法官在其任職的司法區內可巡迴到不同地點去開庭審理案件。根據一九七一年的《法院法》，英國共分為六個巡迴審判區。

因此質疑自身的決定與能力。

我知道面對委託人的固執，我必須持續保持親切與鎮定。畢竟到頭來，雙手一攤、翻翻白眼，獲取一個「麻煩、挑剔或難搞」的臭名，對我沒有好處。我跟史丹利保證我已竭盡所能，但是我的委託人就是**不改變心意**。

「這會是場快速的審判，」我說，「轉眼便結束。」

我撬走就丹妮耶拉認罪法律論點來討論的可能性 ❽——當然，我**必須**阻止雷蒙去申請向陪審團說明。但是，我相當確定法官會同意他的申請。比較簡單的做法是隨之起舞。最好不要只因爲最後他可能因刑責而改變心意，並且向任何願意聆聽的人堅持自己的清白，而花上好幾個小時，企求我的委託人去做有罪答辯。

史丹利嘀咕著離開，說他最好先去確保法院已經爲他的證人做好準備，因爲還需要安排助行器、特別座椅，以及因爲服用不同藥物所須的休息時間。我則回到雷蒙身旁告訴他，我們已經準備好了，即將展開審判。

另一個版本的故事

史丹利起身開始質問曼蒂。看到曼蒂本人後，我感覺得到史丹利對於雷蒙有罪的信心又更加深了些。想當然爾，陪審團在看到她以如此費力的方式進入法庭時，也必會對雷蒙定罪吧。史丹利高舉其證人供述，一手放在臀部，不屑地斜靠於身後的折疊椅上。

「那麼，懷特女士，事發當天之前妳有遇過雷蒙．貝克嗎？」

「喔。有的，好多次。」曼蒂的語調聽來很溫暖，「我認識他的妹妹，是個好女孩，會幫我採買。他們倆來過一、兩次，來喝咖啡或葡萄酒。」

這位女士同兩名年輕被告坐著喝咖啡或葡萄酒的畫面，這聽來單純的娛樂，卻是在如此荒謬可笑的場景裡搬演。我觀察到史丹利的身體雖然變得有些僵硬，仍試圖保持姿勢。我寫下她的證詞，在筆記本的邊緣畫上記號，提醒自己等會兒交互詰問時要質問她。史丹利停頓下來，顯然擔心她將說出口的其他事情，而決定不要促使她繼續說下去。他迅速地繼續。

「現在請告訴我們，被告如何……」他把手移開臀部，朝法庭後方的被告席揮去，陪審

❼ 譯注。英國檢察官和法官一樣，也都是在律師中選任，所以檢察官也稱出庭律師。每一司法區約有數十名政府雇用的律師為檢察署服務，即檢察官。雖然也是律師，但受雇於政府成為檢察官後，便不會再受理其他刑事案件。

❽ 根據一九八四年《警察與刑事證據法》第七十四節，法院之於丹妮耶拉的定罪，會被採納為她犯罪的證據。但是，第七十八節中則載明，假使採納定罪對訴訟程序之公平性產生負面影響，則法院不應採納，且法官可以拒絕同意這項認罪成為證據的一部分。審判法官會裁決究竟接受共同被告的認罪，是否會影響陪審團的心思，進而造成被告審判的不公。

團的視線也隨著手的弧線移動，「……在當天進入妳的公寓？」

看著放在我前方的曼蒂證詞，再次閱讀她敘述雷蒙和丹妮耶拉強行進入她家，並以暴力相逼的說詞。

「這個，」曼蒂開口，陷入沉思，「門是半開的，了解嗎？這是爲了讓新鮮空氣進入，也爲了我進出方便。我可不想把自己鎖在房裡，對吧？我當時背對門，聽到有聲響，轉身看到他們在那裡說：『哈囉，曼蒂，妳欠了我們一點錢。』」

史丹利清了清喉嚨，直接從座位起身。

那麼，看來你要的入侵罪名已經不復存在了。我心想，同時打量著他。他沒有回看我。

「但你有**允許**他們進入嗎，懷特女士？」他加重語氣，暗示她說出正確的回答。

「這個嘛，沒有。但是我在他們進房時轉身離開。怎麼說呢，雷蒙的表現有些挑釁。我說自己沒有欠他任何錢。他妹妹說，如果我不還錢就會有大麻煩，而且他們會賴在我家，直到我交出錢來。他們威脅我，然後打劫我的衣櫃。雷蒙拿起我的電話打給其他人，說要把我的地址給電話另一頭的人，但我不曉得是誰。」

史丹利前傾，匆忙掃了一眼曼蒂的證詞。我知道他在搜尋曼蒂宣稱雷蒙把她的電話丟過房間，讓她此時無法打電話求援的段落。我盯著他找尋那段書面供詞，確認上面的記載與他的記憶相符，忖度是否要挑戰曼蒂的新證詞。但他決定擱著。「那麼，他們在衣櫃裡有找到什麼嗎，懷特小姐？」

「嗯，他們從衣櫃裡把我的衣服拉出來，還拿了一些電線，然後抓了裝有ＤＶＤ播放器的盒子後，隨手丟在桌上。後來他們終於冷靜了點，接著就離開了。就在和某人通過電話以後，我不知道是誰，他們拍拍屁股走人。我對他們大喊：『我的電話呢？』，雷蒙把電話丟回來給我，我打電話給警察報案。」

此刻陷入一片安靜。評審團好奇地看著史丹利，等他提出下一個問題。

「那麼，懷特小姐，妳估計這臺ＤＶＤ播放器價值多少錢？」

她吸了一口氣，「喔，其實值不了多少錢，它們現在很便宜。我猜差不多二十、二十五英鎊吧。」

我持續謹慎地觀察史丹利，他依舊面無表情，但我看得出來，他對於曼蒂接下來要在庭內說的供詞，其信心已蕩然無存。他手中握有的證人供詞顯然起不了太大作用。他又清了清喉嚨，詢問曼蒂幾個關於她對於犯行的想法，隨後頹然坐下，簡短向我揮手，示意此刻把曼蒂交給我了。

我起身進行曼蒂的交互詰問時，試著讀透她的心思。正如與所有證人交手時，我要在提問時便預期她可能給予的回答。有些檢方證人總視被告的大律師爲敵，覺得自己有必要否認所有對方提出的主張，並且一定要善用一切機會去複述他們的佐證，絕對不能退讓。他們不了解，這樣的做法事實上顯得他們非常不客觀也不可靠。

曼蒂絕對有理由仇視我——畢竟我即將要稱呼她為一名騙子，就算我說不出她為何要撒謊，至少到現在我還說不出具體原因。當她看著我，其泛紅疲倦的臉龐保持著被動又坦率的神情。我這時才意識到，或許，她不習慣成為注意力的焦點，很有可能她也不習慣這段時間以來，人們對她展現的禮遇以及仁慈。然而，她卻挺享受這一切的。

我們從曼蒂公寓的格局開始盤問。

曼蒂說，「我的公寓狹長，而且浴室在深處，不易被發現。」她略顯驕傲地告訴法庭，「沒錯，我是擁有幾件有價值的物品——一臺筆記型電腦、電話、些許銀飾相框、珠寶、一臺相機。我同意這些物品體積都比DVD播放器小，但也都更值錢。」

她矢口否認欠雷蒙錢，雖然她主動提起自己之前可能有借錢給他。而且，正如本案件所涉及的金額也是二〇英鎊。她盯著天花板，一邊說道，還有些她認為跟此案無關所以沒有提的事。然而，某些時候她的確相當樂意邀請兩位被告進入她的住所。曼蒂有些扭捏地看著陪審團，說出他們有不太重要的社交約定。比方說，那天晚上雷蒙和他的妹妹在她吃晚餐時來到她家，他們一同坐著享用她準備的葡萄酒。

我停下本來忙著記錄證詞的筆，從筆記本上抬起頭。

「抱歉，懷特小姐。我只是想要確定我寫下的證詞是正確的。妳說，那天晚上，妳、雷蒙和丹妮耶拉一起坐在餐桌前，妳還提供他們葡萄酒？」

「對，沒錯。通常我會準備已經開瓶的紅酒。然後，妳知道，我可能會吞雲吐霧一番之類的，然後我們可能會彼此之間傳個一輪。」她輕輕咳了一聲，同時稍稍挪動椅子上的身軀。

當這最後一小塊拼圖到位，整個故事豁然開朗。

我不敢相信自己居然花了這麼久才發現，雷蒙原來是曼蒂的藥頭。這兩名年輕人之所以花時間與這名古怪、孤單的女人相處，是因爲他們要販售大麻給她。他們聚集到她的餐桌前，並非因爲不協調的友誼，也非出於仁慈或同情，是因爲曼蒂向他們購買毒品，那些沒有被說出口的關鍵字是毒品，而債務是買毒品所積欠的。

透過曼蒂的說詞，我明白了這一切。我已經聽過好幾次類似的用詞。**我可能會吞雲吐霧一番之類的。我們有可能會彼此之間傳個一輪**。當人們想區分開特定行爲與其相應產生的罪惡感，傾向把這個行爲說得好像是假設性的情境。這是雷蒙之所以隱滿的原因，也是我如何意識到在他告訴我的版本以外，其實還有另外一則故事在暗處閃爍著。

倘若他托出實情，他需要承認一項他沒有被指控的罪行。想想二十一年來，他是如何維持完全沒有持有或供給毒品的犯罪紀錄。當販毒是他謀生的工具時，這其實很難辦到。我想，如果他有毒品相關的犯罪紀錄，我是否會得以早點發現這個關聯性。

我的眼光穿越法庭，看向史丹利．夏普，好奇他是否也理解到這個眞相。他往前坐，手裡握著筆。筆記本是開著的，儘管他寫了一點筆記在上頭。曼蒂——顯然毫無意識自己的說詞可能帶來的後果——繼續描述雷蒙從她的臥房裡，把紙箱拿到餐桌上。她同意協助他們從糾纏在一塊的電線中，找到正確的DVD引線，她說因爲自己不要這些電線散落一地。就此，史丹利闔上筆記本，重重地往後坐下。我想知道他會不會丟出他的筆，然而陪審團的每雙眼睛，似乎也追隨著他的一舉一動。他仰望時鐘，而法官似乎也注意到了。

「蘭佛德小姐，今天的審判快要結束了，妳還有其他要陳述的嗎？」

「沒有，」我回答，「我已經有所有需要的資訊了。」

法官點點頭，表示我們要休息一夜。警告陪審團不許和任何人談起這個案件，彼此也不要討論，但是他們已可離開法庭。

法警帶著曼蒂的助行器回來找她，協助她走出法庭。我整理好手邊的文件，轉身要和史丹利說話時，只見他已經急著推開法庭的門離開，身上的披風隨其急促的步伐而揚起。後方的長椅上坐著辦理此案的警官，我先前沒有注意到她，想必是在我做交互詰問的時候抵達的吧。我對她微笑，這個笑容帶有問候，也有挑戰的意味。她搖搖頭，彷彿在說她已認可了檢方的敗仗。庭務員打開被告的門時，發出極大的聲響，我們倆因此轉身，目送雷蒙離開被告席。

「他不是那種壞孩子，眞的。尤其是，妳曉得，儘管他媽媽是那樣的人。」她說話的同時，眼睛仍看著雷蒙。

警官不再說話，接著轉身面向我。從她的表情，我可以猜得出來，她認爲我其實知道更多，只是現在不好說出口。

「他的母親是誰？」我問她，無視她顯然認爲我早已知道。

她平靜地看著我說，「他媽媽是他們住宅區裡最大的毒販。她的記錄大概就跟她的手臂一樣長吧！不管怎樣，妳知道我最好去找夏普先生了。」她朝向法院的門點點頭，接著轉身往後離去。雷蒙在法庭後方等著我，在她與雷蒙錯身的那一刻，我留意到他們臉上流露出彼此相熟的神情，彷彿有我不知道的祕密存在於他們之間。方才包圍自己的那股勝利之情，剎那間杳然無蹤。我這才明白，我被自己的草率與自信給蒙蔽，以至於看不見眞相。

我拾起資料向雷蒙走去。

不甚完美的真相

「聽著，我們會主張竊盜罪。」

這是聽證後的隔天早上，史丹利．夏普和我再度站在更衣間旁的對話。身旁的律師們依舊來去匆匆。

史丹利花了最後一分鐘，對我進行了一段氣勢凌人的演說。與其說這段話是對我說的，聽來更像是對他自己講的。

「對比不利於我委託人的證據和曼蒂的災難，無論理由實際上聽起來多荒謬，曼蒂說他們是小偷的供詞始終一致：雷蒙拿了DVD播放器，而她否認自己有送給他。」

史丹利的臉因猶豫而扭曲，正搖擺於「究竟該強化他的主張還是承認失敗」的抉擇之間。我認爲自己應該反擊——指出曼蒂故事裡的愚昧以及其沒明說的認罪，但是我知道，史丹利不僅已經注意到這點，還知道他可以就此繼續裝傻。他大可把審判交給我，讓我在起訴案件的最後告訴法官，**此案無須答辯——你必須撤回這個訴訟！**❾如果法官拒絕，我的當事人會要出庭做證。如果接下來陪審團認定我的當事人無罪，史丹利先前的所有努力都將付諸流水，所以他也在設法挽回情勢——確保至少有個定罪，就算是小如竊盜的罪也好。竊盜是雷蒙最早被起訴的罪行，其輕微的程度仍在治安法院的範疇。我告訴史丹利，我會轉告我的委託人，接著去找雷蒙。

「好。我要主張竊盜罪。」雷蒙說。

會議室裡，我和雷蒙面對面坐著。將要說出口的這番話，實在難以啓齒。

我必須警告他，在我們提出的另一項罪行被接受前，必須斟酌並考量已知和未知事實間的微妙平衡。不誠實犯行的定罪，縱使微小，仍是汙點。這將帶來的後果，可能是未來不好找工作、不被僱主信任。他可能會花上好一段時間來執行法官裁決的社區命令❿，此外，如果錯過社會服務的時間，也會因違反秩序的罪名受到懲罰。最重要的是，這是接受罪責。一旦藉由自承偷竊行爲來指稱自己犯了竊盜罪，之後是無從反悔的。

雷蒙聽著，臉龐與身體變得僵硬。他沒有回應。我明白他在思考，因爲已有其他人告訴過我這是什麼樣的感覺——步上臺階，走向證人席，在衆目睽睽之下遭受陪審團的打量與質疑，語無倫次地發言，然後任自作聰明的律師扭曲自己的說詞，還要依其要求提高音量、清楚說話、回答問題。可是現在，我知道還有其他原因使雷蒙恐懼：在被要求說出故事的同時，他正小心翼翼地守護著另一則藏起來的故事。因此，他決定承認偷竊的罪名、承認他沒做的事。

❾ 在檢控程序完成後，如果律師認為相抗衡的檢控程序並沒有導出任何被告犯罪的證據、或者證據非常薄弱、或控方提供的證據經交叉詰問後證明是虛假的，或該證據明顯不可信，辯方律師有權利「遞交毋須答辯」。如果法官同意沒有證據可說明被告犯下該罪行，則必須中止此案。如果法官認為證據不明朗、微弱或模糊，又或者與其他證據矛盾，並且認為陪審團在經過適當指引後，仍無法基於證據做出判斷，也可以中止此案件。

❿ 譯注。社區命令是如英國的海洋法系地區中的一種刑罰，為替代監禁的一項判刑選擇，既有懲罰的成分，也有使違法者改過自新的作用。

他看著我，眼神熱烈地難以使人承受。

我可以接受這樣的發展，我心想，搭配我的長袍、我的膚色，和我鏗鏘有力的聲音，就一直假裝到它變成事實吧。當我在法庭中站起來，最糟的狀況頂多是陪審團心想：**像妳這樣的乖女孩在這種地方做什麼？**相對地，雷蒙一直以來都試圖隱藏自己，想辦法不驚動他人，好在大家不注意到的狀況下溜走。

猶如一陣當頭棒喝，我意識到當自己偶然出生於這個世界上，一路上構建我身分的一磚一瓦，以及無數次命運的流轉與改變，都意味著當我站起身的那一刻，人們會相信從我口中說出的字字句句。然而，如果當你踏入證人席，什麼話都還沒說，便知道注定會被懷疑，這將有多麼難受。尤其當你的故事裡還埋藏著無法說出口的眞相時，一切又是談何容易。

雷蒙和我離開會議室後，回到法庭。等待法官歸來的空檔，我看了雷蒙剛剛在我的筆記本簽下的名字、彙整好我的意見，表達他的認罪出於自由意志。**永遠都要簽名背書，好確定自己是受保護的，千萬要自保。**我看著他的簽名，就簽在我的簽名正下方，忍不住覺得他的認罪是場騙局，其中還有我的串供。

書記官告知法官我們要變更答辯之後，法官沒有召喚陪審團回到庭內。史丹利·夏普先站著做了簡短的說明，然後才要求重新以竊盜罪起訴雷蒙。

雷蒙毫不猶豫地輕聲應答：「**有罪**。」這是審判中他第一次，也是最後一次開口講話。

史丹利說，刑事法院接受這項答辯，因此他想要撤回夜盜的控訴。法官認定雙方的立場**非常適當**，因此同意撤銷控訴。法官同時延遲開庭的日程，好讓丹妮耶拉與她黑髮紅臉的大律師，能夠在之後回到法院與我們一起開庭。他允許丹妮耶拉撤回她夜盜的有罪答辯，重新以竊盜案加入審判，並且判處兩名被告十二個月的社區命令。

就這樣，因爲雷蒙沒能找到方法講述自己的故事，他的故事就爲他出聲。

我沒有問：他是否爲他的母親收取販毒費；他無法出示手機裡的簡訊來證明曼蒂有聯絡過他，是否因爲擔心會洩漏這個祕密；這又是否爲他之所以如此肯定他的母親永遠不會來法庭代表他的原因？

我也沒有問：他是否在第一次的偵訊中撒謊，以保護他的母親；或者因爲偵訊時他的母親在家，所以他心生畏懼？

也沒有人問：爲什麼曼蒂給了雷蒙DVD播放器來抵毒品的債，卻又打電話給警方？這是否因爲她原先以爲他們會免費提供大麻，所以在被要求付錢時而氣急敗壞？又或者，她看準了這兩名年輕人寧可承認竊盜罪行，也不會說出實情？還是她眞心想要獲得DVD播放器的賠償⓫？又或者是這起案件給她機會成爲衆人矚目的同情焦點，而不是被嘲諷的對象？

我當然沒有答案，也永遠不會知道答案。如同其他的案子，我學著去習慣不甚完美的結局。

審判聽證結束以後，我開著車，沿途經過數個迷你圓環，向著高速公路駛去。揮之不去的感覺縈繞著我——我忘記這份工作教會我最重要的一課：眞相從來不會獨自存在，故事也不會只有一個。相反地，每個案件背後都是複雜生命交織成的網絡。爲了找到案件的眞相，我必須遺忘自己的角色。我的工作是藉由法律和其系統，透過人性與同理心，去引導那些來到我面前的生命。我的工作，就是在最大的能力範圍內，提供他們所需要的。

同時，我必須努力去實踐這一切，即便事實上他們最終想要的，不一定是正義。

一九六八年《竊盜罪法》
第九節　夜盜罪
（一）若有下列行為，則進行該行為者觸犯夜盜罪：
(1) 非法進入建築或建築物所坐落之土地，並行偷竊或意圖偷竊該建築物內或建築物所坐落土地上之物品，或對任何人造成或意圖造成嚴重身體傷害。

⓫ 刑事傷害補償署透過大眾資金，補償無辜的暴力犯罪受害者。自從該組織創立後，已支出超過三十億英鎊，是目前全球最大的補償計畫之一。該計畫的規則與補償金，是由議會決定並依傷害費率來計算。受害者可以在尚未辨識出加害者或未定罪的狀況下獲得賠償金。但是受害者必須要通報，且與警方和檢方配合。刑事傷害補償署之效率受到不少質疑，因為在多數指控未經法庭證實的狀況下，不少個案都獲得大量金額的賠償。

第五章

爲婚姻犧牲自己的麗塔

法律是否有不合時宜的迷思？

或許婚姻這個古董級的規則不過只是反映了真相——
以一種獨一無二的方式將彼此緊緊相繫著。
無論好壞，在明知對方的樣貌仍願相守在一起的情況下，
又因為與騙子和小偷結婚，她也因此成為其中的一員。

尼克．強森的手臂向後一抽，以恰到好處的力道，用撬棍打破玻璃。黑暗中，李．波爾特站在一旁，踩在濕漉漉的花床上，腳下是剛發芽的綠嫩枝。爲了掩蓋撬棍打上玻璃時發出的巨大聲響，他拿毛毯蓋著窗戶，好讓毛料牢牢包住飛散的玻璃碎片，避免沾黏到他們的衣服上。尼克非常謹愼地，輕輕拍掉如牙齒般遺留在窗緣上的碎屑。小李慢慢爬經破口，戴了手套的手，一邊小心翼翼地承載他在窗臺上的重量，同時間避免觸碰到尖銳的玻璃邊緣。他接過尼克遞給他的背包，從中一一取出——枕頭套、漂白水、衣物。尼克跟著小李穿過窗戶，潛入一幢位於霍桑路上，設有簡單陽臺的民房裡。宛若鬼魂般，他行經之處幾乎不留下任何蹤跡。

這並非那一週的第一次，也非那一晚的頭一遭，這場行動是頻繁發生的慣例。前些日子以來，這兩名男子闖入二十多個家庭，洗劫素昧平生的人們，翻箱倒櫃，搜刮他人的回憶與珍藏。他們用枕頭套裝滿了DVD播放器、Xbox遊戲機、筆記型電腦、iPad；把存有度假回憶、新生嬰孩相片的相機、聖誕節與生日禮品全都攪和在一起。他們也帶走身分證件：信用卡、駕照、護照和出生證明。要是他們找不到這類物品，便拿走玩具車、袖釦、領帶夾、硬幣、郵票，以及訂婚戒指、刻字的不鏽鋼酒壺、銀色相框，跟刻有心愛留言的飾品盒。

有時候，當這些男人一聲不響地破壞他人的家時，房子內其實是有人的。某晚，小女孩和爸爸正熟睡，直到被無法辨識的聲響吵醒，走下樓才赫然發現他們家剛被入侵了。另一個家中，則是有沉睡於夢鄉的祖母，當早晨來臨，祖母到客廳時才發現家裡一夕之間面目全非，以爲她害怕已久的失智症終究找上門了。

然而，在霍桑路上的房子，是幢荒廢的建築。尼克走進浴室，手中仍握著撬棍，另一手以手電筒的光照亮前方的路。他在衣櫃裡隨意翻查，撥開襯衫堆，好伸手探入人們平常用來放置珍藏物品的暗處。出乎意料之外，他的指尖觸摸到一個龐大的儲藏櫃，高度差不多到他的腰際，有著銳利的稜角，羊毛手套隔絕了金屬散發的冰冷。他的手沿著櫃子滑過，在衣櫥後方摸索連結到牆壁上的固定螺栓。他觸摸到門的邊緣，接著，他往下摸到了一只牢固的鎖。

兩名男子與櫃子折騰了一番。他們使盡吃奶的力氣拆解，並猛捶門緣，嘗試利用在房裡找到的工具打開它。最後，金屬變形被扳開，他們終於可以深入內側取出今晚的獎賞：槍。

橘紅色街燈的晦暗光線照進房裡。尼克把武器遞給小李後，試著要在窗戶旁度量它們。他經驗不足的眼睛看不出眞假：長一點的空氣來福槍、半自動短手槍，有些有著細緻的扳機和精緻的鐫刻。

儲藏櫃終於清空了，男人們稍事休息、看著散落在眼前臥房地毯上的武器，一股恐懼感油然而生。

超乎想像冰冷的那把槍

麗塔心不在焉地打開前門的鎖。從就業中心返家的路上下起了毛毛細雨，幾縷髮絲黏在她的臉上。她站在門口，眨了眨眼，給自己眼睛些許時間來適應室內的昏暗。狹窄的走廊上沒有窗戶，三間房並排而下：客廳、飯廳和小小的雙牆型廚房，每處幾乎都塞滿了袋子和箱子。一如往常，窗簾無時無刻總是拉起來的，即使白天也是如此。房屋裡最深處有個小樓梯，上過清漆的松木扶手，承載著前任屋主使用過的磨損痕跡；樓梯的底部則放著兩把短槍，槍管倚靠在扶手上。

麗塔看著槍，隨手把肩上背著的購物用魚網袋，輕拋到門前的毯子上。她忘記要把門帶上，就這樣走向樓梯，伸出手，以指尖觸摸槍管上的金屬。她非常驚訝原來槍這麼冰冷、這麼堅硬——遠遠超出她想像的冰冷。

她感到噁心。

「媽？」史提芬從臥室呼喚。她聽得到史提芬神不知鬼不覺地，把遊戲調成靜音。

「你爸爸呢？艾米呢？」她喉嚨變得緊縮，聲音聽來格外尖銳。

「爸爸已經在樓上睡覺了。艾米和外婆在一起——外婆晚一點會帶她回來。可以喝茶了嗎？」

麗塔感覺越來越冷，此時她才注意到前門仍開著。

「就快了。」她回應，走向走廊，拾起仍然擱在門墊上的包包與裡頭的冷凍食品，關上門，走進廚房，然後打開烤箱。

隔天下午，當一群便衣刑警來到家中時，尼克和小李正忙著在客廳玩電腦遊戲。起初麗塔不確定他們是警察，還是來討回武器的幫派份子。同時間，她也在想究竟哪一個情況比較糟糕。一對警官把小李帶回他三條街外的家中，麗塔與尼克則不發一語地坐在沙發上，兩名孩子坐在他們中間，等待麗塔的母親來接他們。警方爲麗塔的母親開門，她在衆人的注視下進到客廳，從女兒手中拿過孫子過夜用的行李，唯有麗塔的雙眼始終無法直視前來的母親。

夜晚顯得非常漫長。警方在麗塔和尼克身邊忙個不停，清空房裡的每一個紙箱和抽屜。看在麗塔眼裡，眼前的景象很不眞實，因爲尼克和她彷彿是受害者。警方不時會問他們物品的來源，而她總要強壓內心的恐懼，才能聚焦在警方向她展示的物品上。有幾次，她開始說服自己，混亂中的某處放有收據。警察們站在她身後，盯著她在文件堆中篩檢出對應的收據，她努力不要讓焦慮模糊了眼前紙條上的文字。

黎明終於降臨。窗簾最終被打開。此刻望向窗外，能看見黑暗中有條醒目的粉色線條一路延伸出去。

麗塔跟著一對警官坐上警車，前往警局，尼克則坐在另一部車內。接下來的兩天裡，麗塔接受警方偵訊，身旁坐著沉默的官方指定事務律師，連續好幾個小時不間斷、一個問題接著一個問題地進行著。她不知道是否應該和丈夫、小李一樣都回答「無可奉告」，但另一方面她又希冀一旦展現合作的善意，警方會釋放她。

事實上，警方終究以共謀竊盜和非法持有槍械的罪名起訴。律師解釋，因爲罪名很重，所以此案只會在刑事法院裡進行聽證。他表示，即使她沒有穿戴巴拉克拉瓦頭套❶、也沒有撬開窗戶闖入房子，這些其實都不重要，檢方還是認爲她參與並協助了事前侵入民房打劫的計畫。如果陪審團認爲有其必要，那麼毫無疑問地：他們會在監獄中待上很長一段時間。

槍上只有她的指紋

兩道深入聖殿區❷的中世紀木製大門，藏身在三明治店、咖啡館與商店林立的軍艦街。進入大門後是另一扇小門，有條通往中殿律師學院的石板小徑。小徑兩側則是大律師們的辦公室，他們的名字便是辦公室的地址。網絡般交織的迴廊、地道與小徑，交錯於庭院之間。漫步於其中，讓人彷彿墜入古老神祕的悠遠國度。

那天是週二的傍晚。風穿過林梢，沙沙作響。盛夏步入了初秋，落葉墜跌鋪成條條路徑，也卡進我的行李箱滑輪之間。我停在街燈下，想抖出嵌在輪間的葉片。把行李箱拉到辦公室的石階前，我突然有一種似曾相識的感覺。我知道某起案件在等我時，便會浮現這種憂心和期待交錯在一起的怪異感受。當我還在樸茨茅斯郡法院進行一整天的家事案件最後聽證時，這通電話就打來了。而且我還在去火車站的路上，甚至來不及打電話給我的事務員，案件就已經登記在我的行事曆上。此刻，就算我想換也來不及了。

我的書記官向我說明基本的資訊——一件共謀竊盜案；已在法院的行事曆上「載浮載沉」好一段時間，等待法院出現空檔；剛剛被索爾茲伯里刑事法院傳喚，然而先前辯護的大律師卡在別的案件中。

當某件案子無法成功開庭，意即發生了認罪、缺少證人或其他預料之外等突發狀況，另一件案子就得以開始。聽證就在明天，預計花上一週的時間審理。麗塔——我的新委託人——一概否認所有指控。爲了等待審判開始，她已經在獄中待上六個月了，直至上星期才意外地獲得保釋。彷彿法官捉弄她，要給她最後一次呼吸自由空氣的機會。我的書記官信誓旦旦地說，相關文件的內容總和不會超過一張Ａ４，還說已經把資料放在辦公室的大理石壁爐臺上。我不須特別操心。隔天早上已安排了其他聽證，所以我有充分的時間與當事人會

❶ 譯注。balaclava。一種蒙面頭套，能隱蔽部分面貌特徵，也被用於行使非法活動。

❷ 譯注。倫敦市中心的一區，位於聖殿教堂附近，是英國著名的法律中心地區。

面，並準備接下來的審判。

我帶上文件，返家途中在空蕩蕩的地鐵內閱讀。經手的大律師所提供的資料少之又少，上頭僅有訴訟要點上的簽名背書，還有草草寫下的無罪答辯，以及目前仍在羈押當中的藍色墨跡。供詞上沒做筆記，文件也沒整理，事務律師剛寄來的文件就順勢放在最上方。我可以想像，大律師認定這件案子不會繼續，因此不願意浪費時間準備一份他賺不到錢的工作。

一到家，我立刻開始閱讀一篇又一篇充滿受害者的憤怒與入侵罪行的陳述，他們的珍藏如同削骨割肉般被狠狠地搜刮一空。由於夜盜發生的次數非常多，以至於警察須在大房間內散列大批贓物。要求受害者前來辨認時，有些人的臉上浮現訝異的驚恐，因為他們甚至不知道這些物品原來被偷了。

警方在麗塔與尼克家中，找到大部分的失竊贓物。然而，當我交叉比對遺失與被找回的物品時，我察覺到有個地方不對勁。為求謹慎，我又檢查了一次：在被偷走的槍枝列表上，只找到三把槍。兩把在尼克與麗塔那裡，還有一把在小李那邊。

沒有比遭竊的手槍更容易引起法官的怒火了，想像槍枝沉入黑暗的地下世界，直到幾個月後、幾年後，這些短槍再次出現，被用來搶劫、威脅或殺人。

我開始在筆記本上以表格列出證據的細節。竊賊相當謹慎，清理了所有的房子，未遺留指紋或具體痕跡。現場僅存有少量的蛛絲馬跡：一只掛在窗框上的手套、遭撬開的窗沿上留有使用工具的痕跡，以及懸掛在玻璃碎片上近乎隱形的線。此外，雖然沒有找到鞋子，但在窗戶下、皮沙發上、廚房工作檯上皆查到來自同一雙鞋的足跡。可是，竊賊最終失手了。因爲在某扇窗戶下方，留下一只逃脫時不慎遺落的螺絲起子。把手上驗出至少三人的DNA，其中一人是麗塔。另外發現的第二枚指紋則在麗塔家中的一把槍上驗出，也是麗塔的。看到這裡，我的眉頭不禁皺了起來。

我再次查看供詞，嘗試找出不利於小李的證據，以比對清單上的贓物數據。警方搜索小李家中每間房，但是贓物一字排開並不多：一臺筆電、相機和Xbox，以及一把槍——從霍桑街民房偷走的空氣來福槍。我向後靠，看著自己草擬的示意圖，交錯相連的線與箭頭，確保我可以追蹤出介於竊盜、查獲贓物和辨識之間消逝無蹤的軌跡。無庸置疑的是：證據非常充足。我理所當然地認爲，這兩名男子——在了解實際審判發生的可能性其實很高時——受到法官將依法給予減刑❸的誘惑，會緩和態度並承認其犯行。然而，我不能只把希望放在這項推論上。我盯著時鐘，釐清在筋疲力竭之前，我還有多少時間。我打開筆電開始準備。

我兩度確認起訴狀❹上的姓名順序。不知爲何，麗塔被安排在第一順位。這表示，我

❸ 詳見第一章注⓭。

❹ 刑事法院的法律指控文件，包含被告（們）的姓名，以及該指控罪項的細節。

會是第一位做檢方證人交互詰問的律師、麗塔會是第一位舉證被告，而我也會是第一位做結辯的被告律師。

排在第二位——或最後一位更好——能在這類案件中占有很大的優勢。因爲晚一點上場的律師，可以觀察檢方證人在供證中的表現以及弱點；這也意味著，一旦早我一點上場的大律師遺漏了證據間的關聯性，我可以事先洞察。這更表示，我的結辯會是陪審團在關起房門決定被告的罪行前，聽到的最後一個意見。

另一方面，打頭陣上場也表示我的申辯必須一次包攬所有細節，以防接著上場的律師未留意到特定關鍵的證據，或視其無關緊要。然而，更重要的是，首先上場不會給陪審團好印象。在這場審判過程中，我想要越不引人注目越好；我希望目光焦點能從頭到尾完完全全放在男人身上，所以當麗塔害怕地站上證人席時，在場的所有人會大吃一驚，因爲他們幾乎已忘記她的存在。這會是很有力量的工具，但是此刻，僅僅因爲寫起訴書的人決定把她放首位，讓我沒有辦法善用此做法。

與其遠離激烈戰火、靜觀其變的同時也洗耳恭聽，她將要成爲法庭內第一位接受盤問的人，而這很可能會讓她付出極大代價。

無望的審判

「喔，好吧，這可是個**超棒**的消息……」

索爾茲伯里刑事法院的更衣間很忙碌，很難不注意到里歐喜不自勝的高喊。他是尼克的代表律師，我們出席相同的審判。

「我說這毫無希望嘛！**毫無希望！**搞不懂他們爲何一直打擾妳的女孩，不過呢，我提醒妳，事實上他們從來沒逮捕過小李的妻子。但那些男孩們就**沒戲唱**了。」他停下來，思索著什麼。「我只希望尼克知道我們沒戲唱了。他應該要知道，自己之前已經搞砸了很多次。」

「里歐，我還沒有看過你當事人的紀錄。可以讓我看一下嗎？」

「當然，親愛的，儘管拿去。來，這是我的副本。」

從紙本文件的重量，我明白里歐是對的。近十年來，尼克有將近四十項前科——夜盜罪、竊盜、攻擊、鬥毆。當他被迫關在監獄時，便成了他犯罪的休息期。

「猜猜**誰**和這個傢伙一起……」里歐矮小肥胖的身軀壓在桌子上，傾身展示十多年前的夜盜罪紀錄，他用紅筆圈起做記號。

「是呀。他們倆又幹了一場。你想想，如果你們之前一塊被逮捕過，幹嘛要再做一次呢？」

里歐轉身時，佛瑞德走向我們，從肩上甩下長袍袋，褪去長大衣。佛瑞德比我大上幾歲，精瘦而結實，有張和藹的臉孔和後退中的髮線。

「小佛，你知道這次的傢伙們之前幹過這些嗎？雖然他們當時只被判處十二個月，但這次恐怕沒這麼好運囉！」

「你開玩笑吧……」佛瑞德靠近桌子，仔細地看著這張文件，里歐的手指戳著紅色墨水畫出的圈圈。

「但記住，他們這回沒有做……」里歐重重地坐在桌子旁的椅子上，用胖胖的手指摸摸鼻子，「這次啊，是個名叫**哈利**的人做的。」

佛瑞德看著他，「我的天啊，哈利又是哪位？」

「全都是哈利做的。你看這裡：是哈利入侵房子、是哈利偷了洗劫來的物品、是哈利把房子當成儲藏間，因爲他沒有其他地方可以放。當然，我們會就這些處理做出答辯。這案件是誰負責起訴？」

「馬修．芬區。」我說。我已經簽到了，在更衣間的電腦裡輸入我的姓名時，正巧看到檢方公訴人的欄位上寫著馬修的名字。里歐彷佛再度燃起一絲希望。「那好，雖然你們比我有優勢，但我想還是會試試看。佛瑞德——你委託人藏匿的物品，沒有我的委託人多。無論如何，你對這一切有什麼看法？」里歐朝佛瑞德使了個手勢。佛瑞德抬高下巴，正忙著把他上漿的白色法院領繫到襯衫上。

「你聽了這句會有什麼看法？『房子被搜索的幾天前，我們才剛在舊貨出售❺買了所有的東西啊！這些東西想必是哈利拿來賣的。』」佛瑞德說。

「喔！我的天啊！」里歐嗤之以鼻，轉向我，「所以妳怎麼想，蘭佛德小姐？我們應該要一起向馬修施壓嗎？還是這樣做只會嚇到他？」

我起身，拿起桌上的文件，頭上的假髮不偏不倚地就定位。「由你決定吧，里歐。我要去找我的女孩了。」

「啊，對，她得到保釋不是嗎？」佛瑞德用力地扯了一下斗篷，他的肚子使得西裝背心的鈕釦緊繃。「這麼說吧，妳至少有些時間來做指示。我打賭直到下午，信佳❻都不會把我們的兩名當事人帶來。要不要喝杯茶，里歐？」

兩名男子信心滿滿地認爲監獄的廂型車會遲到，一如往常地前往法院一樓的小咖啡館，在那裡喝著裝在保麗龍茶杯裡的熱茶。我跟著他們下樓去，左轉進入忙碌的法院長廊。我的

❺ 編注。大約從一九七〇年代開始，英國當地會有車主開著自己的車，在後車廂販售二手物品或個人收藏。這種交易方式逐漸形成一種特殊的市集文化，更成為許多英國人週末挖寶、撿便宜的最佳去處。

❻ 在英國，部分監獄為民營，信佳集團（Serco）是主要的承包公司，其業務範圍包括負責護送嫌犯前往法庭受審。

目光搜尋到有著一頭凌亂金髮的嬌小女性，就在法庭上鎖的門外。她面無表情、悄然無聲地佇立於人群中。我走向前，想必她就是麗塔。

對被告的成見

「他們對她其實興趣不大。」馬修開口。他坐在電腦前看著我，我則斜靠著門框。他指了指自己的書桌，「順帶一提，妳的文件在這裡。」我拿起這份米色的紙本，又薄又滑，上方一角還以釘書針固定著。文件中揭露了更多相吻合的足跡，這一次他們試圖將案件裡發現的腳印，與尼克幾年前犯下夜盜罪時留下的腳印做連結。

我站在馬修身後瀏覽這疊文件，思考著是不是應該把事情搞大，要求他給個說法，解釋爲何直到審判當天，我才第一次看到這份資料，但我打消了這個念頭。馬修的疲憊暗示著當我和我的當事人在一起時，里歐和佛瑞德已經和他會面商討好一陣子了，且也就說這麼多。我沒有理由需要藉著攻擊他，來蓄意破壞他對我委託人所展現的友善。

或許是察覺到我的判斷，他開口說：「妳想想，如果從另外兩名當事人嘴裡得到認罪，那我可以保證，會出現一些如處理贓物這一類的說法。這些甚至可能被用來說服法庭完全撤銷控訴。但如果他們不認罪，恐怕檢方手裡就是一手好牌。」他停頓，「是槍啊，妳知道的，警方最討厭的就是遺失的槍械。」我點頭，有股衝動想說出自己因人們不認罪所感到的挫折，但是不知爲何遲疑了。

有沒有可能我是錯的？一年一年過去，我擔心自己會不會在尙未確實看見或聽到被告的說法之前，心裡便認定被告有犯下罪行？另一個更令人心煩意亂的可能性是，縱然大家都不相信，但也許他們說的是眞的？

審判開始前，外頭等待上場的大律師、被告和警方喋喋不休地吵著。因此，將近一整個上午的時間，我都和麗塔坐在長廊的角落，利用這有限的一隅隱私，一起排練稍後的供證與交互詰問，並嘗試找出部分問題的答案。我告訴她，如果另外兩人俯首認罪，那她有可能得以在無罪的情況下離開。

麗塔遲疑了，我好奇她在想什麼——是她的孩子、母親、家人，還是她的人生？麗塔的遲疑稍縱即逝。我了解到，要她承認他們的罪行，把丈夫和丈夫最好的朋友親手交給檢方，該是多麼難以想像地困難。即使這麼做可以拯救自己，但是倘若這兩名男子不打算說出來，她也不會拱出他們。我必須嘗試其他做法。

午餐過後，審判終於即將開始，我上樓去找里歐和佛瑞德。他們在聊天，里歐笨重的身軀倚靠在上鎖的法庭前門，等待辦事員前來開門。

「拜託，里歐。你不會眞的要進行吧？你知道他們會讓她走。如果你家那個做了對的事——」

里歐打斷我。「妳知道妳還沒眞的完全脫鉤。記住，」他帶著微笑向我微傾，「整件案子中唯一出現的科學證據是妳們家那個留下的。在該死的工具和那把該死的槍上。哈！」

「得了吧你。他們會說什麼？她幫忙打包竊盜用的背包？幫忙遞送螺絲起子的同時，也把三明治和蘇格蘭水波蛋交給他？她或許在這些年來的某些時刻曾經做過，但是這不代表她曾使用槍枝威脅他人以進入這些民房。是你們的傢伙做了這些事，大家心裡有數。」

「那麼槍上面的指紋呢？妳也看到了，不是嗎？他走進門內，她爲下一次的打劫物清出了空間，他遞出裝了槍的袋子給她，她協助他取出來……」里歐說。

「或者是——」

里歐揮手打斷我的話，開始失去他的幽默感。

「抱歉，親愛的，我已經給了尼克建議，也拿到簽名背書。如果他想要開庭審判，那他就是要審判。」他轉身，鑰匙插進法庭上的鎖，轉動嘎嘎作響的門。「沒有任何人能夠改變。」

對於陪審團來說，審判一開始很無趣。被告並未——也無法——對任何曾經確實發生的夜盜案辯解；爭辯僅落在究竟是誰執行了這些罪行。沒有淚流滿面、渾身發抖的證人，出面指證那些被強行入侵所破壞的生活、不成眠的夜晚與恐懼，只有馬修面無表情地照著供述與列表朗誦。我看得出來，陪審團漸漸失去了興致。

陪審員第一次列隊走進法庭時，我的眼光總不免投向他們。法院會抽籤決定由誰來執行公民責任，而法院辦事員隨機叫喚這些被抽到的名字。他們就算不喜歡，也不能逃避這個責任。儘管大部分的陪審員對眼前的案件充滿好奇，卻也暗自害怕要面對可能出現的血腥、謀殺、謊言與欺騙。這一回，我看著陪審團成員們努力與瞌睡蟲奮戰。儘管隨著時間，檢方證據已經漸漸變得無趣，相較之下，警方描述搜索過程以及證據還來得有趣些。

勝利的煙火此刻暫且爲我們預留。陪審團仍被蒙在鼓裡，他們不知道律師們正爭執不休，就是爲了該不該告訴他們案底、關於尼克的舊足印、小李從監獄打給妻子指示她丟掉一雙鞋子、被告漫長的夜盜定讞紀錄，或所有他們永遠不爲人知的祕密證據。

因為不知情而受到懲罰

「我想要孤注一擲。」佛瑞德看來面帶歉意。

「你決定吧，佛瑞德。你可以作主。」我好奇自己是否會做一樣的事：在起訴案件的尾聲，向法官提出無須答辯❼。如果法官同意佛瑞德的論點，並裁決不利小李的證據，不足以讓陪審團就其定罪，他會直接引導陪審團做出無罪宣判，然後結束指控小李的這起案件。

另一方面，如果法官不同意，佛瑞德有可能看來像個傻子，提出沒有希望的論點，同時還浪費法院寶貴的時間。

審判開始的第四天早上，全職的刑事法院法官大步跨進法庭，身穿紫色長袍和巡迴審判法官的紅色綬帶。要從大律師升上法官需要很久的時間。隨著就任的時間增長，有些法官也變得無趣、沒耐心且霸道。但他不是。他仁慈，但不至於過度感性；有權威，但不至於處處打斷案件程序——相反地，他信任那些眼前的人，相信他們會表現得如他所預期。

省去法庭儀式，他走進法庭，點了點頭，我們向他行鞠躬禮後坐下。

所幸，佛瑞德的提交過程很迅速。

「庭上，關鍵是尼克對整起事件的了解與掌握程度。」他慢慢地說，「我的當事人聲稱，他不持有任何在強生夫婦家中找到的物品，他在舊貨出售中合法地買了所有在他家找到的贓物，當然也就沒有收據。然而，我再次重申，沒有證據不利我的當事人。這起案件完全是推測出來的。」

法官不發一語。

我看著他，想從他的臉上讀出蛛絲馬跡。法官轉向檢察官，「想當然，你是反對這個申請的吧，芬區先生？」

「是的，庭上。檢方認爲——」

「沒這個必要，沒必要。」法官揮手要他回去坐好，看著佛瑞德。「我不認同你的說法，佛瑞德．巴羅先生。我們在距離你委託人不遠的共同被告家中，發現那些被取走的贓物，其中包含——再提醒你一次——許多手槍。我承認並沒有科學證據，但是我們必須從整體情況做出推斷。也就是說，他是在竊案發生不久後持有這些物品，這已經可以充分說明此爲一間接證據。在最後一次夜盜案發生後的隔天，他也出現在共同被告的房子內。就此，能推斷三人皆牽涉其中。因此，此申請駁回。」佛瑞德點頭，緩緩坐下。

法官轉向我，「那麼，蘭佛德小姐，我們應該傳喚妳的當事人嗎？」

當麗塔走上階梯進入證人席，我心中默默期盼她記得當天早上跟她說的話：保持鎮定、仔細聆聽、回答他們的問題，而非妳自認爲他們想要知道的內容。記得要對檢察官有禮貌，不要爲了唱反調而唱反調。同時要記得，從踏進證人席的那一刻起，妳的案子便處在最脆弱的階段。陪審團只聽過檢方的說法，現在他們想要聽妳的故事。告訴他們，把妳的故事說給他們聽。

她表現得比想像地好，也比我預期來得堅強。

她向法院解說自己與尼克的生活，「我一星期有六天晚上在酒吧收銀；當尼克看顧家中

❼ 詳見第四章注❾。

兩個孩子時，我忙著整理玻璃杯、清理煙灰缸。我對夜盜行爲一概不知，沒有看過絕大部分警方展示的東西。雖然無法提出證明，但看到的東西都是我的。」她說，「回家時我看到槍枝，就伸手以指尖觸摸金屬槍身，來確認眞僞。」她還跟法院說起丈夫的友人哈利，她不喜歡他，也不讓他進入家中，認爲他是號麻煩人物。

我觀察麗塔有沒有表現出畏縮或撒謊的徵兆。因爲我知道，那名她試圖歸咎責任的哈利，已經因爲有不在場證明而被釋放。然而，我沒有看到任何可疑的跡象。我低頭看筆記，快速掃過列有麗塔前科的那一頁。她曾因持有大麻得易科罰金，也曾經在幾年前攻擊警察。如同陪審團對尼克或小李那二十二年的罪犯生涯一概不知，他們也不知道任何與麗塔相關的紀錄。

走進被告席的被告像張空白的石板，陪審團或許會觀察紋身、斷掉的鼻樑還有光溜溜的頭。然而，除非檢方獲得法官的允許而得以向他們說明，否則無從證實自己的偏見。即便如此，他們也只會被告知與案件有關的資訊。

我看向右方的陪審團。在他們的注視下，麗塔緊抓著被告席邊緣進行答述，這讓陪審團顯得興致盎然。我了解箇中原因：他們已經看了三名被告靜悄悄地坐在被告席好幾天了，現在終於可以聽到被告開口說話。有點類似動物園的概念：似乎她是被觀察的動物，大家正在等待她表現。我嘗試用不同的聲調鼓勵她，帶她一步步慢慢舉證。直到突然間，這一切結束了，而我必須坐下並把她交給其他大律師。

「沒有其他問題了，庭上。」

麗塔看著馬修起身。我看得出來，她在努力忍耐，不要展示出鄙視。我好奇馬修有沒有看到，如果他有察覺，大可以挑撥麗塔，迫使她顯現出這一面。對檢察官不敬、對警方不敬，這招對陪審團可能很管用。

馬修一遍又一遍地審查她在搜索房子前一天的細節。麗塔說的故事從一而終，一再複述她早餐吃什麼、前往就業中心的路線、在雨中搭了哪輛巴士回家種種枝微末節，以及她看到槍枝出現在家中階梯時的感受。她幾乎一整個上午都在舉證，我看得出來她漸漸疲憊了。我一面在心裡爲她加油，一面看著馬修，企圖釐清他的想法。

馬修似乎也察覺到了，挺起他的胸膛，氣勢達到最高點。「那麼強生太太，妳在什麼時候，如妳所說地確認了那些槍是眞槍，並請告訴我們，爲何妳沒有立刻與警方聯絡？」

「我不知道怎麼辦。」她的神情讓人猜不透，「這是我的丈夫……有時候顯然有事發生了，但是我不知道是什麼。我不知道究竟怎麼了。」

「但這是妳的房子？」

「對，但是……」她欲言又止。當她開口，好像是對自己喃喃自語。「每一天，我都在想是不是應該要打電話給警察。」

她永遠不會打電話給警察——我知道，馬修知道，我好奇陪審團是否也知道。

麗塔繼續說，「警察一直不斷說有大批的槍枝，但是我只有看到兩把槍，我不知道該怎麼想。我不知道。聽著……」她的聲音開始顫抖，我從筆記中抬起頭，「我被帶離我的孩子身邊六個月——所有的學校假期、生日時我都不在——就因爲我不知道那些槍在哪裡。我因爲不知情所以受到懲罰。如果我知道，我會告訴他們。問題是，我不知道。」

語畢，麗塔目光向下。我感覺得到馬修正在猶豫。

「沒有進一步的問題了，庭上。」

他審愼地坐下。里歐和佛瑞德輪番站起，各自向麗塔問了幾個問題，然後一切就結束了。我看著時鐘，直到此刻才注意到自己有多緊繃。我的眼光跟隨法官移動，他站起身宣布休庭，要衆人去吃午餐。

兩名男子的證詞

在尼克步上證人席的階梯時，我意識到自己還沒有眞的好好打量過他。他是名矮小、粗壯的男人，頂著一頭散亂的金髮。在雙頰與鼻子皮膚下明顯破裂的微血管，透露出他有酗酒的習慣。雖然我可以想像經過六個月在獄中滴酒不沾的生活後，他看起來可能好很多。我好奇他們的兩個孩子，究竟長得像他還是麗塔。里歐慢慢站起身，準備要引導尼克進行舉證，他緊緊握著手裡的筆記本，吐出一口近乎無聲的嘆息。

尼克的舉證非常糟糕。顯然因急於精確說明，充斥著矛盾與搞混的日期，把自己和里歐都給搞糊塗了，因而讓他深陷於不著邊際的長篇大論。法官必須要求他停下來再次說明證詞，沒想到卻出現截然不同的答案。佛瑞德坐在里歐身邊，越坐越沉，我猜想他能否拯救剛剛在交互詰問的混亂。我試著要跟上，在筆記本寫下尼克的供詞。每每遇到特別糟糕的部分，我會以大寫字母在旁邊標記髒話。看著里歐的表情，我在想，他是否也是第一回聽到這個版本。

尼克毫不灰心地繼續苦撐著。

「哈利是我的朋友，」尼克說，「不算是朋友，比較是泛泛之交。眞的，我們認識一段時間了。哈利打電話給我，說媽媽把他趕出家門。他在媽媽那裡待了一陣子，現在無處可去；他和女朋友分手，現在四處借沙發爲家之類的。他還說，可不可以在事情解決前，把東西暫留在我家？我答應他，想說頂多是一、兩個袋子，或一些箱子之類的。但是，他一早帶著一堆東西出現：裝滿物品的枕頭套、箱子、袋子和大量的運動背袋。我們爲此吵了一架，但是他允諾隔天會把東西全部帶走。接著小李來了，我們一起玩遊戲、看電影。我們好奇運動背袋裡裝了什麼，拉開拉鍊才發現裡面裝了槍。這讓我們眞的很擔心，但是一切已經太遲了，因爲警察已經來搜查房屋，我遭到逮捕，這就是全部的故事。」

在尼克說完最後一句話的瞬間，整個法庭彷佛一起嘆了口氣。里歐低頭看自己的筆記本，咕噥著什麼，向馬修打了個手勢。

小李乍看之下是健壯版的尼克，但相似處僅止於此。他沒有穿西裝，但是有人爲他準備了襯衫和西裝褲，深色的頭髮整齊地梳著。佛瑞德爲他暖身，問了與他自身相關的問題。佛瑞德知道陪審團有可能認定小李有罪，因爲他與案件有所牽連，而非因爲行爲本身。佛瑞德最好的機會是讓陪審團員喜歡他。

小李開始解釋每樣物品的來源，說明這些是從哪一次舊貨出售時買來的。某次他發現了空氣步槍，說那是爲他兒子買的。他希望兒子以後可以進軍校，因此想替他養成新興趣，才不會無所事事跑去製造麻煩。他向陪審團投以意會的目光，以及一抹微笑。佛瑞德非常精準地向小李說明他和家人所領受的社會福利。大家都心知肚明——佛瑞德意圖創造一個形象，證明小李是不需要藉由販賣別人的珍貴物品來攢取食物養家的人。這一切進行得頗爲順利。小李有點努力過頭了，但是情有可原。直到他把佛雷德所有的努力都付諸流水，而他本人顯然沒有留意。

「該死的迪士尼樂園！」佛雷德把假髮甩到更衣間的桌上，「我是說，幹嘛說這些？三千英鎊的假期、妻子患有背疾跟廣場恐慌症，還有他因爲要照顧小孩、所以無法工作的證詞。他在那裡沒完沒了地說，自己因爲審判的緣故所以放棄了假期？老天爺呀，我都兩年沒有休長假了。這傢伙還因爲失去押金而感到委屈。你有看到陪審團的臉嗎？那個在第一排的傢伙可是火冒三丈。他可能才剛剛報完稅呀。我不玩了……」他頹然跌坐在更衣間裡的破舊扶手椅上，靠著窗沿，雙眼直瞪著外頭，座椅上的彈簧發出低聲的哀鳴。

過時的法律迷思

審判的最後一天，我從火車站離開，漫步穿越大教堂城的石板路。我留意到走在日復一日的尋常路線上，帶給自己一股撫慰感。在同個時間起床、向同一位火車月臺攤販買咖啡、坐在同一班火車的同一節車廂內，看著同樣的人們持續開玩笑和打鬧。這樣的節奏讓人感到輕鬆，相對於平日的高度不確定性，是一種舒心解脫。

這已經不是我第一次在心裡暗自思考該如何勝任這份工作：如果有一天，我必須在指定時間回到家，爲他人準備塞滿食物的冰箱、洗衣服，同時間還要照顧小朋友也打理自己。我檢討自己。畢竟，是我找了份永遠不知道會如何開展一天的工作、一段腎上腺素會隨著種種未知的高低起伏與蜿蜒曲折而上上下下的人生、一段成功剎那間觸手可及並手到擒來的人生。

當我提著行李箱走上通往法院的階梯時，我想到：身為一名法律允許的偷窺者，我進入人們非凡的生命之中，在古老又現代的運作體制內，試著代表並維護我們國家珍視的價值——這是項至高無上的榮耀。無論付出多少努力，不管案件有多棘手，我從來不把這一切視為理所當然。

當天稍晚，約莫在午餐前一小時，我坐在法院長椅上，等待法官歸來，用腳尖掛著鞋子，晃啊晃的。法庭裡的氣氛終於輕鬆許多。此刻，所有舉證都已結束，結辯也完成了，眾人的喜悅之情溢於言表。我無法抑制一股洶湧而上的感受：我相信，如果保持低調且守住立場，麗塔與我將會被釋放，心怦怦跳著逃離一切，回到乏善可陳的秋季時節。

我們此刻唯一需要的，是法官提供舉證的摘要。然後，陪審團會被送出去，接下來只剩下等待。

法警高聲喊「全體起立」。法官從法庭後方的祕密通道走進來就座，從上方觀看著我們。他手中拿著《阿希伯德爾》，我看著他翻動頁面，找到需要的內容。

「諸位律師，我認為在做總結前，先就大家要我向陪審團解釋的法律指示說明，會對接下來要進行的審判有幫助吧？」

在我還是菜鳥的時候，曾質疑法律是否過於偏心被告方。法官給陪審團的指示——法律的指示，以及他們該如何處理聽到的供詞——只是其中一部分。我好奇法源的規則和證據是否也是如此。這些慣例全須嚴格遵守：被告律師要坐在最靠近陪審團的地方、總是讓被告說最後一句話、禁止揭露被告的過往以免陪審團產生偏見。我想知道，僅因爲陪審團自行研究案件，或被告知依法不該知道的事，以至於整場審判終止，使數週的努力與花費付之一炬，這樣的設計是否不符合比例原則。

有時候，我會因爲受到所有人嚴格審視的質問規則，以及對證人說話的限制而感到挫折。但是，當我看到十二隻轉動的眼睛盯著在被告席的沉默被告，我漸漸能體會，要一名無辜者走入法庭，該有多麼難熬；此外，無論基於多麼脆弱的平衡，我也慢慢了解，法官爲何會如此擔心陪審團把任何未在公開法庭中提出的證據，帶入他們神聖的房間裡；我更漸漸理解，光是實踐正義並不夠，還要能被看到才行。

從我們理解世界的那一剎那，對公平的良知便伴隨著我們直到成年。我的當事人一遍又一遍地告訴我，他們唯一想要的，眞的只是一場在法院裡的公平聽證。要接受一個自己不樂見的決定已經很難，當此決定還伴隨著不公不義而來，可想而知當事人又會有多掙扎。

法官停頓。

「我剛才想起一件至今還沒人提起的事，而這個論點可能會影響陪審團的思考。這點現在仍然是法律規範的，又或者已經不是：丈夫不能和其妻子共謀……」

我猛然抬起頭。我以爲自己知道所有與共謀相關的法律。

共謀罪要成立，需要有兩名或以上的參與者。我在審判開始的前一晚，準備好幾個小時後又再查了一遍。我在法學書內瀏覽幾件案例，它們全都大同小異，也全都直截了當。我也查閱所有列舉與此案件相關的法律指示書籍❽。然而，我完全沒有找到例外。

此刻，我翻開《阿希伯德爾》裡我需要的那一頁，指尖沿著法律裡冗長前例解釋的細小印刷字體滑動。我注意到身旁的大律師們紛紛點頭，暗示法官剛剛說的沒有錯。然後，我找到了，在那一章節的背後，段落的最後面有一小段與案件當事人相關的文字，一段來自普通法❾，不合時宜的法律迷思：丈夫不會與妻子同謀，因爲夫妻被視爲共同意志的一體❿。

就此，法官必須建議陪審團，基於法律規定，麗塔無法與尼克共謀。共謀罪必須是牽涉兩名以上的人，但依法尼克和麗塔只能被算爲一名個體。如果陪審團因此認定共犯小李仍然無罪，那麼尼克與麗塔也會一併無罪開釋。我抬頭看向庭內，衆人仍一片安靜。法官往下注視我。

「嗯，是的，庭上。庭上，嗯……」我回頭閱讀這個段落，「……沒錯，這仍然是法律。」

我的眼神穿越人群，看向我的共同被告律師，強烈的挫折感侵襲而來。只因爲他們的當事人不接受自己犯的錯——他們準備把麗塔拖下水——我的挫折轉眼成了憤怒。出於罪惡關聯⓫的謬論，法律鼓勵陪審團將麗塔想像爲尼克不可區分的一部分，而認定她有罪。即使陪審團有可能只針對兩名男子定罪而認定她無罪，這個過時的原則仍把她置於險地。與其將她與丈夫所犯的罪行切割，法官將要求陪審團相信，以法律的觀點而言，身爲妻子的她沒有獨立的意志。到此程度，就算她想要和丈夫共謀，法律也不會允許她這麼做。

法官點頭，闔上書。「非常好。那麼，如果沒有其他要說的，我們可以讓陪審團進入法庭內了？我應該要開始我的總結。」

❽《刑事法院法官手冊》和《指示範本》是規範陪審團、管理審判，以及總檢刑事法院中判刑的法院書籍。

❾又稱英國法系或海洋法系。英格蘭與威爾斯的法律是由議會制定之法規與普通法兩者組成。普通法是傳統歷史上，法官在上訴或最高法院中所做之具有法律約束力的裁決，該案例具有其效力，直到被相同或更高層級法院之裁決推翻。

❿根據法律，如果兩人中只有其中一人密謀犯罪，丈夫與妻子無法因為共謀而視為有罪。相同的法規現在也適用於民事伴侶關係。法律指出，在丈夫與妻子被指控與對方共謀的狀況下，如果陪審團不相信其中另一方當事人也參與共謀，則法官應該給予陪審團「丈夫與妻子為無罪」的指示。

⓫Guilt by Association。一種不相干的謬誤，指刻意將某個觀點與形象不好的個人或團體產生連結，以誘使人不支持該論點的論證。

十二名社會代表的決定

乍看之下，法庭內最重要的人，可能是那些穿著制服的人：以神一般的姿態，盤踞於寶座上的法官；一身古老制服，讓人即刻辨識出的大律師；那些帶著各式倦怠表情維持法院運作，身穿黑袍的書記官或法警。當然，還有穿著牛仔褲、T恤跟碎花洋裝的十二名陪審團成員——他們將會決定我委託人的命運。審判開始時，書記官會朗誦他們的姓名。除此之外，我對他們一概不知。

庭訊的過程裡，我總克制不了去觀察陪審團的欲望，試圖搞清楚他們的背景：誰已經無聊到爆炸？誰是自由主義者？誰已流露出想把人送進監獄的反應？誰和誰又已結成了盟友？誰站在我這邊？

就某種程度而言，這是個沒有意義的猜謎遊戲，因爲我永遠不會知道答案——也沒有人可以知道。陪審團做決定的方式很神祕，花了很長的一段時間觀察被告席中的當事人後，他們會離開法庭去思考。爲了保護這些祕密，他們會在法警宣示後才再度回到庭內。即使定罪後，仍不會知道究竟在那神聖的陪審團室內發生了什麼事。

只有當我偶爾觀察到陪審團走回法庭發表決定時，如果陪審團成員向被告席投以眼光，常常就是暗示他們將要放被告自由。有時候，他們會向我展現一絲笑容，我便知道他們正準備交給我勝利的火把。更常見的是一個謹慎的微笑，而我也會試著隱藏不由自主浮上嘴角的微笑。偶爾我會對上凶狠的眼神，或是好奇的眼神。

也有時候，我離開法院後——在我溜進附近商店買咖啡，或是在月臺等候火車時——才了解到自己正站在陪審團員旁。有時候他們認出我後，會再多看我一眼，彷彿因爲我的人生居然跟他們路人甲的生活一樣而感到驚奇。雖然很多人會向我施以問候或眨眼示意，但只有一回他們眞的接近我。她抓住我的手臂靠過來，近到我的臉頰都能感受到她說話時的口氣。

「我們知道他說謊，另外那名男子。」然後再眉開眼笑地走遠。

而此刻，社會的代表——麗塔的十二名同伴——就要來決定她的命運了。

更衣間裡，我與佛瑞德等待著，只見里歐甩開門，黑色長袍因反向的風而飄起。

「陪審團回來了，」他喊出聲。佛瑞德和我趕緊起身，但是里歐舉起手說，「一個問題，就一個問題。」

在我們回到法庭之前，陪審團的問題便由法警交到法官手上了。此刻陪審團不在現場，法官謹愼地大聲朗誦問題，然後傳下來讓我們看。

可以請法官再說一次丈夫與妻子的指示⑫嗎？

里歐跟我面面相覷。有時候，陪審團提出的問題，可能會造成好幾個小時的焦慮與痛苦。這一方面可以顯現陪審團的思路是否正確；另一方面也能展示他們究竟已經確實了解指示，或其實離譜地誤解了。

但在我聽起來，這個問題卻彷彿是道重擊。

這是否表示他們想要無罪釋放麗塔，但不確定是否能這麼做？還是，他們打算無罪釋放小李，但不確定這是否眞的等於認定麗塔與尼克亦同無罪？又或者，連他們也無法全然相信，這項離奇的信條仍然是當代法律的一部分？

當陪審團回到庭內，聆聽法官以一模一樣的用詞回答。他是簡潔明快的人，指示很短又到位。他謹愼地說出相同的句子：不多不少，就如同他應做的。

一小時後，陪審團做了決定。

宣布判決結果時，法庭內瀰漫一股令人難以言喻的緊張感。非常緊繃，以至於就算只是等著被傳喚聽證，對證據或犯行一概不知的無權上訴者⓭，仍會感到頭昏腦脹。彷佛墊起腳尖行走於鋼索上，知道自己下一秒便將墜落。

陪審團走入法庭，我努力不看向他們，摒住呼吸，當最後一位陪審團員坐下，我忍不住抬起頭。陪審團員直直地看向法官，抑或是低頭看著自己的大腿。我陪著麗塔核對先前說過的幾項要點，鼓勵她，無論出現什麼樣的判決結果，都要做好心理準備。儘管如此，我心裡認定她會獲得無罪釋放。我相信陪審團看得出來，麗塔是在沒有選擇的餘地下，接受她丈夫的生活方式，也了解她陷在家庭的兩難之間。

「有罪。有罪。有罪。」

這個字眼此起彼落地響起，一次又一次。針對每一項罪名、每一名被告。法庭內的空氣顯得凝重，我沒有勇氣轉身看麗塔，更害怕面對她臉上的表情。

藉婚姻相繫的生命共同體

幾週後，在耶誕節前夕，我們爲了判刑聽證又回到索爾茲伯里刑事法院。先前針對尼克和小李的審判前報告中，他們倆已承認犯下所有夜盜罪。兩人都試圖要在同份文件中證明麗塔的清白，也終於堅稱她沒有參與任何相關計畫，對這一切毫不知情，也對計畫沒有影響。

當然，這一切都太遲了。

判決當天，旁聽席坐滿了許多其他心碎的親友。聽證結束後，我走到走廊盡頭的小房間去見麗塔。有名女子向我走近，那一刻我才認出她先前其實就坐在旁聽席前排。她自我介紹

⓬ 譯注。direction。法官就案件中的法律問題，對陪審團做出的指示。

⓭ 譯注。interlorper。與訴訟結果沒有利害關係而提起上訴，或參加由他人提起的上訴之當事人。

表示她是麗塔的母親，面無表情的臉龐與女兒神似，雖然看得出歲月風霜在她臉上已留下痕跡。但生命的滄桑刻畫於她臉上的線條和陰影中，讓人猜不出年紀。

「四年是很長的時間。她從來沒有進去過。這對她來說很難。」她告訴我，言談中不帶一絲情緒。「請轉告她，我們有好好照顧孩子，也會把事情跟孩子們說。也請妳跟她說，我們等她一進去，馬上就去申請會客，這樣我們可以在聖誕節來找她。如果她問起有關社工訪視的事，請她不用擔心，我會安排。」她是全然地冷靜。

「當然。」我回答，接著說，「我很抱歉，陪審團不採信麗塔的說法。他們顯然也不信任其他兩人，想必認爲她也參與其中，除非……」我的音量越來越小。我心裡想，除非法律把他們給搞迷糊了⑭，並且——在被告知法律視尼克與麗塔爲不可拆散之一體同心的情況下——認爲他們不能在判決麗塔無罪的狀況下，宣判尼克有罪。

我永遠不會知道究竟是爲什麼。

「那個尼克一直都是這副德性，妳明白的。」她看著我，彷彿在打量我的人生歷練。「我知道這不容易。我家老頭子也常做這檔事，跟她家那口子一個樣。她爸爸在麗塔還是孩子時，進進出出關了很多次，麗塔也都看在眼裡。我很清楚，我對他們瞭如指掌。但妳知道嗎？我家老頭子再怎麼樣，也永遠不會像尼克這麼做。他總是說：『如果蠢到被逮，就要面對。』他永遠不會把我一塊拖下水。」她說完，撇開了臉。

我猜想，究竟當她回到家，會不會允許自己掉眼淚？那些爲女兒、也爲自己，還有爲反覆上演的絕望循環而掉淚。

傍晚，我從法院步行離開，想起麗塔母親的這席話，思考著會不會一直以來錯的是我，而法律是正確的。

這些年來，我認爲婚姻不具任何意義：它不過是張蓋了章的紙，人們可輕易地完成它，當然也可以輕易地撕毀它；婚姻是在當代無容身之處的過時儀式。但是，我開始聆聽也思考婚姻的誓言，那是一個人所能給予的最極致承諾。猶記身邊朋友們談起婚後微妙的轉變，提起世界如何開始對他們另眼相待——視他們爲一體，一個生命共同體。

或許這個古董級的規則不過只是反映了眞相——婚姻以一種獨一無二的方式將彼此緊緊相繫著。或許，無論好壞，麗塔已在明知對方的樣貌仍願相守在一起的情況下，又因爲與

⓮ 二〇一〇年二月，英國內政部公布了一份名為〈陪審團公平嗎？〉（*Are juries fair?*）的文章。裡頭保留關於英格蘭與威爾斯陪審團工作至今所公開的報告，包含所有刑事法院超過六萬八千位陪審團的裁斷。這份研究報告最終的結論對於陪審團持正面意見。然而，該報告同時也探討了陪審團自己在審判中，對於法官提出的法律指示理解程度：有超過半數的陪審團員認為，法官的指示容易理解，但是只有三一％的受訪者確實完全理解。法官交付陪審團書面概要，是可以幫助理解的。因此，在供有書面指示的情況下，完全理解法官所提之法律問題用語的陪審團員比例，從三一％提升至四八％。但法院並不要求法官「必須」提供陪審團書面指示。

騙子和小偷結婚，她也因此成爲其中的一員。

女性犧牲了自我

庭審的一週後，我的祖父離開人世。他像一棵雄偉橡樹般存在著，總蓄著戰時風格的八字鬍，挺著一九三公分高的身軀，花上近一生的歲月在田裡採收農作物、餵養牛隻，以及觀察四季的流轉。他過世前一天，彷彿預見死亡即將來訪，整天都在鋸木頭，砍下的份量足夠一整個冬季使用。當天他起床後，穿上一貫的燈芯絨西裝，把狗兒放出他與我祖母住的平房。然後，一股不祥的預兆促使他回到床上躺下，他的雙臂交疊於胸前，然後就這麼離開了人世。狗兒跳上他的手臂，祖母因此很快便發現祖父的異樣——身體仍然帶有微溫，但生命已然消逝。

審判過後的冬季，我回到祖父母的農場，那裡是我童年時期玩森林躲貓貓與藏在祕密灌木洞穴的地方。我與祖母一起過了一夜。我們喝雪利酒、看著過往的照片，試著讓寂寞遠離家門。

當祖父一整天都在農田時，祖母必須待在家煮飯、打掃、照顧四個孩子。隨著失智症殘酷地行進，她總覺得自己活在過去：腦海中浮現的不是家庭生活的那些日子，而是一再經歷戰爭時期，身爲英國皇家海軍婦女服務隊隊員的那段時光。祖母忤逆她的牧師父親，在十八歲報名加入服務隊。她的故事總是充滿友誼與冒險。然而，不久後她的自由開始，遇見了我的祖父，另一種形態的服務進一步取而代之。

留宿的隔天早上，我走進祖父的房間。房間非常整齊——如同他一直以來的習慣。我看向窗戶，注意到有把短槍擱在窗邊。不知爲何，那天短槍沒有鎖在祖父向來安放的櫥櫃中。

祖父有個習慣，他會在早晨醒來後，花上一小時的「歡樂時光」，從臥房窗戶射擊花園裡的兔子——祖母說，這是他們分房睡的理由。

我走向前，伸出手摸摸槍管，指尖沿著金屬剛毅冰冷的線條前進。這個瞬間，我想起麗塔以及我的祖母，還有所有來自其他世代的女人們。她們安靜且忠實地侍奉丈夫，但最終卻犧牲了自己。而法律在這過程中，又是如何助長她們生命裡發生的無數曲折。

《阿希伯德爾刑事案件與程序辯護手冊》
三十三—二十七　配偶與公民伴侶
若僅雙方同意該協議，夫妻不會觸犯共同謀議罪……
在夫妻被以彼此共同謀議而起訴的狀況下，若陪審團不認另一方有參與謀議，法院必須指引陪審團做出無罪釋放夫或妻之裁判……

第六章

努力打破惡性循環的瑪姬

能否質疑錯誤的法律建議？

身為女人，沒有比被他人宣判為不適任的母親、
被剝奪身為女性的原始部分，還要來得更糟糕的罪名了。
多數人總是出於良善意圖、想要提供幫忙。
問題是，有些人卻認為好心和正確的意圖，可以成為惡劣表現的藉口。

瑪姬案子的檔案在聽證會前幾天寄達。文件十分厚重，我快速讀過摘要和年表，試圖掌握案件的來龍去脈。

她是名年輕媽媽，童年時並未受到妥善的養育，當地政府因此認定她缺乏照顧女兒與新生兒子的能力與認知，且早在三年前就把大女兒從她身邊帶走。我看了一下瑪姬的出生日期——她今年二十二歲。

我在想，不知道從什麼時候開始，我自己已對這樣的情節習以爲常。但其實並不是一直都是如此的。

我仍然記得第一位由我代表出庭的年輕媽媽，她的孩子被國家帶走。那件案子發生在貝辛斯托克❶治安法院，就在瑪姬案件的前幾年。而我在案件結束許久後，才明白家事法律系統究竟如何運作。也到那時我才意識到，社工人員對於案件結果的影響力有多大。在接下來幾年累積的工作經驗裡，我學到有效率的社工與父母只要合作愉快，就能讓案子免於進入異議聽證程序。因此，我甚至不用參與、也鮮少與他們碰面。

然而，處理第一件個案時，我還不懂這些。

我看到我年輕的委託人與社工一起坐在等候室裡。「甘藍葉，」社工仁慈地、以母親般的口吻告訴她，「這正是妳需要的。不是普通的甘藍，必須是皺葉甘藍。放一、兩片葉子到胸罩裡可以幫助止癢，這對我所有其他的媽媽們都管用。」

所有其他的媽媽們。

那些她所關照、每週來來去去的媽媽們發現，原來只要想起新生兒的香味或是啜泣聲，便能刺激原先她們不知道的母性本能，讓母奶從她們甫變成鋼刀般堅硬的乳房流出。這些女人，在不想面對又或是全然措手不及的狀況下，便已擁有母親的角色。社工看到我，給了個似笑非笑的笑容，起身走向前，加入坐在等候室對面的一群女人。

這個團體由當地政府的大律師、事務律師、社工、監護人❷——代表兒童權益的獨立社工，加上監護人的大律師所組成。後來我才了解，她們總是聯手以數字與資源包夾我的委託人。當我帶著我年輕的委託人前往法庭的等候室時，我聽到這團體的人笑談著週末發生的不幸；我也留意到，他們的手上都拿著來自同一間咖啡館的外帶杯。

我知道我的委託人已經同意：她不會回醫院找自己年僅一週大的女兒。相反地，她會獨自回到房間，回到那幢與陌生人共住的房子裡。開庭當天早上，推事將簽核一份已經受到所

❶ 譯注。Basingstoke。為英格蘭漢普郡東北部的小鎮。

❷ 監護人是具個別代表身分的社工。其角色是獨立代表兒童的權益，職責應包含將地方政府之意見納入考量，盡可能確保他們的照護計畫完善。如果監護人與社工的溝通不順暢，有時也會扮演父母與地方政府的中間人角色。

有相關當事人同意的命令。接著，社工會到醫院，抱走透明保溫箱裡沉睡的小嬰孩，將她交給養母。

委託人和我坐在會議室，面對著彼此。直到這一刻，我才理解社工之所以提出「甘藍葉」建議的理由。

眼前這位新手媽媽的運動衫上，有兩個因母奶溢出所形成的寬闊黑色圓點。面對難以控制的母性，眼前的她顯得相當難爲情，而我不知該如何是好。我並非因法律而感到無所適從——我懂法律，也知道在法庭裡該說什麼，但是出了法庭卻無以爲繼。此刻，這名女孩的身體正在向她證明「母親」的角色，每個人——社工、事務律師、我——都告訴她，她現在做的事情既勇敢又正確，其所作所爲是爲了成就最美好的事，爲了孩子、爲了她、爲了所有人。

我還不知道該對失去孩子的人說些什麼，但從她脈搏的波動，我明白自己感覺到了什麼——懷疑、害怕、無力。

「這個，妳曉得的，應該是**妳**的決定。」我略帶猶豫地說著。她仍然盯著地板。「第二十條，這需要妳的同意，妳的知情同意❸。少了這個，他們無法直接把孩子帶走，需要法院發布的命令才能執行。」

我知道她動搖了，她開始喃喃自語，說起她找到的課程、他人向她建議的計畫、情緒控管的課程，以及她即將加入的藥物與酒精控制團體。她停了一會兒，接著說：「我什麼都願意做，只要能留住她，我什麼都願意。」

我走向其他與案件相關的當事人，留意到其中一人在高談闊論某一刻發生的趣事，其他成員俯身，等著要在最後畫龍點睛的笑點出現時大笑。眼前這幅景象讓我遲疑了。當妳身爲房間內最年輕的專家，身上穿著便宜的西裝與塑膠跟的鞋子，而其他人看起來則像打從自娘胎出生後便在做這些事。我實在很難打斷他們。

眼看大家哄堂大笑後，我挺身站出來面對他們的笑聲，表示我的委託人改變了想法。他們不解地看著我，一片沉默。

我又說了一次：「她撤銷她的『同意』。她明白地方政府的擔憂，但是也不想放棄自己

❸根據一九八九年《兒童法》第二十條，孩子的雙親／母親可以同意當地政府暫時安置孩子一段時間。安置不只意味著居住，同時也表示提供照護。這樣的安排可以在有當地政府介入的情況下，讓孩子與父母待在家；更常見的是孩子搬到暫時的寄養家庭。此條文不指涉當地政府對於孩子有養育責任，孩子的父母也有權利在任何時間點撤銷同意。倘若他們這麼做，當地政府必須馬上將孩子交還給父母。要是情況允許，當地政府可以要求警方執行緊急權力以帶走孩子（根據《兒童法》第四十六節，最長於七十二小時之內），或可以向法院提出緊急保護令或暫時照護令（見本章注❹）之申請。然而法院也擔心，當地政府基於第二十條之同意所做的回應，以及其在程序未發布或未提供支援的情況下，任由暫時的情形演變為永久的狀況。同時，法院也擔心父母是否得以恰當地了解第二十條「同意」的含義，而社工應負起確保父母親有正確理解的責任。

的骨肉。就算知道勝算不大，她還是想爲這小女孩奮力一搏。」

大家臉上的表情頓時改變，想法全寫在臉上：**「妳在想什麼？妳爲什麼要製造麻煩？協議是上策、是最不痛苦的。大家都知道，妳也應該懂吧？」**

其他成員以及憤怒的法律顧問紛紛打電話取消聽證與會議，氣呼呼地瞪著窗外春季和煦的陽光。因爲這樣，原先預期十分鐘可以解決的法庭程序，突然間演變成三小時的舉證、交互詰問與判決。我爲此付出了代價：法庭上他們毫不間斷地批判這名新手母親，決心證明證據對她有多不利。她們用盡全力，好像非做不可一樣，就爲了證明這場抗辯聽證不過是白費力氣。

在辯證程序結束後，推事們列隊回到庭內宣讀判決。

能否改變「專業人士」的意見？

推事審判長是名大約六十歲的男人，他用毫無感情的聲音朗誦出判決結果。他說，法院採納社工在申請與口頭供證時所提出的理由，此已達到啓始審判的法律門檻：由於當地政府已證明該嬰孩有受到傷害的高度風險，在以孩童最大利益爲前提的考量下，法院決定在準備案件審理期間，發布臨時照護令，將嬰孩安置於當地政府的照護之下❹。審判長准許了社工提出的建議——母親與孩子每週能有三次、每次九十分鐘的接觸。當時，在我聽來，這項主張似乎非常特別：他同意爲了執行日後的評鑑，以及創造母親與孩子在童年的情感連結，這樣的監管接觸是合理且足夠的。

推事審判長抬頭，略過我，直接看向我的當事人。這是他第一次確實地看著她。他開口時，聲音顯得柔和許多。他提醒母親：「**這並非既成事實**，之後還會有父母評量。如果妳參與這項評量，當地政府可以深入了解是否要把這名嬰孩還給妳。**這還不是最終裁決**。」

我注意到他的用字遣詞。心想自己應該要逐漸習慣：是「這名」嬰孩，不是「她的」嬰孩；這名母親、這名父親。個體的所有權被他人所主張，個人主體被移除。我想，是不是這樣比較容易做決定？

我抬頭看推事審判長，他回以一個仁慈的微笑。直到後來我才理解他的話有多神聖，以

❹ 暫時照護令（Interim Care Order, ICO），指在照護訴訟程序進行期間、最終聽證舉行前，將孩子安置於當地政府的照護之下。倘若兩造間對於孩子的福利有爭議，這份命令給予當地政府之於孩子的養育責任，並終止父母的養育權。同時，也賦予當地政府權力決定孩子所居地點。以及誰能與孩子接觸。為了執行暫時照護令，當地政府必須證明已有孩子受到嚴重傷害的事實發生、這名孩子未來將會面臨嚴重的傷害風險，或是孩子已不受父母控制。有時候，父母會承認現況已超過執行該命令門檻標準。若父母們不承認，當地政府則該證明此指控發生的可能性。法院須先同意該案已達執行此命令門檻，並以基於孩子最大利益為前提而做。此狀況並非無法避免，但仍可能發生。

及十次以內有九次，一旦孩子被帶走就再也沒有回來過了❺。我當時也還不知道，一旦失去第一個孩子，這名年輕母親的下個孩子，有三倍的機率會面臨同樣的遭遇。我可以想像，我的委託人回到家中獨自坐著，瞅著那些爲寶寶準備的衣物，卻發現沒有寶寶需要它們，那會有多難熬、有多渴望去填補那份空虛。

當時，我還不知道自己會多常在法院裡討論母親的寬鬆衣物、否認另一次的懷孕。或是看著委託人——當她們日益腫脹的肚皮下已培育著另一個寶寶❻——請求法院的允許，讓她養育其他已出生的孩子。儘管聽來不幸，但我卻從來不曾因此感到驚訝。身爲女人，沒有比被他人宣判爲不適任的母親、被剝奪身爲女性的原始部分，還要來得更糟糕的罪名了。我了解她們想再試一次的強烈渴望：這是爲了證明自己母性本能的存在，以及透過預設會一樣愛你的某人來填補自愛的空白。

結束和委託人的談話後，推事轉向我的對手，我則看向他們。然而，推事審判長不理會我皺起的眉頭，一如往常地，要求透過電子郵件提供法院與照護令相關的事實與事由清單❼。我甚至不確定爲何能允許這項照護令——這項命令當然是來自於推事，而非來自支持該決定的當地政府。但是當我收到事由清單時，卻發現那些列表上的理由完全傾向當地政府那一方。

我很清楚最高法院的法官曾言，在違反父母意願下，把孩子從父母身邊帶走，是國家最大程度的侵權行爲；這只是在其他做法失敗後，才採納的最終手段。也就是說，在所有可能維持與重建家庭❽的方式皆無效後，才進行這項程序。而現在，閱讀這份命令，我承認自己放下心中的大石。因爲無辜的孩子不會經歷一場實驗，一場測試她的母親是否得以勝任母職的實驗。

只是這些年來，一再反覆聽到這些相同的說法，讓我感到非常疲憊：母親本身在童年時遭受糟糕的對待、養育的魔咒、混亂的生活型態、低智商、家庭暴力的紀錄、毒品和酒精濫

❺ 由萊斯特大學的領導研究員，凱倫．布洛霍斯特（Karen Broadhurst）教授等人，在二〇一六年發表的論文中指出，一旦新生兒在照護程序中被他們的母親／父母帶走，只有一〇%的兒童在之後會回到父母身旁。（Women and infants in care proceedings in England: new insights from research on recurrent care proceedings, *Family Law*, Vol.46, No.2, 7 February 2016, pp.208-11.）

❻ 布洛霍斯特教授在二〇一六年發表的論文中也指出，每四名曾遭國家帶走孩子的女性中，就有一名會再度被法院剝奪養育權。在這些爲了進行下一輪或下兩輪照護程序而回到法院的女性中，她們的孩子有七〇%未滿一歲、六〇%不滿一個月。倘若女性先前已有參與照護程序的紀錄，部分當地政府傾向在早期便啓動孩童的照護程序。

❼ 當推事發布命令時，他們必須要附加一份支持其裁決的事實與理由。上訴法院已逐漸發現，當地政府常常代表推事們草擬這些事實與理由。高等法院已聲明這樣的行為「顯然不對」，必須即刻停止並永遠不再發生。

❽ 收養的基本原則是，僅在出現反對父母／母親立場的狀況，才會允許在基於兒童福利考量「無其他可行方案」的情形下，制定含收養計畫之照護令或安置令。

用、自殘、對困難缺乏洞察、刻意降低事情的重要性。關於這些列在清單上的嚴厲指責，早已牢記於我的腦海之中。

漸漸地，我就像家事法庭裡的其他成員，察覺到社工人員之間油然而生的恐慌。他們害怕自己有一天會出現在報紙頭版，會在令人驚悚的照片中，躺在死亡的男孩身旁，而男孩湛藍的雙眼碰巧和自己身上的羊毛衫顏色不謀而合❾。

發生這類事件的機率其實很高，光是一個月內，就有兩名孩子被理應照顧他們的人殺害❿。沒有人可以宣稱，此統計數字是能完全預防的。但是，一再重複出現的這類新聞報導，彷彿也在表示社工人員應該要承擔這樣的罪咎。在我第一位事件委託人的女嬰誕生那一年，大約有八百名孩子被從父母身邊帶走。五年之後，數字更是以倍數成長至兩千名，是在所有西歐國家中最高的⓫。

我開始疲於面對這樣的過程。

我會觀察站在證人席的女孩們，看著她們爲了展現良善意圖，對那些寫在檔案裡、自己可能無法獨立唸出的主張宣誓。我體認到，希望的火焰即使微弱，它的存在本身是強而有力的。那希望的火苗會留存至推事來到法庭的那一刻，直到推事不加思索地照本宣科唸出報告——來自社工人員的報告——做爲判決結果。

其實我能理解女孩們如此努力的原因：妳需要鼓起很大的勇氣，來質疑社工人員或是監護人提出的建議。畢竟，他們有權利或機會看見父母在口頭承諾之外的眞實表現。他們會觀察家庭日常生活眞實的情況，進而判斷是否難以爲繼。即便如此，有些社工人員會告訴父母，一旦配合法院那些艱難要求，之後一切都會變得美好。

這其實是很殘忍的做法。

現實中，在進入法庭程序前，父母所能做的、或所能承諾的，其實很少，更遑論改變社工人員或監護人的意見了。同時，相關人士也曾向我坦誠，因爲推事必須批准那些來自當地政府的申請，所以他們其實承受了相當大的壓力。即便是在推事眼中閃爍著希望火光的案

❾ 此指彼得．康納利（Peter Connelly，也稱為Baby P），是在二〇〇七年死於倫敦的一名十七個月大男嬰。在兒童服務與健康專家頻頻進行家庭訪問期間，仍於八個月內遭受五十種以上的傷害。彼得的母親、母親的男友與男友的哥哥，皆因造成彼得的死亡而被判有罪。此案件造成社會大衆的驚嚇與擔憂，有部分是由於彼得受傷的嚴重性，另有部分是因為彼得生前居住於北倫敦的哈靈蓋區。該地區於七年前便因為維多莉亞．克靈比耶（Victoria Climbié）被監護人殺害的案件遭受強烈的評論攻擊。由CAFCASS發行的照護令申請數量，在二〇〇八－二〇〇九年間（Baby P案件後）到二〇一一－二〇一二年間，提高了七〇%。

❿ 根據英國國家統計局的犯罪與司法數據，在二〇一六年三月底前，就有二十四名未滿十六歲的孩子被他們的父母或繼父母殺害。

⓫ 此數據引用自萊斯特大學的領導研究員布洛霍斯特教授二〇一六年的報告。

件，也會遭到法律顧問憤怒地打斷，質問究竟爲何需要花這麼多時間——**這分明是件不用多花腦筋的案子**——然後在發布命令的前一天，核准章便會迅速地落印。

問題是，與其幫助這些年輕媽媽學習如何養育孩子⑫，當地政府更常把錢花在專家身上，以證明一名母親無法盡到養育責任，而監護人也常會跟著見風轉舵，同意這類說法。

但我也漸漸明白，事實上這些評估人員需要超人般的勇氣去克服恐懼——那股正把孩子交給可能會施暴父母手中的恐懼。不難理解爲何鮮少有人願意冒這個險。

重演的歷史

在瑪姬住的挑高公寓裡，室友們常常只是過客。雖然也有小部分的人已經在那待上幾乎一生的時間，瑪姬就是其中之一。

她和媽媽雪莉在這裡長大，度過充滿動盪與危險的童年。有一段時間，瑪姬與祖母寶琳一起住，而寶琳和她的伴侶湯米住在一塊兒。偶爾，瑪姬會到寄養家庭去，那時便成了雪莉的休息時間，讓她有機會重組自己的生活。有時候，雪莉的確做到了。然而一旦社工人員停止拜訪，雪莉滑落正軌生活的速度也就一次比一次更快。

瑪姬十歲時，她告訴前來家中找母親的社工人員，她不要再跟他們離開，不要再留母親一個人住。她會逃走，一遍又一遍地脫逃，直到社工人員放棄。

雪莉是她的母親。在瑪姬的認知裡，沒有比「她的母親」這個字眼更強大的了。從她出生的那一刻起，她的大腦已經透過直覺與設計，爲她找出母親的味道、聲音與視覺，那是超於一切的東西。當她看似被動地安躺於嬰兒床上，那些她聽見的吼叫、爭吵和玻璃破碎聲，都被大腦吸收，因而認定這是她命定的道路，也將成爲她的未來。

瑪姬學會如何讀透母親的表情、空氣裡的味道，還有那彷佛衛星溢出訊號般的震動頻率。她學習不要混淆這些變動的訊號：估計何時會得到擁抱、被大罵或遭到毆打。她的母親在無意識間，形塑了女兒的神經系統，以應付與她同住所引起那股令人極度疲勞的恐懼。但是對瑪姬而言，這一切卻再正常不過。

其實還有其他的孩子——瑪姬的兄弟姊妹——但是他們離開公寓後就再也沒回來過。瑪姬因此自己訂下對於社工的定義：他們微笑、說要幫忙，然後把妳的寶寶帶走。她十二歲那年，眼見另一名新生的手足被帶走。但是那次對雪莉帶來的打擊，似乎遠超乎失去其他的

⓬ 二〇一七年法院提出質疑，在提供父母或母親治療性的支持前，地方當局是否投入過多經費在發布程序（發布一項照護申請之成本超過兩千英鎊）以及心理評估（平均高於兩千英鎊）。（H.H. J. Wildblood QC, *A Local Authourity v The Mother & Anor* [2017] EWFC B59, www.familylawweek.co.uk/site.aspx?i=ed180307）

孩子。瑪姬目睹母親逃離現實，投入電腦的虛擬國度，深陷於冰冷明亮的螢幕世界。

有一天，雪莉說自己在一位沒看過的陌生人身上找到眞愛。深夜，雪莉帶著瑪姬去敲祖母寶琳的門。小瑪姬手中抓著購物袋，裝著母親爲她打包好的衣服。儘管她什麼話都沒說，但瑪姬從母親身上觀察到一股嘶嘶作響的能量正發出低鳴。她目送母親離去，七年內再也沒有看過她。

母親回來那年，瑪姬十九歲。雪莉口口聲聲給出新生活與新開始的承諾，但寶琳和湯米試圖阻止瑪姬就這樣被哄騙，但是他們失敗了。瑪姬已經是成年人，就算曾是孩子，他們對瑪姬也沒有養育責任⓭——這是法律賦予母親而不是祖父母的權力，即使她的行爲與這個字的意義相悖。寶琳和湯米能做到的，也只是試圖從旁提供援助。

直到一天深夜，有名男子來找雪莉，在家中大吵大鬧、喝酒滋事，並注意到瑪姬的存在。那是寶琳第一回看到孫女細小身軀的上腹部出現了傷痕，她悲傷地意識到，一切又將重演。

三年後，一位名叫安德莉雅的社工來到瑪姬與雪莉居住的公寓。她是爲了瑪姬而來的，因爲她收到瑪姬懷孕的通知。她最後一次看到瑪姬，是兩年前在法院裡，推事分庭小組同意安德莉雅的看法：這名年輕的女孩從未被妥善地養育過，又怎能養育其他人呢？

瑪姬的第一個孩子，在出生後便被安置在寄養家庭，沒有機會能與母親產生連結；女娃不是在瑪姬有限的短暫拜訪時間中熟睡，就是經常認不出母親，並在瑪姬接她時嚎啕大哭。

這使瑪姬開始痛恨這段接觸時間。為了避免被女兒拒絕而帶來的羞辱，瑪姬開始刻意錯過這些探訪。在最後一次的探訪──也是最後的告別──瑪姬被嚴厲地要求，為避免惹哭或嚇到寶寶，不准抱得太緊或做出違反孩子意願的事。然後，孩子就被帶走了。

兩年後，仍舊派遣安德莉雅到瑪姬家的做法很不合理。但是實際訴訟裡卻一再發生這樣的狀況。安德莉雅的確對個案做了功課，而且過去和瑪姬有交流，因此了解整個事件的始末。但不可否認的，她們一直以來的關係很不健康。瑪姬向安德莉雅展示公寓那天，準備好要展現自己為了第二胎寶寶所做的改變。然而安德莉雅的做法與語調，聽來卻像當年陰魂不散地重新搬演。安德莉雅說自己是來提供協助的，但是瑪姬害怕她的造訪無非是要搜集報告用的證據，好把寶寶從自己身邊帶走。

安德莉雅造訪瑪姬家的幾週後，孩子誕生了。黎明破曉之際，疼痛占據了瑪姬的身體，讓她一度認為自己就要撐不下去了。緊接著，亞榮來到這個世界上，睜開眼睛，眨呀眨地看向醫療設備所投下的光線。他的那對眼睛，好似他這一生可能都不會見到面的父親。好幾公里之外，安德莉雅接獲醫院通知寶寶出生了，列印出事前準備好的表格：一份讓她得以啓始

⓭ 意指父母一方與他或她的孩子相關之法律權利、責任、權力與權限。如果男人與女人結婚，則他們自動擁有養育責任。如果他們沒有結婚，父親的養育責任必須經由法院准許。當地政府可以被賦予養育責任。

程序，把亞榮帶走的表格。

接下來發生的事改變了一切。

安德莉雅寄出這份法院申請表。然而，她也聯絡上一名同意把脆弱母親與新生兒一同帶去她家的女子。因此，與上回不同，這次瑪姬抱著寶寶離開醫院時，她沒有回到公寓。而是遵從協議，帶著她的寶寶來到一幢位在市郊、座落於純樸巷弄內的半獨立式洋房。在那裡，她與兩位寄養家庭看護人員會面，她們教瑪姬如何當亞榮的母親⓮。

一星期後，瑪姬來到安置媽媽與寶寶的寄養家庭。這是治安法院授與的一項臨時照護命令。即使亞榮可以和瑪姬一起待在她的安置所，此命令仍授權當地政府對於亞榮的控制。瑪姬沒有違抗命令，她願意做任何事，只求保住這個孩子。當地政府立即展開養育子女的鑑定，在亞榮十天大時，進行了第一次會晤。社工人員與專家頸子上掛著印有職稱的名牌，圍繞在瑪姬身旁，七嘴八舌地討論年輕母親與孩子的未來，彷彿同時也在確認他們的權力。

亞榮十二週大時，當地政府完成了報告。內容提到：

瑪姬在安置媽媽與寶寶的寄養家庭內表現良好。寄養家庭的母親在報告中說，瑪姬與亞榮之間關係良好，但是由於瑪姬自身的童年經驗裡，嚴重欠缺肢體與情感上的關愛，她永遠無法學會如何養育子女；如果寶寶與母親一起被安置於社區，寶寶會處在受傷害的高風險下。瑪姬的服從是被迫的：她很難抗拒或抵抗會帶來危險的人物，因爲這些人通常是她唯一擁有的支持與庇蔭。她看不出雪莉帶來的威脅，雖然她答應與母親斷絕聯繫，但沒有人相信她眞的會這麼做。她需要許多協助，以成爲一名稱職的母親，生理上、情感上亦然。更重要的是，瑪姬自己承認在第一個孩子被帶走時，她還無法進行養育責任。

這當然不是瑪姬的錯，只是歷史不斷重演的同時，從來也沒有相關當局執行任何解決方案。

亟欲打破惡性循環

我第一次和瑪姬見面時，是在她的臨時調解聽證⓯上，大約是亞榮出生的九個月後。

⓮ 父母親與嬰兒的寄養照護措施，是讓他們在以家庭為基礎的安置下，保有嬰孩的方式。寄養家庭不必然要提供養護（除非被要求），但是他們需要指導父親或母親發展個人技巧，也要觀察並記錄父母照顧孩子的方法，並與其他專家合作，以辨識出父母日後可能需要的支援。相對於將媽媽與寶寶視為一個體，寄養照護安置是一種更制度化的替代方案。基於此方案，監督人員會同時照料多位母親。一般而言，安置期大約是十二至二十四週，但在有長期支援的需求下會延長時間。

⓯ 照護訴訟程序中，最終聽證之前的指示聽證。這也是雙方當事人縮小爭議範圍，以達成任何可行協議的機會，可藉此避免進行完整的最終聽證。

委託我的事務律師，已經代表瑪姬出席每場在治安法院舉行的聽證。

審判陸續發生了一些狀況——要排除非亞榮生父的可能人選、聽證被延期、要求專家提供報告等等。後來，推事做了決定，這個案子的複雜程度已經超越推事審判的領域，應上交並由法官來處理。這也是爲何後來在寒冷的一月上午，瑪姬獨自一人坐在麥德威郡法院的中庭等我。

麥德威郡法院是幢不顯眼的紅磚建築。它聳立於我面前，冬季的灰色光線映得它分外憂鬱。我開車駛上蜿蜒的斜坡，經過通向入口的水泥牆。我來晚了。大雪癱瘓了自倫敦出發的火車，穿著厚重衣物從車站一路奔跑的我，現在反而覺得太熱。一抵達，我馬上開始尋找其他相關當事人，然而法院內卻宛若一座空城。

匆忙令人心慌，我擔心聽證已經開始了。接著，我看到一名獨自坐在等候區摺疊椅上的女孩。當下我猜，她想必就是瑪姬。

我簽到的同時，確認此案的責任法官是尼可拉斯，這讓我不禁皺起眉頭來；直到最近轉到公法領域之前，他已經擔任了好幾年的地區家事法官。當天上午稍晚我也發現，原來瑪姬將會是他的第一個照護案件。我與他在法庭交手多次。有他在，審判可能頗爲棘手，只因爲他總認爲太多律師沒有達到他所要求的精準，以及充分準備的高標準。他已經因爲地方政府未寄出理當爲聽證提供的文件⓰而不悅。現在，遲到可能會讓他大爲光火。

終於，隨著一陣兵荒馬亂，地方當局的事務律師與她的大律師琵芭抵達。她們一進門便大聲嚷嚷，抱怨原本不須半小時的路程，卻因大雪和塞車而延誤了。沒多久，社工人員也趕到。接著，監護人的事務律師捎來訊息，表示監護人黛博拉感冒了無法出庭。

尼可拉斯法官邁步進入法庭，滿腔怒火也洩了一桌。他說，昨天應該要讀到今早這場臨時聽證的兩份文件資料，卻直到昨天才寄出，而且現在還寄丟，不知道被送到哪間法院辦公室去了。

琵芭支支吾吾，解釋不出個所以然，坦承自己忘記準備必要的文件。但一看到尼可拉斯法官氣得發紫的臉色，立刻後悔自己爲何要如此誠實。

「**這就是不夠好**，」尼可拉斯法官說，「聽證延期，大家兩天後再回來。今天結束之前我要拿到訴訟指示文件，不得有推託之詞。」

法官狠訓了眾人一頓，五分鐘後大家便已解散離開法院。我揮手與瑪姬告別，打電話給

⑯ 在任何家事訴訟程序中，申請者有責任在聽證的兩個工作天之前，提供法院一份案件報告。同時，也必須在聽證前一天早上十一點前，提供法院和其他當事人相關資料。這份資料包含：案件事實概要、交由法院解決之爭點陳述、最新的事件發生時間表，以及列有要求法官核准之命令或指示概要的個別當事人立場聲明。法院發現這些責任當事人並不總是遵循這些責任，表示不該容忍這樣的現象。在罪行嚴重的官司裡，未履行義務者可能會在法院中被公開點名。（*Re X and Y (Bundles)* [2008] 2 FLR 2053）

事務律師。

「我想，」一邊踢落沾在我行李箱上的咖啡色溼泥巴，「尼可拉斯法官其實可以把這件案子處理得很好。」

兩天後，我和瑪姬再度最早抵達法院，其他當事人則在聽證即將開始之前陸續現身。儘管法官已怒火中燒，監護人黛博拉仍因不舒服而沒能到場。琵芭遞交她兩天前便以電子郵件寄出的「案件摘要與歷程」。文件製作不甚精緻，她所做的，僅是將每項截至目前關於此案的命令，完全複製貼上到文件裡。我不禁心頭一顫，憂心法官對此將做何反應。

看到地方當局所提供的文件，尼可拉斯法官明顯地怒不可抑，但是他明白此刻開始此案聽證的必要性。執行臨時調解聽證，是爲了盡可能透過協議解決懸宕的問題。倘若調解順利，最終將可避免舉行聽證。

「不，」琵芭說道，「地方當局不會改變任何計畫，也不會有任何讓步或提出替代建議。由於已延遲許久，當局希望盡快將孩子安置於寄養家庭照顧。社工人員已經實施雙軌制——也就是在等待法院批准他們預期的命令，同時尋找能夠照顧亞榮的養父母[17]。」

尼可拉斯法官轉向獨自站在長椅盡頭的監護人事務律師。

「是的，」事務律師回應法官的問題，「黛博拉完全同意地方當局的做法。」尼可拉斯法官盯著她好一會兒，看得她臉都紅了。

法官接著轉向我。

「**是的，**」我肯定地說，「我的委託人母親對這項請求仍有異議。」

這時，法官轉身問琵芭：「那麼，那份心理學報告的作者——我想，她已經被事先告知要來參加最終聽證並且進行舉證？」

我看著他，內心感到好奇。鼎芙娜博士是名臨床心理學家，依所有當事人的要求，在我加入前已評估了瑪姬數個月。她早已提交報告，然而內容鮮被提及。讀了她的報告後，我便明白爲何社工人員的供詞中，幾乎沒有談到她的研究結果。

鼎芙娜博士對於當地政府的失責非常不以爲然，認爲他們除了提供母親與嬰孩寄養家庭的擔保以外，未能善盡其他任何協助。這是一名注定受過往創傷所苦的母親，直到瑪姬改變的能力受到驗證以前，是無法肯定她能否揮別過去、形塑屬於自己的將來。考量到截至目前她所展現的技能，雖然都是她最近才剛在寄養家庭學到的，但許多跡象指出她有能力活出自己的人生。另一方面，地方當局在斷定將寶寶交給瑪姬是高風險的行爲，或是此案例已無藥

⓱ 雙軌制（twin-tracking），指在發展收養計畫的同時，為孩子尋找其他選擇的做法。儘管此做法能夠有效地計畫兒童的時程表，也就是於命令核准後盡速讓孩子被收養。然而，也有人批評，這種做法可能會加重當地政府拒絕重建孩子與家庭關係的觀感（甚至是措施）。

可救之前，應該要先嘗試執行許多不同層面的治療，以及提供實際援助之配套措施。

「是的。」琵芭很肯定地說，「已經在第一天預先告知專家要出席。」

「很好，很好。」法官回答，緩緩點頭。乍看之下，他似乎默默打著別的算盤。「到時，我想要第一個傳喚她，麻煩了。」他啪一聲闔上前方的檔案夾。「沒有其他事了，接著我們要進行最終聽證。」他站起身，其他人也隨之移動腳步。最後他從法庭後方的門離開。

最後一次聽證在兩週後開始。鼎芙娜博士站在證人席宣誓時，我與後方的瑪姬一同坐在庭中。鼎芙娜博士身穿直挺挺的海軍藍套裝，戴著圓形的黑框眼鏡，隱約散發出一股高高在上的氛圍。她就像許多我在交互詰問時遇到的專家，有著自認比他人聰明的自信。面對問題，她的回答總是精簡扼要，闡述時會刻意以一種對於事實結果毫無興趣的語調，並妝飾大量心理學理論術語。這或許是刻意的：冷漠的表現會增加客觀性，以及所謂的份量感。

談及瑪姬，她不帶一絲暖意或感情。

「瑪姬的閱讀和寫作能力是孩童的程度，」她說，「但是並沒有社工人員起初質疑的認知功能障礙；相反地，她在某些方面有突出的表現。只要提供完整的說明，她對於新問題的理解能力高於平均標準。然而，地方政府在瑪姬尚未經歷任何眞實測驗的情況下，單單根據先前孩子被帶走的紀錄，便對她的未來下了失敗的預期與推論。」

鼎芙娜博士認爲，瑪姬開放、順從，並且願意合作；她成功地與自己極度不信任的社工人員一起工作；她有能力建構長遠且持久的情感連結；並且能夠在接收到清楚命令的狀況下，優先考慮兒子的重要性。

她的結論是：她無法就瑪姬能否將這些能力，轉化爲客觀處理危機的技巧做出評論。因爲截至目前，她還未評鑑瑪姬獨自在社區中生活的情形。這名心理學家稍做停頓，彷彿希望在場的人都聆聽著。在發表報告後，她說自己已於先前一場有專家在場的會議裡，列出所有可以針對瑪姬進行的安排。同時，她直截了當地說，如果地方當局依此執行，她此刻可以告訴法院，瑪姬爲孩子帶來的潛在風險，是否足以證明地方當局將寶寶帶走的決定具有正當性⋯然而，因爲前置作業未盡，她無法做出決定性的判斷。

像這樣針對社工人員或是地方當局做法的直接批判，往往只會在評論專欄、誤導大衆的小報文章和尖酸刻薄的網站上看到。偶爾，在上訴法院的聽證中也會出現。反擊失敗的控訴經常是泛政治化的：這不是他們的錯——資金不足、服務減少、低薪、過勞——這一切當然都是眞的，但也無法解釋爲何部分地方當局，在相同的挑戰與預算下，有些成功、有些不成功⓲。

現實生活裡，出於許多不同的複雜因素，人們選擇低回報但困難的工作。多數人總是出於良善意圖：因爲想要改善某些狀況、想要提供幫忙。問題是，這些意圖卻不等同於能力；然而有些人卻認爲好心和正確的意圖，可以成爲惡劣表現的藉口。

我想知道那些曾在法院交互詰問時相遇，並反對這一切嚴格審議的社工們，他們的職稱本身，是否就是其正義化身的免死金牌？這是否也是那些臉孔下的眞實想法？

我觀察著尼可拉斯法官。他仔細聆聽所有大律師輪流對鼎芙娜博士做交互詰問。接著傾身詢問，「鼎芙娜博士，妳建議母親所做的活動，頻率相當密集。比如說，根據妳的建議，如果母親從寄養家庭搬到社區，妳預估需要進行一段時間的每日例行訪問，以及至少一年的緊密監督；對此，地方當局與監護人提出兩項反對意見。首先，這需要大量的資源來執行；再者，倘若任務承接後卻失敗，孩子因延後安置所造成的影響會更大。妳清楚我們必須在二十六週內完成這類訴訟，而我們已經錯過表訂該開始的時間了。可否請妳跟我們解釋，爲何進一步的延後和中斷是必要的？」

鼎芙娜博士轉頭直接面向法官，而法官不發一語地回看著。在她開口說話前，我想自己聽到她的嘆氣聲。

「這名母親很年輕。」她回答，「她正處於生育生涯的起點，我很肯定她日後會有更多的孩子。統計數據顯示，一旦孩子被帶離，母親受孕的情形反而會更迅速地發生，而這已經反映在這名個案身上。法院現在處理的這名孩子，是需要社會服務支援的家庭第四代。總有一天，我們要抓住機會，打破這樣的惡性循環。據我所知，目前有一項進行中的研究，調查生母在反覆參與照護訴訟的現象⑲。根據兒童和法院諮詢與支援服務的紀錄顯示，參與照護程序訴訟的兒童，有四分之一的母親是二十五歲以下且孩子被多次帶走的脆弱女性。研究也指出，這些女性平均會被帶走三名孩子。

「這名母親，」她的手指向瑪姬，雙眼沒有看她，「有很高的可能性會成爲這個數據的一部分。如果我們現在不採取行動，絕對可以想見幾年後會再度回到法庭見面。」

我凝視著筆記本上剛記下的說法，一張張臉龐浮現在我的記憶之河上，那些我曾經代表的年輕父母們、那些我曾經代表不只一次的父母們，以及所有沒被看見又悄然無聲的孩子們。

「庭上，我知道，」鼎芙娜博士繼續發言，「您必須做出一個平衡的決策。一方面我必須說，考量到須測試一名被判定對其子女有高風險的母親是否能長期改變，又要執行當前

⑱ 兒童和法院諮詢與支援服務的出版物中指出，每一萬名兒童的申請案件中，各地在數字上呈現相當顯著的差異。自從彼得（Baby P）的案件後，有些地方政府的申請數量已經增加了四倍（注意：這在數字相對低的地區特別明顯），但也有地方政府的申請數字減少了將近四六%。英國教育標準局（Office for Standards in Education, Children's Services and Skills，簡稱Ofsted）在二〇一五年十一月，針對六十九個地方政府進行評鑑，有七七%之機關經審查，評定為「劣質」或「有待加強」。這份報告總結指出：數據顯示，就提供高品質的兒童服務而言，其實好的領導者比規模、匱乏程度和資金更重要。

⑲ 布洛霍斯特教授的研究報告指出，曾經反覆參與照護訴訟程序的女性裡，有三六%是因為第一名被帶走的孩子與新生嬰兒有所重疊的部分。參與兩輪以上照護訴訟程序的女性，平均懷孕間隔期為十三個月。然而有部分女性，僅在短短六個月後便再次受孕。

法律規定的二十六週[20]時間表，實在是相當不切實際。另一方面我也理解，法院對於地方當局的財政分配沒有影響力。儘管如此，法院理當記得，一個寄宿家庭的年平均成本，落在兩萬九千至三萬三千英鎊[21]之間；取決於安置種類的不同[22]，將孩子帶離母親身邊的平均成本大約為兩千到三千英鎊之間。我不清楚自己所提出的建議，所需要的指導獨立社工人員和治療師的成本有多少……」她不屑地朝著窗戶揮了揮手，望著外頭的水泥停車場遠端。雨水滴滴答答、無精打采地落入悲傷的灰色水坑之中。「但是，我可以估計這會需要幾千英鎊。」她停頓，「簡單來說，若未能教導這名母親如何養育下一代，地方當局所要付出的經費成本會高出非常多。」

鼎芙娜博士低頭看著報告，這份報告仍原封不動地放在她面前。

「我覺得自己**必須**說，就我的專業經驗而言，地方當局採取的做法，很大程度地左右了成敗。當法院**反對**地方當局的做法，而地方當局仍然沒有意願配合執行，老實說，任何的介入都不會成功。記住，如果要把孩子安置於收養家庭必須盡早進行。收養的前景，對年幼的孩童有較正面的影響。越來越多的研究顯示，在幼年時期大腦編碼的情緒影響，比先前所知道的還要深遠。同時，對於六、七歲以上孩童之收養安置失敗的機率也比較高。我必須說，雖然從孩子的角度而言，我不能理解為何在找到養父母前，他們不能與媽媽一起留在目前的安置所。在我看來，這與在孩子的最終搬遷前，將孩子交給其他寄養家庭或是許多不同照護人照顧，並沒有任何不同。」

我想要轉身，伸手去撫摸瑪姬的手。我想要爲她做點什麼——雖然我不知道自己可以做什麼。因爲我無法確定剛剛那一席話究竟是無關緊要，還是虛假的。

隨人擺布的無奈

隔天瑪姬出庭舉證，敘述自己的感受：當安德莉雅在她產後造訪時，並沒有警告她「有

⑳ 根據法律，照護訴訟程序必須盡早完成，或是不可超過二十六週。如果預期無法在此時限內完成，當事人可透過提供法院解釋來延長時間。所有案件中，只有些微過半的案件得以於此期限內完成。也有部分專家認為，現有的時間表無法提供父母足夠的時間，來展現自己的有效改變，以確保孩子能回歸照護。

㉑ 英國國家審計署（National Audit Office）指出，二〇一四年相較於其他供應者的四萬一千到四萬兩千英鎊，由地方機關支持的寄養照護安置經費，落在兩萬三千到兩萬七千英鎊之間。

㉒ 花在每位孩子被剝奪的母親身上，平均成本是二十萬英鎊（經由內部領養安置），以及三十萬英鎊（經由外部領養安置）。至於有八名孩子被剝奪的母親，安置其嬰孩的成本介於五十萬到八十萬英鎊間。鑑定母親照護能力的平均成本則為四千英鎊。（The Serial Removal of Children of Young Mothers- is that right ?, Maureen N. obi-Exekpazu, *Family Law Week*, 18 May 2014.）

收養女士存在」的感受；她又是如何安靜地坐著，看著這群人一邊對著亞榮拍照，一邊詢問有關亞榮的問題，以便寫進日後將給新家庭看的廣告小手冊中。

我看向左邊，確認安德莉雅是否在聆聽瑪姬的證詞，但是卻看到她正與坐在一旁的主管交頭接耳，主管則拍拍她，爲她提供安慰。安德莉亞在瑪姬之前舉證，過程並不順利。

「他們**整個陷入焦慮**。」我對我的事務律師說。我在離開法院返家的路上，倚靠著火車車廂通道。望向窗外，早已是一片黑暗的冬季世界。

「我們對安德莉雅的交互詰問進行到一半，她就因爲自己的供詞而卡住——她忽略專家的證詞，只說瑪姬的歷史帶來太多風險，事實顯示她已經失敗過一次之類的。即便當我將那些出於瑪姬自身意願參與的計畫，做一完整說明，她也只說，我們無法**確切**知道瑪姬是否眞心**想要**做這些，又或者，她是否眞的**了解**他們教導的。因爲瑪姬是那種**假面服從**㉓的人。不論瑪姬做或不做都不對。安德莉雅承認，可能另外就『測試瑪姬養育能力而延遲收養』的問題討論，然而這個不包括在**孩子的時間表**內。

「我質問她，爲何只挑選部分來自寄養家庭的記事——尤其是那些讀來像是批評瑪姬的，附加到她的供述中。到那一刻，法官才知道原來自己沒有讀到完整的寄養家庭紀錄。法官大爲光火，因爲他從來沒有收到更新版的目錄，當然也不曉得紀錄有遺缺。安德莉雅只好承認，儘管她未在供述中提及，但其餘紀錄皆爲對瑪姬正面的反饋。琵芭嘗試將過錯歸咎於地方當局的行政人員，你可以想見後來的情況發展……」

我向電話另一端的事務律師允諾自己隔天會回電，然後掛上電話，回到充滿煙味的火車座位上閱讀我的筆記，好爲接下來要針對監護人所做的交互詰問做準備。

隔天早上，監護人黛博拉站在證人席宣誓。由於前幾次聽證她都缺席，這是我第一次得以好好端詳她的樣貌。她年近六十，粗硬的灰髮搭配一張看來焦躁、表情豐富的臉龐，脖子上戴著彩虹顏色的項鍊，半月形的眼鏡垂落在她棕色的亞麻外套上。她的供述已經好幾週沒有更新了，當她舉證時，我洗耳恭聽，留意是否有任何跡象，顯示她想收回對於當地政府的總體核准。

監護人頓時逆轉立場的情形並不罕見，尤其當法官質疑地方當局做法時就經常發生，此外，鼎芙娜博士的證據也提供她充足的理由去轉換立場。我知道就技巧上而言，不應該爲了

㉓ 此為照護系統內使用的專有名詞，用以描述父母對專家們的口頭承諾，表示自己願意改變並積極參與，然而實際上並不認為有需要或有意圖去執行。在公布的個案評論裡，強調專家有時候會因為父母偽裝遵從，而延遲或避免進行干預。然而，貝德福德郡大學的資深研究員大衛威爾金斯（David Wilkins）主張，假面服從與抗拒並非出自個人因素，而是隨情況產生，並建議社工應該更反射性地做出回應。（'We need to rethink our approach to disguised compliance', David Wilkins, www.comunitycare.co.uk/2017/03/16/need-rethink-approach-disguised-complicane/.

提供獨立的證據檢驗來攻擊她。相反地，我應該要讓她有臺階可下。我需要提供她理由，讓她得以宣稱已經重新評鑑先前所提的建議——我可以爲她指出新的證據，又或者引導她看瑪姬在寫下供詞後所做的進步。

黛博拉說起話來中氣十足，雖然聽來有些左右爲難。然而，她堅持維持自己的觀點。

「不，」她說，「根據多年來的經驗，我非常肯定瑪姬的問題早已根深蒂固，挑戰性很大，以至於需要仰賴極多的資源來處理。我認爲倘若沒有寄養家庭持續監督，讓亞榮由母親照料，等於是將他置於險境。」我觀察法官，然而他只是謹慎地看著黛博拉，一邊做著筆記。

當所有舉證和結辯終了，已是傍晚時分。在我們回敬法官的起身時，他看來十分疲憊。他說將在明天做出裁決，但是他需要在明天早上做進一步的思考，所以我們在下午兩點後抵達法院即可。隨著旋轉門在他身後關上，我好奇今日有多少人的說法，能實際改變法官的決定。

我站在車站一角等待火車來臨，趕不走那股只能隨人擺布的無奈。

我有好幾次相似的經驗：在個案進行聽證的某些時刻，我覺得自己的委託人有勝算。法官想必清楚孩子與父母間的羈絆、想必他們的努力會被看見、母親已經說那些酒精空瓶與她無關、允諾不會再暴力相向、絕不會再有警察來家裡出勤查看⋯⋯

只要可以留住他們的孩子，他們願意做所有的事情。

我的工作是從證據裡提煉出預知未來的水晶球，再要求法官一探水晶球的奧祕，並決定最終是否要冒這個險。然而此時此刻，當我們沒有辦法影響決定，而我已不再需要去相信這是否爲最好的做法，懷疑便湧上心頭。這想必與每位沒有計畫，但只求保護孩子的社工人員所抱持的恐懼相同吧。賭上孩子的未來，是個絕對自私的行爲，而此實驗本身可能會讓他們付出終身具極致的代價。

火車進入月臺，我登上火車，想要擺脫這些念頭。

六個月後，城市滿溢盛夏熾熱的熱氣，我站在開往聖殿區的地鐵車廂，脫下夾克，隨意掛在行李箱的加長把手上，倚在車廂盡頭開啓的窗戶旁，讓飄過倫敦地鐵隧道一陣詭異卻溫暖的強風，冷卻我頸上的汗水。那是午茶時間，我正要回辦公室放置檔案夾——瑪姬的檔案夾。那天是我最後一次見到她。

前一個冬季的最終聽證結束時，尼可拉斯法官在法庭宣布他不會做出任何裁決，他要求依鼎芙娜博士建議的程度和頻率，來進行瑪姬在社區的養育評鑑，同時由地方當局支付相關費用。

他發現，事實上在瑪姬最初的養育評鑑被打上負面評量後，地方政府便關上心房，把所有「收養」以外的結果拒於門外；他還說，儘管有這麼多可行的援助方案，地方政府卻沒有爲瑪姬採取任何措施。那些措施可能打破代代相傳的惡性循環，可能是個機會讓亞榮由自己的家人撫養長大——同時也很有可能，讓之後誕生的孩子也得以在親生母親的照料下成長。法官給予地方當局一週的時間將計畫付諸實行，如果他們沒有實踐，則必須撤銷告訴，移除他們之於亞榮的法律權力。

也因此，在接下來的幾個月，瑪姬將搬入一幢位於市郊的改建洋房，住進屬於她自己的公有住宅公寓。寄養家庭的母親會常常來拜訪她。也將會有人從旁協助，培養瑪姬編列生活預算、解決問題、養育等種種生活技能。她也將開始接受治療，漸漸助她打開身心糾纏已久的結。

這幾個月裡我常常想起瑪姬，不知道當她在冬季黑夜抵達一處完全不熟悉的地方，會有多麼孤單，而拒絕雪莉的來電又會有多麼煎熬；當讓人難爲情的社工人員造訪她家檢查冰箱、紙箱和臥房，等著看她失敗時，又有多麼難熬。

但是瑪姬做到了。在陽光閃耀的明亮八月天，尼可拉斯法官做出最終判決：地方當局需要再提供一年的支援，並監控瑪姬的監督命令[24]。這個決定仍伴隨著無法忽略的潛在重大風險，然而此風險本身，並不足以成爲將母親與孩子分開、交給地方當局照料的原因。

法官的裁決很清楚，瑪姬可以保有她的兒子。

從聖殿教堂走出後，我漫步行經前往辦公室的石頭拱門，突然感受到此處來自建築物的白石那令人震懾的地心引力。我知道亞榮仍生活在高風險下。我知道我會克制不住想在Google或臉書上搜尋瑪姬名字的念頭，以尋找她成功辦到的蛛絲馬跡，等待那些讓我放心的影像：照片上的她堆滿笑容、高舉的手臂裡抱著一頭短棕髮以及月牙般彎彎綠眼睛的嬰孩。

我承認，唯有看到這些影像後，我才能感到釋懷。當我從書桌上明亮的電腦螢幕——而非新聞首頁的照片上——看到這名小男孩抬頭對我微笑，我的內心深處會有多麼悸動、多麼感恩。

㉔ Supervision Order。賦予當地政府法律權力，監控兒童在家時的需求與進展。這項命令也將提供照護支援的重擔置於當地政府肩上。有異於照護命令，監督命令不賦予當地政府共同養育責任，也不賦予任何從父母方帶走孩子的特別權力。父母擁有養育責任，但是絕不能做出違反監督命令的行為。

一九八九年《兒童法》

第三十一節　照顧和監督

壹、對於任何當地政府或授權者所提出之申請，法院可據以發布以下命令：

（一）將與提出申請相關之兒童交由指定當地政府照護；或

（二）將其安置於指定當地政府的監督下。

貳、若符合下列情況，法院僅可發布照護命令或監督命令——

（一）該兒童受到折磨，或有可能受到折磨與重大傷害；並且

（二）該傷害，或傷害產生的可能性，是由下列原因造成：

(1) 若未發布指令，無法合理預期父母任一方，會對該兒童提供或有可能提供照護。

(2) 兒童不受父母之管教。

第七章

因好奇心和欲望而失去未來的彼德

法律證據能否帶來正確的判決？

「一定每次都要觀看影像。永遠不能信任檢方會完善或妥當地做好一切，
或是相信他們的決定是正確的。
除此之外，這是妳的委託人，就算害怕，妳也有責任去看所有的證據。」
我讀了敘述、與受害者對話，但是從未用雙眼正視這些畫面。
這讓我懷疑自己對於彼德的同情，
根基於我從未親眼看過這些影像的事實之上……

我曾經以爲自己能辨識出戀童癖患者。

剛當上大律師的頭幾年，我漸漸開始認爲，相較於打破刻板印象的框架，人們反而更常順應既定形象的設定。隨著我遇到的性犯罪者往往符合某些特徵，這樣的想法也就日益加深。他們看起來可能是：與他人格格不入且有所障礙的青年志工、滿臉痘疤的小學管理員，又或是蓄著大鬍子的蠻橫教師，且都習慣以工作掩護暴行。我發現，之所以能夠辨識出這些男人——他們多半是男性——並非只因爲他們邊緣化的生活，以及社會未能妥適地包容，也因爲他們往往矢口否認犯行。

我先前曾替另一名律師代班初期聽證：他的委託人布恩先生，遭指控多年前曾性侵一名二十多歲的男性。聽證前一晚，我審閱滿載恐怖罪行的供詞，讓我內心對於要爲這樣的人辯護，感到非常衝突。這些故事帶來的震撼，讓我不禁頭暈目眩，彷彿目睹狠狠撕裂某人附著在骨頭上的肌肉，成爲一道道深層的傷痕。

幾年之後我發現，儘管這些畫面仍烙印於腦中，衝擊卻已緩緩退去。逐漸習以爲常，也就慢慢麻木，反覆上演的情節更減低了撞擊我內心的力道。精神上的百般折磨，轉變成供詞裡的文字；人們的恐懼，最終幻化爲冷冰冰的證據。強暴。插入式性侵。撕裂傷。傷痕。流血。暴力。

他人昨日的地獄，將成爲我明日的工作。

被要求為布恩先生代班辯護時，我還是名實習律師。閱讀不利他的種種證據還要為其辯護，對當時仍生澀的我而言格外困難。

原告回憶，布恩先生是如何在他的床上，強暴當時還是男童的自己，而事發過程的景象，就反射在走廊的鏡子上。他說自己看著鏡子裡面的布恩先生，射精時向後甩動他那又長又油膩的頭髮。這個畫面仍歷歷在目，也因此宛若真實發生過。

讀著報告的同時，我慶幸自己毋需煩惱布恩先生究竟有罪或無辜，我唯一的責任，是在日誌中找出可行的聽證日期，在法庭中現身就好。我唯一要做的，是不要反對檢方提出要延後一個月審判的聲請。

穿戴著近乎全新的假髮與長袍，待在一個充滿成熟大人的法院，硬生生地讓我怯步。而這份恐懼也就在我意識到，不說超過五個字就能解決官司時，頓時緩和許多。我的任務，是在不打擾或干擾程序進行的狀況下，從法庭快閃脫身。

第二天清早，我走在吉爾福德刑事法院的走廊上。法庭對面是一整排靠牆的座位區，那裡非常忙碌。擠滿了大律師和當事人不安的眼神與躁動的臉龐，鬧烘烘地開著會。少了實習大律師導師可以跟隨，我擔心自己是否辨識得出委託人。我走向將舉行聽證的法庭門口，同時掃了一眼徘徊在外的人群。我注意到幾步之遙外有名男子獨自坐著，他直盯著我看，並從我身旁走過。他戴著圓框眼鏡，身穿骯髒的海軍藍短大衣，手裡拿著摺疊起來的文件，從我站立的地方就可以看見他過長的黃指甲。微禿、剩餘的頭髮以橡皮筋向後綁成一條纖細的馬尾。

「這裡有位布恩先生嗎？」我向人群呼喚，驚訝於自己聲音裡的篤定。這名綁著馬尾的男人抬頭並站起身，走向前，伸出手來與我握手。

聽證結束後，儘管對於自己洗手的行爲感到羞恥，我還是到更衣室的洗手間洗了三次手。從此之後，如果要代表戀童癖出庭，我通常不須叫喚他們的名字，只要掃過房間一眼，我便知曉是誰。

然而直到後來有一天，我遇見了彼德。他有頭金紅色捲髮，髮絲間揉合著夏季陽光般的線條。有稜有角的臉，似乎等著歲月之流爲他增長些份量。他有著孩子般光滑的牛奶肌膚，細小的雀斑輕快地撒在鼻樑，上頭架著一副過大的長方形玳瑁眼鏡。他愼重地在纖細的身材上，套了一組便宜的黑色西裝，身上同時散發出肥皀香與恐懼的氣味。

彼德剛滿十八歲。

在他的電腦裡，存有超過兩百張虐待兒童的照片。

黑暗角落隱藏的欲望

向警方報案的是一名電腦維修人員，負責修繕彼德因爲進水而壞掉的筆記型電腦。當兩名員警來到彼德的家時，他臉色蒼白的母親前來應門，彼德當下也立即認罪。他帶警察到自己的臥房，牆壁與櫃子上擺滿了各項童年紀念品。角落有一臺電腦，上頭有一塊儲存更多法律禁止影像的硬碟。彼德直接帶警方查看這些影像，並說自己想要向他們展示他擁有的每一件物品，從此劃清界線，再也不要陷入這個窘境。

當天稍晚，彼德與母親來到警察局，身旁坐著高聲咆哮的醉漢與毒蟲。母子倆在這陌生的地方，宛如結凍般不發一語地靜坐等待。警察對彼德很友善，他也全盤托出，說明自己是如何從十三歲開始，在網路上發布自己的照片後，又把照片寄給其他曾索取及希望他回寄照片的男孩們。

他附和警方的提問。「不，我完全不知道那些與我通訊的人，也只是男孩；對，我覺得他們應該是成年人。」

對於電腦，他滿在行的。他告訴警方自己懂得如何消除電腦裡的資料紀錄，這就是爲什麼他的電腦裡不存有任何自己成年前的影像。

他發現自己開始偏離正軌、踏入網路的黑暗角落，那些他不應該去的角落。他收到宛如雨後春筍般出現的驚喜邀請，裡頭含有影像資料夾，於是他便下載了。這些檔案蟄伏於黑暗中，直到凌晨時分，帶領他隨著好奇心與更深層的欲望，靠近房間角落那發亮的螢幕。他堅稱自己什麼都還沒看，因爲裡面內容實在太多了。

結束偵訊後，他又分別向其他兩名警官重複相同的說詞，彷彿他慶幸自己已經揮別了「喀噠、喀噠、喀噠」點擊滑鼠直至深夜的時光——雖然兩名警官都知道，彼德想必搜尋了什麼，才能獲得進入這個世界的邀請函。警方也知道，法院不會管他是否觀看了檔案夾中上百張的影像，也不管他是否從中獲得什麼樣的樂趣。彼德知道它們在哪裡，以及其內容物爲這些照片的事實，便足已證明他有罪。

年輕仁慈的警官們告訴彼德，這或許能以警告❶的方式來處理——一種法律上的輕微懲戒。這不是眞正的定罪，更像是**你犯了錯，但這一切會就這樣過去**的解決方案。只是，此決定權並不在警方手裡。警方會塡好表格，寫上陳述，並且在方格上打勾，然後把所有的行政手續全權交由皇家檢察署❷接手。將會有位不知名的人，坐在辦公室裡決定彼德的命運。

皇家檢察署的事務律師審閱檔案，當然，只檢閱證據的部分。二五〇張靜態照片，以及三十八部影片：法律依性變態程度區分級別❸爲無罪、違法、濫用。大多數的照片屬於第一層級：裸體或具情色意味的姿勢，但是沒有性交活動——僅像是希臘古物以及實驗性藝術展覽。然而，有將近五十張照片與約二十支影片屬於第二級，顯示兒童間的性交或孩童自慰這類的行爲。

我心裡猜想，他們應該暗自慶幸沒有找到最高層級的檔案：那些讓人無法想像、法律上僅簡稱爲「性虐待狂」的第五級影像。

量刑指導原則很明確❹。如果有大量的上級種類影像，因私人理由被下載，但未與他人分享，所有判刑應該以十二個月的監獄徒刑爲起始基準。在認罪和有其他緩和措施的情況下，刑期可以減輕，但是不會少於六個月；抑或是法官認定案件的嚴重程度，已經上至最高兩年有期徒刑之刑罰。

彼德向警方通報時，才十七歲，未成年。但皇家檢察署需要花上約五個月來處理證據，也因此他悲傷的十八歲生日，就在這期間翩然來臨又離去。此外，由於他現在已是名義上的成年人，因此應該處以相同於成年人犯法刑罰❺，皇家檢察署事務律師會決定他的命運。

❶ 詳見第二章注❷。

❷ 詳見第二章注❸。

❸ 此章節裡引用的類別「層級」共有五類，但自二〇一四年四月一日起，已改為類別A、B、C。A類合併第一層級與第二層級；B類是所有包含非侵入性性行為的影像；不屬A或B類的猥褻圖片則歸為C類。

❹ 詳見第一章注⓬。

❺ 所有被告未滿十八歲的案件，會在青少年法院進行審理。如果彼德在十七歲時遭控告，他的案子將會在青少年法庭裡進行審判。二〇一七年公布的指導原則裡已就此釐清，對於在犯罪和被定罪期間年滿十八歲的被告（同彼德案例），法院判決的刑期比其在犯下罪行時應承擔的最高刑期還要嚴重，並不適當（以彼德案例來說，最高刑期是兩年的收容教養）。然而，等同或是接近最高刑期的徒刑則是恰當的。

彼德將被判刑。

報告在聽證前一天抵達辦公室。熱騰騰的資料，才剛從印表機口中吐出送達。

我要代表彼德出庭。戀童癖彼德。

彼德的事務律師，在治安法院第一場認罪答辯聽證時爲他出庭辯護。推事們想必認定此案對他們來說太過於複雜，決定將案件上送至刑事法院，也就此指派了一名大律師。然而，這名大律師手上的其他官司超時審理，所以現在——進行彼德審判聽證的前一晚——事務律師把彼德交給我。

我瀏覽了他們隨檔案附上的函件，裡頭附了一篇簡短、生硬的事發摘要。讀畢後，我湧現一股放鬆的罪惡感。事務律師表示，現在已經來不及安排預約時間，讓我觀看此案所有祕密光碟裡的不雅影像。因此，我只能從他們已經審查過的證據中去了解內容，並且同意檢方所做的分類。我想起我的實習大律師導師說過的話。

> 妳一定每次都要觀看影像。永遠不能信任檢方會完善或妥當地做好一切，或是相信他們的決定是正確的。除此之外，這是妳的委託人，就算害怕，妳也有責任去看所有的證據。

他當然是對的。儘管我先前有過經驗，替被控持有猥褻影像的委託人辯護，但出於某種好運，我從來沒看過那些照片。這些影像之於我，猶如氪星石❻之於超人般的存在。包含不雅圖片的這些光碟由警方保管，只能由辯方律師預約觀看。此外，法官只能在他位於法院的辦公室內，用專門為此目的設置的筆記型電腦審視。這個做法，無可避免地導致須經過繁文縟節的排程，而不斷出現問題。但也因此到目前，我始終得以避免那些可怕的義務。讀了這封信，我意識到自己的好運會持續下去，這讓我鬆了一口氣，卻也充滿罪惡感。

通常，在閱讀案件檔案時，我的腦海中會像電影般播映整個故事。這麼做能幫助我牢記細部情節；協助我以同理心從被告、受害者，以及證人的角度思考；這也幫助我整頓腦中要向陪審團說的話，好讓我得以將陪審團成員們帶入我預想的情境中，繼而要求他們做出判斷。當然，這有時候也意味著需要查看病態的證據：用男人的血裝飾房間的照片、用香煙燙身體、大腦或骨頭碎片、鋸齒長刀上沾有死亡女性乾掉的血跡、監視器拍下頭部致命一擊前不斷遭到重擊再重擊的畫面。

透過電影的手法，我得以化身成攝影機後的導演，觀察這些難以抹滅的畫面。然而，面對兒童的猥褻照片，我彷彿替自己畫下一條拒絕跨越的隱形界線。我曾經在家事法院為一宗虐童案出庭——我看過照片中的瘀傷與齒痕，也讀了有關床墊裡的蛆蟲以及黑暗衣櫃裡的殘忍懲罰。

❻ 譯注。Kryptonite。一種只存在於電視劇《女超人》和《超人》漫畫的虛構礦物，用來比喻剋星或致命元素。

「爲什麼，」我跟自己對話，「性虐待的影像有什麼不同嗎？爲什麼我仍高舉單薄的無辜盾牌，去抵禦那些明知存在、卻從未見過的網路黑暗角落？」我暗自忖度，這是因爲我自知已看見的無法抹去，擔心因受到這些影像的糾纏而焦慮。也因此，如果不看就能解決事情，那麼我寧可不看。

然而直到遇見彼德，我才理解到，要是不透過自己的雙眼正視影像，很難正確地進行辯護——替那些從影像裡取得變態愉悅的人們辯護。

慢慢崩解的未來

返家的火車上，我開始閱讀整份文件。直到那一刻，我才明白自己陷於什麼混亂之中。一到家，我花上好幾個小時列出檢方提出的十一條指控，試圖弄清楚這樣的連貫性——相連證據與最終審判間的蛛絲馬跡——是否都落到正確的位置。事實上，少了影像和一份列出哪些圖片與哪項指控相符的清單，這就像是個沒有出口的迷宮。眼見已來到凌晨時分，我心裡暗自決定，既然彼德已經對所有指控認罪，我們也別無他法了。我能做的就只是提早到法院，祈禱檢察官此刻碰巧想奉行助人爲快樂之本的圭臬。我心想，至少聽證是在倫敦內城刑事法院，離家只有一站地鐵的距離。如果一切進行順利，我午餐前就會回到家。

倫敦內城刑事法院周圍，矗立兩排大廈以及公有出租公寓，點綴著令人欲振乏力、充滿汙染的街道。座落於該區的雄偉法院建築，因而顯得格外氣宇軒昂。

別以爲這裡的入口只有黑色鐵欄杆、白色波特蘭石與灰色石板屋頂。只要踏上階梯、走在以寬石板打造的三角牆下，就會接著進入挑高的大廳、遇上鑲有深色木材的牆，抬頭更能望見裝飾性的筒型拱頂。上方的**貴族樓層**❼由木製廊臺做間隔。轉身望向方才經過的入口，映入眼簾的是三扇嵌在石板裡的宏偉窗戶。陽光從中篩落，撒在石板地面上閃閃發亮。法院裡飄著亮光漆與灰塵交織的氣味，雖然建築物蓋在一戰結束的前一年，但大樓前身所遺留的鬼魂，一世紀後似乎仍流連忘返於走廊的盡頭，幽幽地吹著口哨。

我可以想像，當彼德踏進法院的那一剎那，喉間嚥下劇增的恐懼。

一抵達法院，我立即前往辯護律師室裡換上法袍。檢察官約翰．摩爾還沒簽到，於是我改往領取彼德的判決前報告書❽。報告上的描述看來深表同情，並無奈地指出，觀護人尙未確定什麼做法得以有效解決彼德的性欲問題。在報告最後，觀護人建議，如果監禁是必然

❼譯注。piano nobile。指文藝復興時期義大利貴族居住的建築物二樓。由於景觀較好，且能避開一樓潮濕地氣，因此二樓通常擁有最華麗的裝潢和大片觀景窗。富有人家會將起居室、宴會廳和臥房等主要生活空間設在二樓。

❽詳見第一章注⓮。

的結果，那麼法官是否可以考慮執行**最低限度的刑期**？

我在法庭外頭獨自等待彼德的到來。這是我們首次見面。在一群身著運動衫、牛仔褲和虛張聲勢的人群間，彼德顯得分外特別。身為唯一穿著西裝又流露出緊張神情的人，他那想看來像名成熟大人的意圖並不成功。沉重的眼鏡滑落時，他會習慣性地推回鼻樑上，這樣的小動作讓他散發一股年輕學者的氛圍。

我們坐在法院雙開門外的走廊上。聽著彼德滔滔不絕且興致盎然地談起自己的生活，讓我寬心不少，因為他似乎滿正常的。他跟我聊起在商店裡的工作、剛以最優異的成績完成高中文憑，以及九月即將開始的大學生活。也談及父母的離異對他與兩位哥哥所帶來的痛苦。更描述自己如何從當地的青年組織團體中找到慰藉；如何利用週末時間做志工、管理社團；以及籌辦營隊。對於能別上印有自己名字的名牌——以白紙黑字肯定他的身分——他感到很驕傲。

我點頭微笑，記下這一切，接著迅速翻到觀護人報告的最後一頁，以指尖輕叩著其中一段。這段結尾有一行字，寫著近期彼德剛為了一份在青年組織裡的給薪工作，向刑事紀錄署提出請求❾。考量到這是份與兒童接觸的工作，他們基於責任，向警方詢問他是否有犯罪紀錄。

觀護人解釋，這份資料是在她訪談彼德之後才拿到手，所以還沒有機會跟他就此事做確認，但是她認爲法院應該要知道。她說，有鑒於彼德面對的指控，申請青年組織的工作頗不尋常。另一方面，似乎也突顯彼德並未確實了解自身犯行，以及其可能施加於孩子身上的危險。彼德很憤怒地否認這項指控。他堅持自己沒有申請這份工作。在知道即將面臨這一切的狀況下，他何苦這麼做？

然後，我問起他的犯行。他不再說話，盯著雙膝之間的地板。我停下來，不確定該如何跟他繼續溝通。

於是，我拿出起訴書，表示這張紙上寫了十一項獨立的指控，每項皆稱爲「樣本訴由」，也就是個別代表不同種類的影像或影片。法官會知道，哪些圖片與影片分別屬於哪項訴由。而此方法，也讓檢方得以在不指控個別影像的狀況下，呈現不同影像層級的分類。

彼德點頭表示聽懂了，漠然地瞅著白紙上的黑色大寫字體。我也停下來，輕聲說，「**我必須跟你討論坐牢的事**。你必須了解，」我說，「即使我得以說服法官你的情況特殊、是受

❾二〇一二年，刑事紀錄署（Criminal Records Bureau, CRB）與獨立保障機構（前英國兒童保護機構，Independent Safeguarding Autohrity, ISA），根據自由保護法（Protection of Freedoms Act）合併為一個新的機構，現稱揭露與阻擋服務（Disclosure and Barring Service, DBS）。僱方可以藉由DBS檢查目前和未來員工之犯罪紀錄，以查明是否適合和脆弱的成年人與兒童合作。其有效公開資料是應徵某些特定工作的必要審查條件。

到他人誘惑才會誤入歧途，但除非法官能找到一個非常好的理由，否則必定受制於量刑指導原則，檢方也可能會因刑期太低而提出上訴。

「我同意這樣的做法缺乏彈性且不甚公平，但是我們也莫可奈何。有可能我得以成功說服法官，表示觀護人是正確的——這起案子不應該以監禁處理，你的年紀尚輕，不應該讓人生因爲坐牢而粉碎；而你在這個世界扮演的角色應該是名受害者，而不是爲非作歹的掠奪者❿。然而，你也必須做好心理準備，面對入監的可能性。在今天結束時，你可會坐上駛往監獄的廂型車離開法院。」

面對可能成眞的監獄生活，有些人會憤怒地譴責一切的不公平。但彼德卻沒有。我在想，如果我放輕音量，以雙臂圍繞著他，他是否會開始哭泣。彼德終於看向我時，臉部因恐懼而看來像一張僵掉的面具。

「我做不到。」他喃喃自語，「我眞的不能。」

我點點頭。但是我知道，儘管自己能理解他的恐懼，但我們無法阻止將發生的事情。我也知道，前方有更糟糕的事情等著他——將與他一起監禁的囚犯⓫，還有自以爲是的正義之士，會在獄中用他們自己的方式實踐正義。此外，當他被釋放時仍有綿延不絕的擔憂：憂慮人們發現他的過往，以及發現後可能會有的反應——這些都將比聽見打開監獄之門噹噹作響的鑰匙聲還要可怕得多。

我告訴彼德，檢方可能會申請性犯罪防治命令⓬——一張限制列表，這是一張即使在刑期結束後，仍會對他所有行動如影隨形的活動限制清單。除此之外，在往後人生中的每一年，都將需要向警方報告生活裡的細節⓭。如果更改名字、搬家遷徙，或者只是要離開一段時間，也必須在三天內通知警方。如果沒做到，則會因爲違反命令被帶回法院接受懲處。想當然爾，他會被禁止與兒童一起工作。反過來說，這意味著他必須結束志工的工作。

⓾ 譯注。**predator**。代表性侵幼童的犯罪人，指躲在暗處伺機犯案的性侵犯者。

⓫ 時至今日，英國議會認為就猥褻照片所判處之刑期，應該同時具有遏止性與懲罰性。換言之，某種程度上要試圖「餓死」猥褻照片買家的市場。如此一來，影像製造者的交易速度會減緩。但此政策至今效果不彰：不只是下載影像數目持續攀高，相關犯罪者人數也持續增加。兒童性侵起訴案件在十年來增加了八二%，占二〇一六－二〇一七年英格蘭與威爾斯性犯罪定讞數字的三分之一。英國國內警方的工作量，也因這些大量案件通報超出負荷。

⓬ Sexual Offences Prevention Order。在彼德的案件發生之後，性侵害防治命令重新更名為《性傷害防治命令》（Sexual Harm Prevention Order）。禁止被告進行任何命令裡所描述的事項。如果法院認為此命令是保護大眾或大眾中的特定族群，不受該被告性傷害的必要手段，則會核發該命令。

⓭ 俗稱「性侵犯登記冊」，二〇〇三年《性犯罪法》（Sexual Offences Act 2003）第二編，含有要求犯罪者向其地區警方通知特定個人細節的溯及既往條款。這包括可能停留超過七天的任何地址、國外旅行計畫，以及是否有未滿十八歲的兒童在家中停留至少十二個小時，還有銀行帳戶、信用卡資訊、護照與任何身分證件。他們必須在定罪的三天內，以及之後的每一年都進行通報。未通報則被視為犯罪，法院可判處其最高五年有期徒刑。

我不再說話，看著他慢慢理解自己的世界與他的未來，都將瓦解。

法官的怒火

留下不發一語的彼德，我去找約翰．摩爾。他是那種我喜歡也尊重的類型，不張揚且稱職又熟練。他也像許多皇家檢察署檢察官一樣，會發出幾聲工作過量、心力憔悴的嘆息。

我終於在法院裡找到他——他負責當天早上所有的聽證，十二件案子都被安排在早上十點開始。因此，在來到法院前，我們沒有機會對話，或是釐清同意或不同意彼此的立場，以避免在法官面前顯得不知所措。

早上的進度很緩慢。到了法院的午餐休息時間，我們的庭審仍舊尚未開始。約翰在短暫的一小時空檔中，把匆促之下草擬的遏阻性犯罪命令聲請狀交給我，要我簽名同意裡面列出的條款。

午餐後終於輪到我們。當我急急忙忙趕往律師席時，一旁的約翰以微笑向我問候。此刻，前一場正要離席的大律師，還在收拾長椅上的文件。約翰試著要跟我耳語些什麼，但已經太遲了：庭審要開始了。

我們兩人站著等待法官走進法庭。我很了解這位法官。法院外的她，反應靈敏又有魅力；法院裡的她，則是令人害怕的狠角色：脾氣壞、易怒又沒耐心。

一年一年過去，我每日在法院間進進出出，不可避免地認識了法官、大律師和法院員工。同時，偶爾在法庭審理時，也當然會站在朋友的正對面進行辯護。我時常想，當大律師在法官或是陪審團抵達前，大笑或說八卦的話——委託人從被告席或長椅上看到這些景象，心中做何感想。他們想必會疑惑這些人是不是有雙重人格，前一秒鐘是朋友，下一秒卻突然爲敵。

有過與承審法官交手的經驗，我完全無法想像法院外那放鬆又不斤斤計較的隨和女性，和眼前緊皺眉頭坐於法官席、橫眉怒目瞪著我們的，是同一人。

彼德在法庭門口與我分道揚鑣。他走向法庭後方以巨大玻璃板圍起來的被告席，進入與其他人分隔開來的區域。當書記官向他確認姓名與地址時，他以微弱的聲音回應。

我預計這場審判將照慣例進行：約翰會面帶微笑地點頭，向法官介紹兩名大律師的姓名，接著進行被告認罪以及判刑的確認。他會簡介各項指控與事實，再接著交給我。我會站起身，趕在法官針對我委託人的情況與懊悔之敏感事情前，帶領她審閱觀護人的報告。我會緊接著說明量刑指導原則，點出我贊成的任何加重因素，以及提出可促成罪行減輕的因素。最後，我會請求法院從輕量刑。然後坐下。等待。

但是誰也沒想到，法官大吼了起來。

「這起案子，從我所收到的證據來看，顯然是散播影像，爲何要以較低階的罪行，僅是以持有罪名來指控呢？」

約翰搖搖晃晃地起身，我緊張得胃裡一陣抽搐。我沒料到劇情會如此演變，也不知道約翰會如何回應——他是否會折服於法官的憤怒，同意她所說的，改以更嚴重的指控來替代？若是如此，這也意味著彼德勢必面臨一場立即生效的漫長牢獄。

我瞪著擱在面前座位上的《阿希伯德爾》，彷彿期待書本會突然自動打開，瞬間阻止眼前這一切的發生。我思考是否該翻閱它，又或者，倘若法官察覺到我試圖終止她的提議，可能反而會惹惱她。

約翰口氣中略帶遲疑，想接著繼續發言，只是，法官的怒吼先一步蓋過了他的回應。她要將這件案子擱置到當天最後再審，好讓檢方可以好好想過再回答。法院書記官傳喚下一個案件。受到責備的我們離開法庭，下一場官司的大律師則迫不及待地坐上我們的位置。

因此，幾個鐘頭過後我們回到法院，成爲當天審理的最後一宗案件。

約翰解釋，檢方之所以尙未就爭議事項，以散布猥褻圖片罪名起訴，是因爲被告已經親口承認他在幾年前重灌了電腦。這意味著，散布猥褻圖片的證據已不存在，僅留下持有影像的證據。法官沉著臉盯著他，思考下一步的做法。我低下頭，感覺得到約翰方才的一席話惹惱了法官，讓她心中一股因受挫燃起的慍火冉冉上升。

蒐集證據並依證據起訴是檢方的職責，但是約翰當下在法官心中點燃一個疑慮——彼德的電腦專業，可能讓他得以逃離更嚴重的懲罰。這是一個無法消弭的疑慮。

在法官進一步提出反對之前，約翰略帶猶豫地繼續講述剩下的事證：有二四％的靜態影像是未滿十三歲的兒童，五七％的影片來自未滿十三歲的兒童。第四級的影片則有部分介於十到十五歲之間的兒童。我看著自己的筆記，思考將影像改以百分比的形式解說，是否眞的足以改變它們所帶來的震撼程度。

儘管擔心可能會招來更多批評，約翰仍謹愼地補充說明，指出所有影像裡的孩子都已滿十歲。他說，他們不是**非常小的孩子**。法官喃喃自語的同時，低頭看她手裡的資料。顯然可以排除以另一項更嚴重罪名指控的可能性。

我吐了一口氣，此刻才察覺自己已經屛息好一段時間了。

法官沒有抬頭，而是逕自對著庭內的一片沉寂開口說話。

「我眞正想要知道的，是刑事紀錄署的調查報告。」

我挺起腰桿坐直，準備好要提起並發動抗議。約翰看來極爲難受地承認，「我並未能夠查明這點。這項資訊來自負責此案的警官，而該名警官在觀護人與被告的會談結束後，才告知觀護人有關刑事紀錄署的要求。」他道歉，「不，我手邊沒有任何刑事紀錄署的申請文件。」

「好吧，那他在哪裡，你那位警官？」法官暴躁地提問。

約翰無可奈何地回答，「那位警官當天休假，而且我未能連絡上他。我認爲，這項宣稱被告申請兒童相關工作但未經證實的指控，是有異議的。」

這段話讓法官大爲震怒。

「我沒辦法在缺少這項資訊的情況下繼續審理。這名男子對幼兒有性方面的興趣，目前也已經顯露了這個傾向。光是這些影像，便已徹底說明證據本身的可能性。我不可能將這項宣稱的工作申請一事拋諸腦後。此舉本身究竟是無意？抑或是有意之舉？我必須要知道。」她怒吼著說。

現在是法院一天的尾聲。因此，法官別無選擇要大家離席，並要求全體一週內再回來。她以迅雷不及掩耳的速度起身，我們也充滿敬畏地紛紛站起來，只見她草草對著遠方點了頭，便從身後的門離開。

碰地一聲，門被狠狠甩上。

觀看證據

就這樣，一週後我們再次回到法庭。這件案子終於趕在午餐前開庭。大家都看得出來彼德很害怕，他試圖表現得像名成年人，然而當他看著自己的命運在法庭內任由眾人斟酌衡量，便又忘記他的矜持。

法官看著手上的文件，不耐地開口說話，彷彿也在提醒自己——這案子是一團混亂。她停頓，然後抬頭看著約翰說，「我要看一份。」約翰迅速站起身，一句話也沒說。我察覺到他複雜的感受。一方面我因為法官忘卻檢查刑事責任紀錄這件事，感到如釋重負；另一方面我也和他一樣，擔憂法官接下來的提議。

法官直接看著被告席。「在我審判這名男子前，我要看每個影像的範例，尤其是第四級的一段影片和一張靜止影像。為了執行這個步驟，我將會休庭，好準備所有設置。就緒後，律師們要來我的辦公室。」

於是我來到法官辦公室，一邊是約翰，一邊是法官，我們三人盯著破舊的筆記型電腦，還有一名警官笨手笨腳地操作我們前方的鍵盤。三人如此親密地站在一起，是一種極度詭異的感受。

我們彼此之間避免與另一方有眼神交流。等待悲劇在所有人面前上演時，我們全都仍穿著帶有保護性質的制服長袍、假髮與臂章。現在，有人幫我做了觀看證據決定。對此，我感到麻痺，準備去面對，雖不願想像圖片的樣態，但是也不會抗拒，就這樣等待畫面向我襲來，閃過眼前。

警官粗胖的手指忙著在鍵盤上敲擊，什麼事都沒發生。他開始驚慌，取出光碟試圖要重新播放。試了好幾次，還是沒有動靜。他繼續嘗試，但恐懼讓他的努力顯得狼狽。退出光碟、擦拭光碟、換片新光碟——每個步驟都是折磨人地緩慢。在第三次徒勞的嘗試後，法官的挫折終結了這個莫名其妙的場景。在法官的凝視下，緊皺眉頭的警官證實光碟無法播放。此時法官低下頭，彷彿試著保持鎮定。

「既然這樣，我會在沒有觀看影像的狀況下繼續開庭。」她說。

我們回到法庭的安全世界裡。在重新開始前，我把握幾秒鐘的時間，趕緊向彼德解釋剛剛發生的事。一會兒，法官進來了，起身的那一刻，我感到一陣暈眩，猜不透她會怎麼做。

「起立，彼德。」法官的聲音聽起來很疲憊。「我現在要針對你持有十一種影像之犯行進行裁決。這種類型的照片和影片令人作嘔，你必須爲自己的行爲感到慚愧，尤其是那些第四級的照片。這是件令人擔憂的案子。你已經十八歲了，且教育的過程裡曾出現幾次中斷。

「你否認自己曾經申請青年組織的工作。警方無法取得刑事紀錄署的資料，但眼前披露的事實，表明你的確有申請。這表示，你展現了參與兒童工作與所有相關活動的意願。然而後來被發現時你卻撒謊，不承認此申請行爲。針對像你這樣的人判刑，我總是很擔心，然而量刑指導原則卻又完全適用於你的案子。

「我認爲此案已達到監禁的門檻，我判處你一年有期徒刑。如果你沒有在一開始就認罪，你會被判處十八個月。」

我感到口乾舌燥，直盯著方才在便箋寫下的字：一年監禁。我沒有回頭看彼德的表情。我辦不到。

「但是……」法官接著說，我的胃又抽搐了一下。「考量你的情況，我打算暫緩兩年來執行你的刑期。你需要他人的協助來解決你犯的錯。因此，你將要花十八個月的時間，來完成因應監督要求所安排的計畫。任何違規會交由我來判決，而我不會輕忽任何一項。我同時全然同意檢方提出的性侵害防治命令申請，如先前所達成之共識，我會發出七年的命令。」

她沉默半晌，我抬頭看她，心中默默希望她能結束這一切，然後放我們走。法官的眼光別過我，直接看向被告席。當她開口時，聲音很沉重。

「你應該覺得自己很幸運，不用立刻走過你後方的門到監獄去。」然後，她一句話也沒多說，站起來向大家點了點頭，轉身離去。

聽證結束後，我與彼德站在法庭門外的走廊上。我注意到，不僅僅他在顫抖，我也是。就差這麼一點點。差一點點，我就會在牢房裡，隔著極短的距離，坐在彼德的對面，試著要釐清他會被送進哪一間監獄，然後趕在警衛來把他帶走之前，寫下他父母親的電話號碼。

我也意識到，因為偶然的幸運，那片壞掉的光碟使我不用跨過那條為自己畫下的防線。

當我們站在法官辦公室時，我感到解脫卻又困惑。聽到法官對於彼德言語上的羞辱，我很憤慨；對於她口中「男人觀看也就有可能去觸碰」的假設、對於她說「彼德是掠奪者，而世界上的孩子會受他魔爪威脅」的評論，我升起了滿腔怒火，替彼德感到不平。她形容的這個人，並不是我花時間相處與對話後，發現顯然不堪一擊的男子。

但是，此刻說再多也無濟於事了。法警走進來，準備關上法院大門，喚醒了驚訝到說不出話的眾人。此刻，鑰匙插入門鎖哐啷哐啷大聲作響，徒留清脆的回音迴盪於庭外。

以雙眼正視他人承受折磨

我沿著黏滿口香糖的寬闊人行道向下走。法院附近瀰漫著停滯不前的車輛所排出的廢氣，嗆得令人直咳嗽。

我想，這一切只是運氣嗎？倒楣透頂的厄運。

是厄運，讓彼德不是生在二十年前，當人手一支照相手機與攜帶式網路仍是種幻想的時代；是厄運，讓這名困惑的十三歲男孩，被悄悄伏行在黝暗網路角落的孤單男人們找到，並且將他抓入這個黑暗的世界裡；是厄運，讓他把飲料撒在筆記型電腦上；是厄運，讓他被逮捕的日期與在法院的認罪時間點之間出現延遲，跨越了那致命的十八歲生日，使他必須面對成人而非青少年法院的審判。

我為他在現有法律體制中的狀況感到義憤填膺，不忍心看著他，跟觀賞且製造猥褻影像的中年男人，置於同個框架裡審判。與其保護彼德，這個體制反而變相懲罰了他。我氣憤當前的制度奪走年輕人的希望、未來與潛力，奮力地擠壓著他們，直到美好的前景變得跟針孔般小到讓人看不見。

來到地鐵車站，我留意到站外有人在乞討。這很常見；我在同一個地點看到許多不同的人，他們的臉龐在經過一段時間之後，卻不幸地越來越相似。

這次是名年紀尚輕的女子，弓著身軀，像披斗篷一般裹著沒拉上拉鍊的睡袋。我停下腳步，從手提包中搜尋牡蠣卡⑭。女子伸出手開口說：「拜託？」在嘈雜的交通喧鬧聲之間，她的聲音卻是如此清晰。這是乞求，雖然聽來合理、堅定，好像在與孩子協商。她向我伸出手，大衣的袖口往後滑動時，我看到她手臂上佈滿了閃亮的粉紅線條。在我的視線範圍內，她的疼痛宛若音符般延伸。

沒有思考或多說一句話，我從手提包中取出錢包，給了她我僅有的一張鈔票，然後急步走入車站，穿越剪票口走下樓梯來到月臺。我沒有回頭看。

⑭ 譯注。Oyster card。為英國倫敦地鐵使用的捷運儲值卡。

佇立於月臺上，我等待著電車到站時，捎來的那陣詭異又溫暖的強風。此刻的我充滿困惑。基於許多不同的合理原因，我向來不給乞討者金錢。我無法理解自己剛剛的舉動。是因爲她手臂上的傷痕嗎？我這才了解，親眼目睹她顯露出的肉體折磨，與單純想像所帶來的衝擊截然不同。直視她加諸於自己身上那令人震撼的事實，說明我也因此無法躲避她具體的存在。

這使我想起了法官，對於她的做法也有了更深的理解。這名法官看過猥褻的照片，知道的比我多：不僅僅是一則理論，不單單是一段陳述。她知道，觀看那移動的彩色畫面是怎樣的感受——那成年人對於兒童的侵犯。

但是我不知道這些。我讀了敘述、與受害者對話，但是從未用雙眼正視這些畫面。這讓我懷疑自己對於彼德的同情——堅信這是被以毫無意義的過時方式處理的當代犯罪；深信他與過去我曾代表的淫穢骯髒男人們來自不同世界。只是，這些都根基於我從未親眼看過這些影像的事實之上，那些會帶著他走向我永遠無法理解世界的影像。

我對於法官的憤慨，來自於她假設彼德爲一名掠奪者，而我認定這是完全不正確的。或許如法官所懷疑，彼德曾經對那件失蹤的工作申請撒謊；或許他蓄意銷毀會讓他在成年後身陷囹圄的資料紀錄；假以時日，倘若任其發展，或許他會去執行這些深夜的幻想。不是基於這種種原因，所以我過去的實習大律師導師，才堅持要我審閱所有的證據嗎？不只因爲這是我的責任，更因爲唯有當我親眼觀看之後，才能眞正地理解我的委託人嗎？

唯有如此，我方得以眞正了解自己究竟在爲什麼樣的罪行辯護。如此一來，法官也才眞正了解她正在施予懲罰的犯罪。然後，在揭開怪獸的面紗後，我必須要繼續爲他奮戰，用盡我所有技巧、能力與天賦，因爲這是我選擇的工作，而且這是我信任的體制。

這是個考驗。我了解到，自己之所以未去觀看那些影像，那些使我得以避免一次又一次觀看在暗處發生恐怖情節的原因，不是因爲害怕自己被這些畫面糾纏，而是因爲害怕：恐懼最終我不會再因這些畫面而被糾纏；擔憂我對所有這類的證據感到麻木；惶恐我可能**不再**受到觸動。

而這將會是我唯一得以眞眞切切地通過考驗的方式，以成爲我自稱的「法律工具」。

熱風襲來，吹向幽閉的隧道。我拉著行李箱往前移動了一步，站到月臺上的黃線後方。

今天結束了，而明天還有另一件案子。我上車，想著那些在辦公室裡，等著我領取的另一份案件檔案。

此刻，身後地鐵車廂的門已緊緊關上。

一九七八年《兒童保護法》

第一條　兒童的猥褻照片

（一）取決於第一條(1)(2)，當個人有以下行為時，即觸犯法律：

(1)拍攝、獲准拍攝，或製作任何兒童猥褻照片或合成照片；或

(2)散布或展示上類猥褻照片或合成照片……

《阿希伯德爾刑事案件與程序辯護手冊》

第三十一章　危害公共道德與政策的罪行

「製造」包含打開有影像附件的電子郵件、從網站下載影像至電腦螢幕上、將影像儲存在電腦中，及存取透過自動彈出功能顯示圖片的網站。

第八章

因恐懼不敢說實話的阿丹

法律與正義是否完美無瑕？

我已習慣大多數的案子，會存在著沒有解答的問題，
但是通常總會有一個理由，使這人決定來到法院並且編造謊言。
一個得以解釋他們願意扛下風險的理由。
我想起我們不完美的正義，想起一個為了正義奮戰的體系。
縱使人性卻在多數時候，使公平正義遠在我們的掌握之外……

正值聖誕季節，我和姊姊站在溫徹斯特郵局的長長隊伍中，等著要辦事。

「那麼，」她隨口閒聊，「現在妳手上在辦什麼案子？」

我的家人不太常問這個問題。倒不是因爲他們漠不關心，只是因爲我另外一半生活的世界，有時從旁人的眼光看來，似乎太陌生又不眞實。

我發現自己對於血、疼痛與折磨創傷越來越麻木，然而對其他人來說，這卻可能是沉重的話題。也因爲在日常生活中，我們鮮少觸及此類話題，所以我不禁猜想，他們的抗拒，會不會單純只是因爲不想談論這方面的事情。

「事實上，我剛剛接到一件大案子。」我回答，此時隊伍剛好正往前挪動了幾步。「這件案子有五名被告。經過衡量後，法官認爲事證太多，因此決定每位大律師都應該要有一名資淺的初級大律師協助審閱所有證據，我是其中一名。案子會在幾星期後開庭。我的委託人已經在監獄裡待了**超過一年**，就爲了等待審判開始……」

「嗯……」她低吟半晌，我也就沒有再強調，這樣的審判等待期非常長。法律爲了要預防刑事被告在監獄中苦熬，因此設有判決定讞前等待時間的嚴格限制❶。然而，承審法官爲了等待所有相關證據搜集齊全，所以否決了這些限制。這些相關事證不僅包含電話紀錄、簡訊、網站地圖，以及監視器影像——數不清的大量檔案——法院還要同時追查出目擊證人，進而說服他們出庭作證。一如常見的大宗毒品審判，此案的證人們本身也吸毒、無家可歸、脆弱，且很有可能會突然人間蒸發。

警方才剛剛逮捕了此案的第五名被告。法官說現在是時候了。審判終於要開始。

「所以，這件案子到底跟什麼有關？」她問。

「喔……」我們移動腳步，來到隊伍的前方。「他們全部被指控共謀供給海洛因、綁架以及非法拘禁。而我負責的傢伙加上另一名被告，則額外被指控三項強姦罪名。」

「噓噓噓……」只見姊姊舉起手，轉頭掃了一眼排在後面的人們，「妳不可以在郵局裡說**強姦**這個字眼！」

混亂的夜晚

丹尼爾是名高大的男人，超過一八〇公分的身高、恰到好處但微胖的身材、一頭理得清

❶ 羈押時限（Custody Time Limits, CTLs）規定被告等待其審判開始時，得以被羈押的最長時間。較不嚴重的罪行（簡易罪與簡易程序審理）的羈押時限為五十六天。在刑事法院聽證的較嚴重罪行，則設有一八二天的羈押時限。基於特定理由，包括法院做出兩項以上的指控，又或是存在其他合理或充分的原因，羈押時限可以更進一步延長。檢方採取行動時，必須要依循所有盡職調查和求證原則。

爽的短棕髮，身穿印有公司標誌的運動衫，他開來的廂型車上，也印著同樣的標誌。

現在，阿丹爬進這輛廂型車，啓程經過倫敦外圍的大街小巷要回家。他弓起背，好放鬆一整天下來因粗活所累積的肌肉僵直與不適。今天是星期五，他已經忙了一整週。他在車裡播起饒舌樂，音量越開越大。當阿丹開車回到他與女友居住的公寓大樓時，他的手機響了。是他女友的弟弟小齊打來的。

阿丹對小齊頗有好感。雖然他比阿丹小幾歲，但是小齊的光頭和刺青卻使得他看來反倒更像成年人，並顯現了他在社會上的地位。他們約好要在小齊公寓附近抽大麻。阿丹的女友當時在值冗長的夜班，而且今天已經是週五了。

小齊有一群朋友。一群生活在麻煩中、遊走於刀鋒邊緣的朋友。當阿丹和他們廝混時，總覺得自己似乎正一步步走向某種危險。小齊告訴他，有幾名友人需要幫忙，或者說直白一點，他們需要阿丹的車子。那天晚上，他們要去南漢普敦**做點生意**。阿丹斟酌了一下當晚的行程也就同意了，相較於獨自一人待在家，可能還是與小齊一幫人廝混有趣點。那一刻阿丹所做的這個決定，徹底改變了他的一生。

他們開著車，四處接駁小齊的兩名朋友。其中一個叫德拉斯，阿丹先前就見過，是瘦小精實的光頭男子。德拉斯把阿丹介紹給名叫史卡特的男子。當史卡特正要爬進廂型車的後座時，阿丹恰巧轉身點頭打招呼，這一刻他才注意到，史卡特的胸前有個眼淚的刺青——他知道，這個印記代表死亡。

當阿丹駕車駛向南安普敦時，四名男子一起在車上抽大麻、聊音樂。那是盛夏時分，當大夥抵達時，天空還透著餘光。阿丹依循他人的指引，開車前往幾個地點。有時把車泊在一旁，有時則緩慢地在附近開車兜圈。

停在路邊時，阿丹會獨自留在車上等其他人回來。有一回他看到他們在奔跑，跳過大門，對著他大喊，「開車！開車！開車！」緊接著，他聽見遠方傳來警車的高頻鳴笛聲。其他人紛紛爭先恐後鑽入廂型車。阿丹的腎上腺素極速上升，趕緊把車掉頭，不停地往前開，直到將警笛聲拋諸腦後。

在此之後，他們又停了好幾次。當其他人回來時，還帶著一名女孩。她有著一頭棕色細髮，臉上寫滿恐懼。他們滑開廂型車的門，女孩爬進後座，德拉斯和史卡特緊隨其後。小齊鑽進副駕駛座，指示阿丹開往下個指定地點。

車裡仍播放著音樂，阿丹不時聽到一些用詞。女孩用不同的名字稱呼德拉斯，她喚他為卡許。除此之外，阿丹還聽到其他名字：彪形大漢。敵人。惡魔。刀片。鬼魅。謀殺先生。這些是毒販間的街頭稱號，都是些說出口便讓人感到爆烈力量的頭銜。

從倫敦出發後，他們便一路抽著大麻。此刻的阿丹已開始有些暈眩，可是其他人似乎絲毫不受影響。所以他索性忽略後座發生的事，努力專注在小齊下的指示。

最後，他們抵達一幢占地寬廣、由數間高樓公寓組成的公有住宅，四周圍繞著漆成綠色的欄杆和叢生的青草。小齊要求阿丹慢慢地繞公寓大樓打轉，到第三圈時，一名身穿牛仔褲和連帽運動衫的女孩快速走過，車裡有人大喊：「找到她了！」

小齊要阿丹趕緊停在人行道旁。他打開車門跳出去，其他人尾隨在後，留下棕髮女孩單獨在後座。當其他男人包圍並糾纏著人行道上的那名女孩時，阿丹離開廂型車。

女孩轉身面向他們時，阿丹看見她有一頭深色短髮，看來非常纖瘦，搭配凹陷的眼窩和蠟黃的臉色，他很肯定她是毒蟲。他把身子倚靠在車上，抬頭望著夏日夜空，慶幸能嚐點新鮮的空氣。

他隱約聽到女孩說到偷竊，說要去她家。然後，當他回頭看那群人時，小齊和其他男人正推著她進入廂型車。德拉斯經過阿丹，示意他回到駕駛座。

「進去吧，快！」德拉斯下了指令。

阿丹猶豫地看著眼前的女孩，接著打開車門並爬回去駕車。

第二天清晨，靛藍色的曙光穿過半開的窗扉，喚醒了阿丹。房子外頭是灰濛濛的倫敦街道，空蕩蕩地杳無人煙。阿丹覺得口乾舌燥，血液流向大腦，讓他頭痛欲裂。他意識到自己仍然很醉，花了幾秒的時間才想起身在何處。

他在一間公寓裡——某人的公寓——躺在一張沒包床單的床墊上。小齊睡倒在窗戶旁的椅子上，半身赤裸。他們用廂型車接走的第二名女孩，和阿丹一起躺在床上，現正熟睡著。阿丹記得他們接起這名女孩後，就把第一名女孩丟下。他看著女孩蜷起身子背對他，彎曲的雙腳緊貼著胸部。

「欸，她叫什麼名字？」阿丹發現女孩不知何時穿上衣服了。「啊，瑪莉雅。她的名字是瑪莉雅。」阿丹突然想起他的女朋友，而且有一連串的影像如電影膠捲般，在他腦海中播放。霎時，一陣焦慮襲擊他，阿丹覺得自己就要吐了。他記得廂型車停在外面，而自己應該要在週六早上把車子歸還給老闆。

他滾動身子爬起床，鎮定下來後，才拾起自己的衣服穿上。他留意到臥房地板上有只乾掉的保險套。他任它留在地板上，逕自走向客廳。德拉斯與史卡特各自在兩張沙發上呼呼大睡。還有另外一名熟睡的男子。當他們決定從南漢普敦載這名女孩回到倫敦這間公寓時，阿丹被要求開車去接這名男子。

他靜悄悄地走過三人身旁，在未驚動任何人的狀況下，離開了公寓。

那女孩，瑪莉雅

那天傍晚，瑪莉雅站在滑鐵盧車站裡的電話亭內投著硬幣。她在手提包底部找到幾枚零錢，但它們從內襯的洞口掉進包包的空隙間。她只好蹲在車站，蜷起手指想挖出銅板。

等待她的女朋友蘿拉接起電話的同時，瑪莉雅努力讓自己鎮定下來。她在想，是不是應該要先找個地方抽一根再說。海洛因是那天早上其中一名男子給她的，現在效果已經逐漸消退，她感覺到疼痛正在皮膚上蔓延。她也曉得蘿拉會擔心她；會打電話給她們的共同朋友，表示瑪莉雅已經被藥頭們帶走；會擔心他們像對待另一位女孩一樣，把瑪莉雅載到廢物處理場，先將她脫到一絲不掛，再揍到她鼻青臉腫。

「拜託，」瑪莉雅心想，「拜託，不要讓蘿拉打電話給警察。」

蘿拉接起電話，瑪莉雅一聽見她的聲音便哭了出來。過去兩年來，蘿拉給了瑪莉雅安全、庇護、食物、物質與愛——最重要的就是愛——那種瑪莉雅永遠不會懂的愛。現在，她搞砸了這一切。

蘿拉知道卡許和其他幫派裡的人是藥頭，因爲她自己跟他們買過一次，幾錠搖頭丸。然而蘿拉被蒙在鼓裡的，是瑪莉雅爲他們販售海洛因的事實。最先兩批貨還算順利。瑪莉雅賣了毒品後與卡許在速食店會面，她把錢交給他，然後他另外給她價值一千英鎊的貨去賣。

卡許明白瑪莉雅會吸食她的部分存貨——這是他們交易的部分——只要一直有錢入手，他才不管這麼多。但是瑪莉雅這週很不好過。她本來每週可以賺一五〇英鎊，但是她的毒癮成本現在一天就花了她六〇英鎊。這十年來，毒癮消耗了她的身體與心靈。因爲蜂窩性組織炎，她的一條腿腫成兩倍大，連血管也扁塌了。

有時候，她覺得沒有毒品就活不下去。那天在她面前，擺著從最初幾場交易獲得的錢，還有能再度讓她感到生命力量的魔法粉末。所以瑪莉雅花了卡許的錢，食用他的毒品，並試著要隱瞞這些行爲，直到他的幫派終於找到她。她知道他們遲早會找上門的。

「妳在哪裡？」蘿拉問。「妳還好嗎？發生什麼事了？」

瑪莉雅深吸一口氣，告訴自己要專注。

「是卡許。我沒事。我現在要從倫敦搭火車回家。拜託，不要告訴任何人或採取任何行動，好嗎？」

掛上電話後，瑪莉雅走進車站月臺。當她看到警衛轉身走入車廂，她逮到機會躍過閘門。沒有人阻止她。她聳聳肩，搭上火車，尋找最近的洗手間。她進入廁所後便一頭坐下，從包包裡拿出打火機和鋁箔紙。一分鐘之後，她傾身後倚，讓頭靠在牆上休息。此刻毒品正穿越她的身體，她感到一股暖流正往四肢流去。

在法庭揭開序幕

我在溫徹斯特刑事法院裡，身邊坐著我的首席律師喬。我們擠在三排長椅上，最前面兩排是大律師，事務律師坐在第三排。以案件資料堆疊起的層層要塞，壁壘分明地區隔了在場的法律團隊。

審判即將開始。

我們的委託人阿丹所做的答辯與小齊相同：瑪莉雅進入廂型車。她可能一直充滿恐懼——畢竟她吸食了本來應該要拿來販賣的毒品——但是過程中沒有暴力行爲。小齊指揮阿丹回到位於倫敦市郊的公寓，接著他與阿丹外出飲酒。當他們回到公寓時，除了瑪莉雅以外的人都睡著了。瑪莉雅當下因爲毒品戒斷症狀發作，亟需海洛因來緩解。小齊拒絕了：她付不起，這是她後來如何把自己搞得一塌糊塗的原因。

兩名男子口徑一致地說，是瑪莉雅提議要以性換取毒品；她提供保險套。阿丹也就跟著打蛇隨棍上。隔天，阿丹在其他人醒來前便離開。他沒有買賣毒品，也不是這個幫派的一份子。他是無辜的。

「最近剛加入這場審判的第五名男子，」檢方說，「是他們之中最危險的角色：就是其他人駛往倫敦路上接駁的那男人，正是他帶頭執行瑪莉雅口中所遭受的折磨。」他是大頭目、主腦、謀殺先生。

警方已經搜捕他好幾個月，現在終於逮到這號人物了。但是謀殺先生做了個極爲大膽的答辯，他選擇承認供給海洛因的共謀罪，但是否認綁架與違法拘禁的罪名。他坦承自己是毒販，但是那一晚他並不在廂型車裡。

「不，不，」他說。「想必是另一名男子。我不是普通的毒販，可是南岸最大尾的毒梟，不會浪費時間在像這麼小的毒品交易上。」

陪審團魚貫進入法院，高等法院法官❷低頭端詳。站在他面前的十位大律師，有四位是加入西方巡迴法庭的巡迴律師——來自與倫敦截然不同的六個司法地理區域❸。

除了我的首席律師喬，其他人我也認識。其中一位是小齊的大律師馬克，他很受同儕歡迎，帶點古怪的眞性情。我有時候會看到他在筆記本上爲目擊證人和法官畫素描，若他發覺有人在看，就會輕輕闔上筆記本。另一位是他的初級大律師露西，她跟我一樣，對於有機會參與集體訴訟感到很興奮。另外幾位大律師都是來自首都，被所有巡迴法院的律師們暱稱爲

❷ 複雜度和困難度較高的案件，會交由高等法院法官審理。他們通常在倫敦旁聽，但是為了審理情節嚴重的官司、重要的民事案件，與協助上訴法院法官審理，他們也會前往國內各地的主要法院中心。稱呼高等法院法官時，會冠以前綴詞「尊敬的」（the Honourable）且搭配法官姓氏，以「先生／女士／小姐」（Mr/Mrs/Ms）做為稱謂。在刑事訴訟程序裡，他們因其法袍顏色而被稱為「紅色法官」。

❸ 在倫敦以外服務的大律師，會依地理位置劃分為六個法律巡迴審判區（legal circuits）。於其中工作的律師，可以加入該審判區。這些巡迴審判區為：米德蘭區（Midland）、北區、東北區、東南區、威爾斯和切斯特區（Wales and Chester）、西區。

「PLC's」——正統倫敦律師。

在這座以木板鑲嵌的巨大法庭後方，有五名被告坐在被告席中，阿丹是其中之一。當他從監獄走出來到法院時，我對他微笑，他則向我點頭示意。他和其他被告一邊嬉鬧推擠，一邊就座。我好奇他是不是在假裝，僞裝自己對這個法律體系感到自在。他最接近法庭的那一次，是幾年前的輕微竊盜罪。看著他站在那，身旁的人擁有比他多上好幾倍的犯罪紀錄，我猜想是不是當他在獄中待上一段時間後，終究也會變得跟他們沒有差別。

陪審團成員正在輪流宣誓。他們手中掌握著眼前那群男人的命運。有幾名成員快速掃視了被告席一眼；其他人則正大光明地看著他們。當五名被告相挨站著，看來頗爲壯觀。等待審判的十八個月裡能做的事情不多，他們在監獄的大部分時間都在健身。現在，他們的軀體緊繃地貼著運動衫的布料。當他們坐在椅子上向後靠時，雙腿打開，向整座法庭散發力量。

一旦陪審團宣誓完畢，法官完成介紹，檢察官菲利普便順勢傾身穿過被告的辯護律師們，說起他的開場白。

「其中三名被告已經就毒品交易認罪，然而拒絕其他指控。丹尼爾和小齊，」他的手臂往被告席揮去，「拒絕所有指控。明天，陪審團會聽到原告瑪莉雅的說法。她會確保他們，這所有五名男子——毫無疑問地都有罪。」菲利普沉痛地說。

故事的真實版本

第二天早上，瑪莉雅站上目擊證人席。弱不禁風的她，躲在被告席的屏風後方❹。她身穿灰色毛衣和一件看起來頗不合身的黑色聚酯纖維長褲，彷彿是她慌亂之中找不到衣服穿，臨時向某個比她高大很多的人借來套上。瑪莉雅對法庭並不陌生，但是她習慣的是被告席，不是證人席。

她望向我們，帶著防衛、強硬、懷疑的目光。那臉上的表情令人摸不著頭緒。

菲利普慢慢地引導她進行舉證。

她說，那一天她不想跟被告走。因爲她欠了錢，所以她一直很害怕他們會傷害自己。她反抗。他們把她抓進廂型車裡，並對她拳腳相向。前往倫敦的路上，男人們說要她去掙錢來還債，不停地用威脅與暴力的言語跟她談判。他們帶她到一間幾乎沒有傢俱擺設也沒有電力

❹ 脆弱且害怕的證人，或是嚴重刑事案件的受害者，可以在為了降低他們壓力所設計的方式下進行舉證。這些稱為特殊手段。舉例來說，證人可以躲在屏風後方，或透過視訊傳輸線路，或利用預先錄影進行舉證。因此，他們也無須為此來到法院。特殊手段適用於檢方與辯方證人，但不適用於被告。如果法官認為特殊手段有可能極大化證詞的品質，則可在申請獲准後執行。

的公寓。當兩名男子出外飲酒，其他三名男子對她百般折磨，並且動手揍她。當這些男人終於呼呼大睡，其他兩名男子返回公寓。她說在那之前，自己的海洛因毒癮便已發作，但是她否認同意以性交換毒品。她不是應召女郎——或至少，那時不是。她掙扎、抗拒，然而他們將她帶進臥房然後強暴她。之後，其中一名男子給了她海洛因。當她醒來，另一名男人已經走了，他們又揍了瑪莉雅一頓，要她賣更多毒品來償債。她沒有選擇餘地，重新添滿新一批要販售的毒品。然後他們把她丟在火車站，要她自行返家。

她認得這些被告——就先前毒品交易的記憶，她指認出大部分的臉孔，在身分鑑定的過程中，逐一點出所有人。但只有一個人除外，那就是謀殺先生。

在法院結束一天後，我們忙著整理文件時，露西走向我。

「老天，」她說，「我是說，如果她剛剛描述的是眞的，這實在糟糕透頂了，不是嗎？」

這實在糟透了。同時我也非常肯定，剛剛那些陳述是眞的。瑪莉雅敘述的那些虐打性侵細節，絕對只有身歷其境者才說得出來。而我不全然肯定的，是瑪莉雅口中承受的這些攻擊。究竟是當晚在那幢公寓中確實發生的情節？又或者這其實是她從那充滿混亂與犯罪的生命裡，或從那穿插無家可歸與應召工作生活中的一段經驗搬演而來？又或者，這根本是別人的故事？她只是原封不動地向我們複述這些情節？

有異於陪審團，我與其他大律師知道什麼證據即將出現。我們知道哪一位與瑪莉雅來自相同世界的證人，要來法庭作證——有人欣然前來，也有人很不甘願——訴說他們自己的故事。我們心知肚明，一旦他們的故事版本曝了光，這件案子的眞相將更難以拼湊。

是蘿拉打的電話，而非瑪莉雅。

在瑪莉雅回家那晚打電話給警察的，是蘿拉。瑪莉雅拒絕說明也不願意和警方說話。根據前往瑪莉雅住所的警官們表示，她右眼上有瘀青，但臉上沒有其他受傷跡象。直到隔天晚上，瑪莉雅才告訴蘿拉事發的經過，以及她被強暴這件事。蘿拉立刻再次打電話給警方，安排瑪莉雅做易受傷害證人❺訪談和驗傷。

瑪莉雅跟警方和醫生描述了一段漫長且惡毒的毆打過程，也一一托出她始終感到掙扎的強暴細節。然而，醫生檢查時唯一找得到的傷口，是她右眼下的瘀青，以及左臉頰的一大片紅腫。在她的腿部、頭部、胸部、背部、手臂，以及身體其他地方，無論外側或內側，完全沒有瘀青、傷痕又或是擦傷。除了那些她過去傷害自己所留下的漸淡悲傷疤痕，什麼都沒有

❺編注。也稱「無助證人」。當未成年人、孕婦、胎兒、受刑人、原住民、無法行使同意權之成年人（被告人除外）需要作證，或在涉及性虐待、殘暴罪行、襲擊、傷害、恐嚇傷害他人的罪行下參與法律程序，而這些罪行是可循公訴程序審訊，或可循簡易程序進行時，這名證人會獲得保護，以減低舉證時帶來的創傷。

看見。

眼看祕密就要浮出水面，瑪莉雅卻試著破壞那些得以證明她聲稱為強暴犯的證據：由於她沒能正確啓動洗衣循環功能，蘿拉繼而在洗衣機裡發現瑪莉雅的衣物。她把衣物拿出來，在夾克和牛仔褲上找到精液的汙漬，打包好並交給警方。

瑪莉雅一再否認自己從事應召。她解釋，自己正處在一段女同志的關係裡，她有愛的人同時對方也愛她。只有在被強暴後，她才開始走在夜晚昏暗的街上，尋找買毒品的錢。

但是，她的說詞跟其他證人有出入。

「喔，是的，」其中一名證人同意，「瑪莉雅是應召女郎——就像我自己一樣，一直以來都是。她從事這行業好多年了，人人皆知。」

只剩最後一塊拼圖。

警方提供瑪莉雅和蘿拉一項證人保護措施，直到審判結束。必要時，甚至可以延長保護期。期間她們會獲得食物兌換券、贊助款項還有安全保證。許多天後，她們才接受這項保護的提議。

舉證時，瑪莉雅承認從接受偵訊到驗傷期間，她仍在進行毒品交易，販賣卡許把她丟在倫敦火車站時給她的那批貨。她與買家見面，收錢後轉交給卡許，以獲取第二批毒品。直到她拿到第二批貨，她才偕同蘿拉接受證人保護措施。她違背了與卡許的承諾，私自拿走販賣一半毒品所獲得的錢，以及剩餘的另一半毒品。

瑪莉雅出庭舉證的當天晚上，我反覆閱讀自己寫下的筆記。對於她說謊的理由，我仍然摸不著頭緒。

說謊會讓她失去很多。幫派裡並不是只有這群男人：供應鏈裡總是有人在更高端操控著表演，準備懲罰那些背叛者。我已習慣大多數的案子，會存在著沒有解答的問題，但是通常總會有一個理由，使這人決定來到法院並且編造謊言。一個得以解釋他們願意扛下風險的理由。我再一次仔細審閱瑪莉雅的證詞，終於讓我找到了原因。

在舉證的尾聲，瑪莉雅所說的一段話震撼了我。

「蘿拉下了通牒。」她說，「就在決定接受警方提供的證人保護前一晚，蘿拉說她受夠了。卡許或她只能二擇一。如果我不停止買賣毒品，那我們之間就結束了。蘿拉會把我趕出門，我將再次只剩自己一個人。」

我在筆記本上，將這段話畫了個圈。這一切都說得通了。對瑪莉雅而言，失去蘿拉形同於失去了全世界。因僞證罪被逮捕或浪費警方的時間，都比不上蘿拉來得重要。她的世界，本來就是依著坐牢或招惹警察這些事情成形的。蘿拉比卡許一幫人重要得多，如果她因爲提出不利卡許幫派的證據，因而終其一生被盯上，她也不在乎。

我了解到，這不僅是一則匱乏與剝削的故事。追根究柢，這其實是一則愛的故事。瑪莉雅明白，如果她承認自己有上車並以性換取毒品——這已經是背著蘿拉進行的——下場將是失去這兩年來的安全庇護。

瑪莉雅想洗掉精液，並不是爲了躲避警方的檢查，而是要避免被蘿拉發現。她回來兩天後臉上才出現的紅腫，是新的傷口。是蘿拉瞥見瑪莉雅的雙重人生，而與她發生爭執時留下的。瑪莉雅該怎麼解釋身上的精液與自己的不見蹤影？除非是她被帶走、被揍、被強暴。一旦她說出口，就必須維持這些說法。她不害怕惹上警方後造成的麻煩，但她心裡知道如果不這麼做，就會失去蘿拉。

隔天早上九點，一月底的微風輕拂，伴著我步入法院。粗野主義風格❻的法院正面外牆布滿了緻密堅硬的灰黑色燧石。在冬季早晨的憂鬱裡，它讓人感到脅迫與不安。當我抱持著自己的新理論來到法院，我湧現一股興奮與緊張感。喬還沒到，但是我在更衣間遇到馬克，他正忙著瀏覽筆記。馬克抬頭跟我打了招呼，接著我在他對面坐下，向他提出我的想法。

「我的意思是，該怎麼說呢，其實瑪莉雅撒謊的對象是蘿拉，而不是我們——事實並非我們委託人說的那樣。這不是我們的指示，但目前看來很符合事實。你覺得呢？」

「對，」馬克不慌不忙地回答，「我也是這麼想。」

法院安排馬克在我們之前對瑪莉雅進行交叉詰問。當他站起身要開始時，瑪莉雅的臉繃緊，方顎展示抵禦的姿態。馬克的態度有禮而堅決，可靠且非常有效率。每每他提出質疑，瑪莉雅總會訕笑否認，但她的解釋卻暴露更多疑點。

陪審團得知瑪莉雅過去曾提出其他強暴指控，而那些與這次控訴所說的細節，幾乎如出一轍。一旦她透過指控得到自己需要的結果，便又改變說法。她宣稱自己弱不禁風，但另一方面，陪審團也看到她對他人施暴的證據。法院也告知陪審團，在警方向瑪莉雅提議目擊證人保護措施後，許久之後她才決定接受的各種理由：全都不是因爲她打算改過自新。

她的證詞開始逐步瓦解。我撇過頭去，避免看到她丟臉。因爲無論事實眞相爲何，瑪莉雅顯然是名受害者，目睹她在衆目睽睽之下將自己掏空，非常令人心疼。這場有效率的交叉詰問並未替我帶來任何滿足感。她否認馬克所說的一切，然而我看得出來，她奮戰的意願已經蕩然無存，此刻的她已筋疲力竭。

馬克稍做停頓。他推論，蘿拉是瑪莉雅提出這項指控的唯一原因。蘿拉，這位雖然現在分手，但她仍然深愛著的女人，是這一切的答案。瑪莉雅認爲是案件的壓力，促使了她們關係的結束。

瑪莉雅用虛弱的語氣，極其疲憊地否認馬克的說法。她的眼神穿過馬克，「我以爲如果

❻ 譯注。Brutalist。又稱蠻橫主義或粗獷主義，是現代主義建築流派的一種。

不經歷這些，我會失去一切。但是我已經走過這一遭，而且無論如何將會失去所有。」

在其他被告律師詰問結束後，檢察官菲利普再一次盤問她。瑪莉雅堅持，儘管她不想來法院，縱使她到現在仍然不想來到這裡，但她說的字字句句是事實，她一再否認以及重申主張。看著我在筆記本上寫下的說法，我心想，除了否認再否認，她還能說什麼呢？

謀殺先生登場

喬與我在監獄小型會議室裡，坐在椅子上看著阿丹。檢方的部分已經結束，陪審團也已聽完所有事證。一週又一週過去，他們坐在法庭內聆聽了所有舉證。當菲利普生硬地唸出大量毒品交易、充滿街頭俗語的簡訊內容時，倒是把陪審團逗得樂不可支；他們還看了檢方利用手機基地臺與監視器，追蹤標示出倫敦與南岸房屋間的通聯紀錄，與往返兩地的記載。

接著上場的是檢方證人。底層的藥腳來到法庭，確認就是眼前這些被告，提供他們海洛因以及強效純古柯鹼的貨源。他們爲這幫被告販賣，以獲取自己吸食的毒品。這是被遺忘在底層的一群人，他們拄著拐杖、戴著眼罩、拖著僅剩的一條腿或臂膀，登上階梯走上證人席，跟衆人娓娓道來毒品的故事。他們有些人是被迫來到法院的，站上證人席時，還因爲太害怕被告而無法進行供證。有兩名證人直接從監獄過來，其中一位拒絕以屏風隔絕他與被告的目光。依他的說法是，**因爲我無論如何都注定跟他們綁在一起**。

而現在，就要換被告上場了。

喬俯身跨過金屬桌，對著委託人說一段話，一段我也已對阿丹重複好幾次的話。阿丹不需要舉證，沒有任何人可以強迫他，就算是法官也不行。雖然偵訊中他回答「無可奉告」，但是他準備了一段陳述，裡面總結了他將在陪審團面前大聲唸出的一段詞❼。陪審團已經聽過喬詢問證人們的問題，也因此知道阿丹否認那些指控以及事發經過的說法。儘管如此，最好的狀況，是讓陪審團「親耳聽到」被告用自己的聲音敘述情節，「親眼看見」被告站在證人席接受打量與考驗。

「這會是你唯一的機會。」喬警告，「倘若不舉證，法官會告訴陪審團，依法律要求，他們得以從他的緘默中做推論。如果陪審團認爲有必要，他們會做出有罪推定。」

然而，當他得知共同被告沒有舉證時，阿丹傾身向後，做了決定。他也不要舉證。他看起來鬆了一口氣，而我已非第一次在心裡暗想，這大男人怎會如此軟弱。

❼ 在警方約談中，被告可以簽下一份「準備聲明」（prepared statement），簡要列出辯詞，或先前約談中原先否認但之後又回應「無可奉告」的問題。此準備聲明與其他訪談中的文字紀錄，之後可能成為證據。如果被告不作答，法庭可能會據之做出對他不利的推斷。

當然，這是來自於恐懼。但是出於對什麼的恐懼？是害怕說出讓他感到羞愧的事？還是害怕說錯話？沒能在正確的時間點說出正確的話？又或是害怕被眼前這群聰明的人給欺哄？害怕謊言被戳破？還是一旦說出實話，可能要面臨比坐牢更糟糕的景況？

我想跟阿丹說：

你跟他們不同。你的外觀、說話的方式、行為舉止跟他們都不一樣。你沒有好幾頁長的犯罪紀錄。你穿著工作制服，開工作車。你沒有街頭稱號。你沒有嘗試把自己藏起來。被指控施以重擊的不是你的拳頭，被指控行掌摑之實的也不是你的手掌，更不是你的腳被指控踢擊被害人。反擊這一切吧。

喬已經向他說明了這一切，所以我在筆記本上寫下他的決定，要他簽名留紀錄，是他自行決定違抗我們的建議。接著，我跟隨喬離開了監獄。

回到法庭內，我們站著等待法官入座。當其他律師坐下後，我留意到有一人仍然站立著。是謀殺先生的出庭律師。截至目前的審判中，他的話不多，也鮮少提問，只有在幾個必要時機點提出質疑。現在，隨著他的委託人離開被告席走上證人席，他轉身面向法官，表明謀殺先生將要進行舉證。這會是千載難逢的演出。

他是五名被告之中年紀最輕的，但是當他站上證人席，卻主宰了整個房間。不只是被告席內的其他人皆木然地看著他，臣服於他的魔力之下。在場其他人——出庭律師、法官與陪審團——也全都被他吸引。他散發出富有磁性、誘人又令人震懾的力量。同時，在我遇見的被告中，他是少數我認爲眞的非常危險的人物。檢方說，他是卡許、是鬼魅，也是謀殺先生與彪形大漢，所有在毒販之間口耳相傳的稱號都歸他。

舉證過程中，他解釋這些稱號事實上從未屬於特定個人。「卡許」指的是索討毒品的人，是在街頭巷尾角落遇見的人，是當你的債務雪球越滾越大時會到你門前的人。

「這是匿名的。這是名經銷商——一個基於客戶對自己的信任而成就的生意人。他們知道，不論卡許是一人或是十人，我的毒品是最高級的。」

謀殺先生說，他不會稱他們爲客戶，而是「貓咪」，而貓咪們需要餵養。收購新毒品地盤的區塊，是個緩慢但有條理的過程。此刻的倫敦已經飽和——已有太多幫派爭奪這塊地盤；然而，現在攻占外圍市鎮的時機已經成熟，許多毒蟲覬覦高品質的毒品。那裡的幫派較少，競爭也比較不激烈。他接掌該地區的計畫進行得很順利，他會僞裝成毒癮者一段時間，花上一些日子來搞清楚當地毒販的蹤跡，然後判斷正確的時機點來引進自己的貨源。

「你自己吸毒嗎？」他的出庭律師提出問題。

謀殺先生露出像咬到發霉水果的表情。

「不可能。我這輩子絕對不碰這種東西。這東西糟透了。」

看著他，我心想，毒品不是給像你這種人的。

他有張漂亮的臉孔、橄欖色的肌膚、高挺的顴骨、貓咪般迷人的眼睛。他換上一襲開襟的白襯衫西裝，而我想起向別人商借出庭衣物的瑪莉雅，忖度她曾幾何時會理解，像謀殺先生這樣的人對於她這類人的鄙視。當他們要她嘗試新一批海洛因時，她可曾想過「**我**試了，**我**就要承擔這個賭注」？或者，她對毒品的欲望早已徹底占據了她的大腦，讓她根本無暇思考或懷疑？上癮的風險、過量或死亡，這些從來不是這名漂亮男子要面對的。

然而被逮到的風險呢？

「是的，我有心理準備。這終究避免不了，」他說，「可是，這個代價是值得的。販賣毒品一個月賺的錢，要比幹一個尋常工作一整年掙來的錢還要多。我可以買車、買衣服、買手錶，買任何想要的東西。

「二十一歲那年，我猜想自己已經比父親一生所賺的錢還要多了。我可以坐牢，之前也進去過。事實上，就是在裡面開啓了契機，遇見帶我進入這場遊戲的男人。或許會失去對當地版圖的控制，但是名聲會水漲船高，人脈關係也會隨那些獄中認識的傢伙更加牢固。出獄以後，還可以嘗試奪回地盤，或是搬到其他地方。被抓與否，我不在乎。」

這也解釋了爲何此刻在法庭內，他說自己當時不在那輛廂型車裡。他是瑪莉雅唯一無法辨認的人，就是因爲他們從未見過彼此。他是謀殺先生、惡魔、鬼魅和彪形大漢——他是樹的頂端。他不會爲了區區一千英鎊，花心思到街上抓一名有毒癮的妓女。

他的傲慢與鄙夷，讓人不寒而慄。

正當這名擁有數十種稱號的男人再度就座之際，小齊站了起來。這一刻我才知道，想必馬克在午餐的延庭時間成功說服他進行舉證。小齊離開被告席，雙眼直視前方，僵直地往前走，此時我看著其他的被告，第一次明白進行舉證是場多大的賭注。

阿丹面帶愁容，下巴緊縮。他的臉上寫滿恐懼：恐懼小齊可能要說出口的話，但也為小齊感到害怕——而我也終於明瞭，改變立場去對抗藥頭，恐怕比坐牢還要糟糕。那將要面臨的可能是死刑。

小齊在證人席裡坐立不安，眼神在馬克與陪審團之間游移不定，並未看向被告席。他的供詞不令人意外。有別於阿丹，他已在數回警方偵訊裡作答，給的答案多數大同小異。

「我不過是販賣毒品的傢伙，」他說，「奉命行事，沒有參與密謀或計畫。性交易是瑪莉雅的主意。她要毒品，我有毒品，這是她付費的方式。她提供保險套，隔天阿丹離開之後，她為我口交，以獲取更多毒品做為回報。」

這是為何瑪莉雅的外套上、牛仔褲褲管背面沾有他的精液。她前一晚是赤裸著身體，沒道理精液會沾到她的衣物上。

「對，」他繼續說，「當天他們四人都在那輛廂型車中。」

「那你們在前往倫敦半路上接走的男人又是誰？」

小齊動了一下，清了清喉嚨。開口時聲音很微弱。

「是第五名被告——謀殺先生，彪形大漢，惡魔。那天一幫人接送的人是他。如你所見，他，是掌控一切的那號人物。」

然後，一切都結束了。現在是律師的時間——篩選手邊證據的機會，好在結辯時亮出那些他們想讓陪審團看見的關鍵事證。**注意這裡！**一名律師大喊。**不，看這裡！**另一名律師說。這兩個月來，眼看陪審團成員們擺盪於這些嘗試說服他們的漂亮論點之間。直到現在，這一切終於進入尾聲。

達成判決共識

從冗長的審理中送走陪審團後，我們彷彿陷入一種懸浮不定的膠著狀態。該說的都說了，該做的也都做了，剩下的只能任命運來掌舵。有股如同學期結束的輕鬆感油然而生。大夥因爲這件案子，連續好幾週的時間一起困在法院裡，朝夕相處衍生出某種特別的革命情誼，讓我們很容易一不小心就忘記之所以來到這裡的原因。在漫長的午餐時間、聊天與等待之間，便不再惦記當陪審團回到法庭時，宣布裁決時所帶來的種種後果。

來到陪審團討論的第四天傍晚，我們終於被召回法院，但不是爲了判決結果。陪審團提出一個問題。他們有疑惑，要法官再次說明有關「同意定義」的法律指示。

幾年前，相關的法律做了修正，修改了特定強暴情況下的證據責任❽，因此當今的定義十分複雜。倘若檢方得以證明，原告是在違反其個人意願——並且被告知情此違反原告意願——的情況下被拘留，則證據責任會調換。直到被告證明自己無罪之前，都被視爲有罪。然而，倘若辯方律師能夠提出足夠的證據，說明原告是否同意，責任便調換回到檢方。換言之，檢方必須要證明原告不同意性行爲之發生。

就某方面而言，這條法律符合邏輯。在相同的法律條文中，將「同意」之定義爲：由具有自由意志以及行爲能力者，經過選擇所做之同意。在違抗其個人意願下被拘留者，無法自由決定是否要進行性行爲。然而，法律表意的方式以及其證據責任來回調換的技術細節，卻是相當不聰明又繁複晦澀的。但是，這是法律，而且法官有責任大聲宣讀它們。

法官再次緩慢地說明了這則指示。只見陪審團成員眉頭越來越緊，看來疲憊不堪。我好

❽二〇〇三年《性犯罪法》就強暴罪行做了幾項改變。如果能夠證明強暴發生時，有表列數項特殊情況之任一情節發生，而被告知道這些情況存在，則原告不會被視為同意性交。其中一項情況是當原告當下遭到違法拘禁。在此情況下，證據責任則換回到被告身上。這引起的問題是，原告事實上是否同意性行為，且被告是否合理地相信原告同意。如果被告提出足夠的證據來提起這兩個爭點，則證據責任回到檢方，由檢方來證明在無合理疑點的情況下，原告並未同意，且被告不認為原告同意。

奇什麼樣的小團體會在他們之間發展，誰會爭辯，而誰又會與誰站在同一陣線。因為生病與惡劣天氣引起的審判中斷，他們已被鎖在同個房間裡將近一週。他們再度離開。一小時後，另一張紙條遞進來法庭。

我們尚未達成判決的共識。但請問我們可以回家嗎？

第二天中午，法官召喚大家至法院。陪審團已經離開將近十三個鐘頭。除非律師反對，法官傾向給予陪審團一個多數決的指示，並且告訴他們，相較於做成全數通過之判決，如果十二人之中有十人同意，則被告便會接受該判決。當我們仍就此做法爭辯時，法警匆匆進入法院，來到法官席趨前耳語，法官俯身聆聽著，接著坐回位子上。

「沒有這個必要，」他說，「我們有判斷結果了。」

陪審團列隊進入庭內。他們看起來既疲憊又緊繃。陪審團團長起身，法院書記官詢問陪審團是否已經達成判決的共識。他點頭，「是的，對於其他四名被告都已經達成判決共識，除了一名被告之外。」

我的心臟怦怦地鼓動著。是阿丹；一定是阿丹，那名他們還沒達成共識的被告。法院書記官開始一一宣讀個別被告的指控罪名。陪審團團長代表回答陪審團全體的答案。

德拉斯。交易毒品：有罪。綁架：有罪。非法拘禁：有罪。

史卡特。交易毒品：有罪。綁架：有罪。非法拘禁：有罪。

小齊。交易毒品：有罪。綁架：有罪。非法拘禁：有罪。三項強暴罪名：有罪。

然後換到阿丹，我有點暈眩。

丹尼爾：交易毒品：有罪。綁架：有罪。非法拘禁：有罪。三項強暴罪名：有罪。

那人是謀殺先生。他們尚未做出決定的是謀殺先生。

法官下了多數決指示，再一次把他們送出庭外。一個鐘頭以後，當他們回到庭中，神色也輕盈許多。書記官提問時，陪審團團長再度起立。

之於綁架的指控，你們認爲被告是否有罪？**無罪**。

之於非法拘禁的指控，你們認爲被告是否有罪？**無罪**。

在我身後，一個呼喊劃破了沈默。

謝謝你、謝謝你、謝謝你！

我轉身，只見謀殺先生站著，笑得合不攏嘴，在空中興奮地揮舞拳頭。阿丹坐在隊伍尾端，一臉漠然。他身旁的小齊將臉埋入手中。在我聽著共同被告的勝利呼喊，同時我納悶究竟小齊知不知道這組陪審團就在剛剛，有意或無意地救了他一命。因爲如果離開被告席的是小齊而非謀殺先生，我很肯定小齊一幫人之後必死無疑。

不完美的正義

一個月之後，我跟小齊的初級大律師露西，一同站在溫徹斯特一間有蕾絲窗簾的飯店裡，身旁圍繞著身穿晚禮服的同事們。那天晚上是巡迴法院的晚餐，過熱的房間裡布滿濃郁的髮膠香以及衆人的殷殷期盼。在抽屜雕有指環標記的一只櫃子上，放著一臺小型的電視機。

「就是這，打開它吧！」露西大叫。螢幕上，一名擦著明亮口紅的新聞播報員正播報著我們的案子，她一一點名被告的姓名。突然間畫面轉爲黑白，電視臺開始播放一輛廂型車沿著無人道路行駛的模糊影片。

「喔，我的天呀。他們將案發經過做了畫面重建！」有人高聲叫了出來。當「畫面重建」一詞出現在螢幕底端的那一刻，房間裡爆出一陣大笑和掌聲。

影像從廂型車移往街上的老套影片開始。這段從髖骨高度拍攝的影片，出現一組由光頭男人組成的幫派，他們戴上頭套，闊步向前走，以慢動作的方式，在一條不知名小鎮裡的街道遊走。其中一位轉身看著鏡頭。連身帽下的臉孔以黑色的圓圈遮蔽。透過慢動作播放，他伸出大拇指與食指，對著鏡頭做出射擊的動作。旁白開始——以類似商業電影預告片的節奏與重低音述說——**他們來自：倫敦。他們的目的：毒品。他們的意圖：犯罪。**螢幕上閃過五張被告的黑白罪犯照片。

「我說，他們確實看起來滿嚇人的。」有人低聲說。阿丹的頭像在左邊數來第二個，我無法從他的臉上移開目光。

在一場持續將近三個月的審判之後，陪審團一致認定被告犯下綁架、非法拘禁以及強暴當地女孩的罪行。他們今天在溫徹斯特刑法法院接受審判。現在這個倫敦幫派將不再以暴力、毒品與槍枝來擾亂我們街頭的安寧。

「等一下！槍枝？什麼東西？」露西笑了出來。「媒體到現在還沒搞清楚，他們究竟是因爲什麼被判罪……」然而房間裡其他人示意她住嘴，此刻螢幕的畫面切入穿著西裝和花俏領帶的播報員。他站在法院外頭，說話時傾身面向鏡頭，手裡握著一只滋滋作響的麥克風。

「是的，蘇西，謝謝妳。今天，在溫徹斯特刑法法院，法官對於被以多項強暴罪名起訴的兩名男子，分別處以三項無期徒刑❾。」播報員說話的同時，畫面切回被告們的頭像照，並一一唸出他們的姓名以及當天法官做出的刑期判決。

❾ 無期徒刑規定，被告獲得申請假釋（提前出獄）資格前，有必須服刑的最短時間。平均最低服刑期落在十五年上下。然而，被告終其一生都要服刑。因此，如果他們從監獄釋放後又再犯罪，隨時會被送回監獄。一項終生的刑期意味著，法官沒有設下最短服刑期，且此人永遠不會有機會獲得釋放。

史卡特：總計十四年。德拉斯：總計十三年。謀殺先生：供應毒品罪名，七年。再來，畫面上閃過阿丹與小齊的臉孔，分別判處三項無期徒刑。

阿丹犯人頭像照的臉孔在我腦海裡揮之不去。離開飯店後，整場晚宴以及接下來的續攤，甚至在好幾週之後，仍縈繞於我心頭。我從未看過那張照片。想必是警方提供給媒體的。數個月之後，我來到皇家司法院，踏上碩大門廊下的階梯，前往阿丹的上訴聽證時，我仍惦記著那張頭像照。

兩個小時之後，在由橡木鑲板構成的法院裡，高等法院法官們批准了我為阿丹所提的上訴。他，偕同小齊，將不再需要服三項無期徒刑，而是改為十六年的有期徒刑。

上訴法官表示，他們不認為任一被告的危險性，已達到須承受另一項可能的判刑：基於保護大衆安全所判處的不定期刑❿。這種刑罰會耗上很長的時間，可能因爲獄友無法證明他們已經成功受到改造，而被死鎖在牢中好幾年，甚至超過假釋日期後仍在服刑，進而造成監獄人滿爲患。在聽見上訴法官討論案情與做出減刑決定的當下，我並不認同阿丹躲過了比判處無期徒刑更糟糕的命運。不定期刑期並非它顯現的樣子，這是個沒有盡頭的刑期。

上訴聽證結束之後，我走下樓前往法院地下室的牢房，準備向阿丹解釋剛才所發生的事。我去跟他告別。我一個人去，喬在忙著開其他案件的審判庭。如同阿丹一貫的作風，他表現得友善有禮。

「我眞心地感謝妳，莎拉。謝謝妳做的每一件事。」

我發現自己沒辦法看他，只好專心在我的記事本上，計算他新的釋放日期。「截至目前爲止，你所服刑的時間會被折抵，」我解釋，「在獄中度過十六年的一半之後，才會獲得假釋許可。你將會在一連串的許可條件下被釋放：報告、簽到等等。如果你犯了另一項罪，就必須回到監獄服完剩下的刑期。」阿丹還押候審時爲三十一歲，因此當刑期結束之際就是四十七歲了，服刑的時間占了他人生絕大多數的時光。

跨過皇家司法院外的十字路口，我一時興起，走向河岸街的報攤，買了打火機和一包香菸。我轉過身，佇立在咖啡店的遮雨棚下，一手拿著咖啡做掩飾，另一手一根接著一根地

❿ imprisonment for public protection, IPP。由二〇〇三年《刑事司法》（*Criminal Justice Act 2003*）所引介的一種不定期刑期，於二〇一二年廢除。此判刑當初是為了保護大眾不受那些犯行嚴重度不到無期徒刑，但在服刑結束後釋放出來仍具高危險性的罪犯之影響。由懲罰性刑責（意圖與犯行嚴重性等比例的懲罰），以及不定期的時段（從刑責過後，延續到假釋委員會認定該名受刑人不再對大眾造成威脅，且已適合釋放）所組成。基於ＩＰＰ並未規定受刑人受監禁的最長時間，因此犯罪者事實上的服刑時間，比被判處的無期徒刑更長。高等法院在二〇〇七年做出裁決，有鑒於監獄缺少設施與評鑑受刑人能否釋放之工具，受刑人持續基於ＩＰＰ服刑至刑責過期，乃屬不合法情事。二〇一七年有超過三千名受刑人在基於ＩＰＰ下持續遭到監禁。其中四分之三的受刑人已服完最低刑期，上百名受刑人則服了最低刑期的五倍時間。

抽。我很少抽煙，更幾乎不曾在白天抽。在上午一個可能被熟人看見的地方做這樣的舉動，我覺得自己既叛逆又幼稚。

我看著對面美麗的新維多利亞建築。雖然從我佇立之處無法端詳其細節，然而我知道，在中央拱形上方的制高點是耶穌的聖像。

我想起阿丹，此刻腦海中的他，終於不再是電視上的罪犯頭像照，而是我們幾分鐘前會晤所看到的臉孔；我想起瑪莉雅，想起在她之後上場看來悲慘的證人們；我想起謀殺先生；我想起我們不完美的正義，想起一個爲了正義奮戰的體系。縱使人性卻在多數時候，使公平正義遠在我們的掌握之外。

我在心中反芻這件案子。所有證據對我而言似乎再熟悉不過，以至於失去了對於情節嚴重性的刺痛感。

我相信瑪莉雅所陳述的每項事發經過嗎？不，我不相信，因爲其他證據並不支持她的說法。但是，我是否認爲，當這名不堪一擊的毒癮者，被暴力藥頭載到她一無所知的公寓裡，又不能好好離開的狀況下，在毒癮發作之際，或許她提出以性做爲交換，好買更多毒品？是的，我相信是這樣。我是否認爲這是強暴？是的，我認爲是這樣。

我想起馬克結辯所說的話，那些字句從此不斷在我心中盤旋。

就這兩名跟她購買服務的被告而言，這些是原始、商業、卑鄙的解脫。這是事實，否則瑪莉雅服務的每名嫖客，都會承擔著被指控強暴而上法院的風險。

我是否相信，每次當男人找上一名女子，而且知道她正透過賣身來餵養那控制自己的毒癮或付皮條客的錢，又或者是給付兩者的同時，自己正犯下強暴罪？是的，我認爲他們知道。

順手把香菸在石板路上捻熄，我用鞋子踩爛煙屁股。是那些女子，冒著要因賣淫簽下警告⓫的風險，直到警方疲於勸導，決定在她們的犯罪紀錄上添加另一筆罪行。但是，她們販售的對象是男人們——這些男人必定明白他們正在剝削與濫用何種情況——他們才是眞正有罪的一群。

⓫ 在英格蘭與威爾斯，當一人為了提供應召服務而在街上或公共空間遊蕩或賣淫，此為一項罪行。挪威、瑞典、冰島、北愛爾蘭與加拿大法律，也規定購買性服務乃非法行為。在英格蘭與威爾斯，警方對於賣淫則無一致的處理方式。舉例來說，里茲的警方與議會通過的相關法規僅適用於晚上七點到早上七點之間的特定區域。做出此爭議性的決定後，當地發生了至少一名妓女遭殺害的事件。然而在薩福克，在數名妓女被謀殺後則採取零容忍政策，來對付沿路緩慢駕駛以尋找妓女的嫖客。他們複製北歐的做法，透過多重機構的支持來安置女子，徹底移除街上的應召與謀殺。諾丁罕也將目標放在性買家，使其街頭性工作者的數字在十年內從三百名降到五十名。二〇一六年公布了一份名為「移轉責任」的跨政黨議會報告，內文建議將罪行從販賣性服務的女性，移轉到購買性服務的男性身上，但是至今政府尚未接受這份提案。

我並不曉得，也從未知道阿丹實際上究竟參與了多少：過去他與幫派見面有多頻繁？他有多了解？他眞實的想法又是什麼？

但我的確認爲他犯了罪。

我覺得口乾舌燥，於是將隨手杯裡的咖啡一飲而盡，燒焦的咖啡味，摻雜著方才的煙味在口中散開。我向左轉身，下方是通往聖殿區的坡道，我朝著辦公室走去，準備好迎接另一天的案子。

二〇〇三年《性犯罪法》

第七節　同意的證據推定

（一）若被證明存在以下情事，則此節法律規定適用於該認定罪行之訴訟程序：

(1) 被告做出相關行為……除非能舉出充足證據，證明原告同意之爭點，否則原告會被認定為不同意相關行為的發生；同時，除非能提出充足證據，證明被告合理相信原告同意。

第九章

怨恨前夫而失去判斷力的海蓮娜

法律會成爲復仇和怨恨的工具嗎？

有些人覺得他們打了勝仗，也有人覺得他們輸了這場戰爭。
而我不確定，正義在產生這些結果的過程中，是否扮演了任何角色。
法律要承擔的是個深沉、卑微又棘手的負荷，
只要父母其中一方拒絕又或是無法擔待，法律便要扛下這個責任，
讓孩子們的人生從此變得更美好……

凝結的水珠沾滿車窗，一大清早，外頭景色一片迷濛，仍是黝暗的世界。兩份貼有標籤的A4文件檔案，原封不動地擱在前方火車餐桌上。這些文件是我的委託人——海蓮娜，與她的丈夫艾德，爲了他們的十三歲雙胞胎，歷經十二個月激烈爭吵後的結果。

此刻，我在前往布萊頓郡法院的路上。因爲他們沒有辦法達成共識，所以將由法官來決定孩子的未來。

塞在其中一份檔案上方的，是我必須要爲最終聽證準備的資料。當我敲打著鍵盤時，察覺去年一整年裡，這對冤家沒有一個月不是在法庭裡對彼此叫囂對罵度過的。根據法律，兩人的離異狀態鼓勵他們以相互怪罪的方式❶解決問題。無論他們想或不想，雙方須依要求列出另一方不合理的行爲範例，也因此在雙方間建立起敵意的語調。

六次申請、十五場庭審、兩回上訴——一趟心力交瘁且所費不貲的爭執。縱然聽在他人耳裡，這些爭吵是千篇一律地如此令人熟悉。但經驗告訴我，在今天結束的很久以後，雙方可能仍得不到所有想要的結果。因爲他們眞正想要的——比解決方法更重要，甚至比達成要求更重要的——是他們**在法院的一天**。

他們相信，唯有讓此人——曾經深愛，卻在轉眼間成了最熟悉的陌生人——在法庭中就他們犯的罪做出回答，苦難才會消失。他們希望趕在其他人正式宣稱：「你是好人，更好的人，更好的父親或母親。」之前，揭發對方的眞面目。

我的工作教導我重視判決帶來的影響力；他們要的不是達成和解，而是在法庭裡為自己平反。他們要能宣稱：**是法官要我這麼做的**。因為這意味著從他們的角度而言，他們還沒有同意輸掉這場官司。直到結束後，他們才終能理解不是我、不是法官，也不是法律有能力給他們嚮往已久的解脫。

此刻火車正駛離維多利亞車站，從城市逐漸向市郊前去。我坐在近乎空無一人的寂靜車廂內望向窗外，對於即將來臨的案子感到擔憂。我發現從鐵道上，我可以欣賞到聖誕節燈飾，房子上的窗戶裡，輝映著清晰可見的紅綠閃光玲瓏球飾。在我腳旁的桌子底下，塞了一袋週末過夜用的衣物。今晚，在案子結束後，我會搭上另一班車回家，回到父母身旁。因為

❶ 如果離異的夫妻希望不用等兩年即可離婚（一方不同意時則為五年），一人必須提交仔細列出另一方「過錯」的申請書。一份二〇一七年公佈的研究報告指出，在英格蘭與威爾斯有六〇％的離婚是基於通姦或不合理行為所獲准；在蘇格蘭，此數字則為六％。雙方同意之下，可以在一年後獲准離婚。根據一份全國性的調查顯示，受到伴侶指責過錯的人們中，有四三％的人不同意其被宣稱婚姻破碎的理由，而三七％的作答者拒絕或反駁伴侶對他們的指控。這份報告中沒有找到實證性證據，支持舉出過錯可以保護婚姻。根據紀錄，包括蘇格蘭在內等執行「無錯離婚」的國家，每年離婚申請的數目也沒有長期增加的現象。英國已經有等同於立即單方離婚的法規，但是該方式卻多此一舉地鼓勵雙方產生怨恨。已有部分法官、慈善組織和利益團體開始提倡「無錯離婚」，來避免由於相互責怪的要求使伴侶間的離異情勢升高。

今天不僅僅要呈現十二個月以來工作成果的高潮，也是平安夜。

從相愛到怨恨

八年前的盛夏，海蓮娜與艾德在炎熱潮濕的城市裡相遇。六個月後他們結婚，婚禮當天這座濱海城市落下了冬季的第一場雪，彷彿世界爲了他們拋下冰冷的繽紛紙片當做賀禮。他們在小房間裡舉行了簡單的儀式，房裡擺放有大型木製餐桌以及四張金屬腳座椅，座位上都鋪了陳舊的粉紅絨布。

海蓮娜穿了一襲鮮黃色的連身洋裝，還說自己不在意場地裡頭那鬱鬱寡歡的氣息。儀式後，他們與四位見證人一起前往餐廳，沒想到餐廳漏了他們的預約，艾德爲此與餐廳員工大吵一架。最後他們有了能用餐的位子，海蓮娜非常開心，也對此充滿感激，她代新丈夫輕聲道歉，同時確認艾德有聽見她的低語。

在歷經流產以及試管受精這些令人絕望的折磨後，兩人的雙胞胎來到世界上。在那之後，這一對他們期待已久的寶寶，似乎一直活在父母婚姻的裂縫之中。成長的過程中，孩子們從未眞正體驗家庭和睦；直到三歲，在排房林立的街道上，布滿聖誕花環、聖誕樹與燈飾時，衝突情勢開始嚴重了起來。平安夜當晚，經過好幾個月的揚言威脅之後，艾德離家了。

當其他父母忙著偷咬一口火爐邊的紅蘿蔔、喝掉半杯牛奶，假裝聖誕老人剛來拜訪時，艾德一邊怒吼，一邊向前走遠，手上裝有衣物的購物袋敲著他的腿砰砰作響。無視於大人們的咆哮與爭執，一對雙胞胎安穩地沉睡在夢鄉，獨自留下的海蓮娜將他們的長襪掛在床邊，摒住氣息，就怕自己的啜泣聲會吵醒孩子。

隔天艾德回家，嚷嚷要看孩子。**「今天是聖誕節！」**他大叫。海蓮娜企圖甩上前門，但被他用腳給擋住了，兩人於是開始扭打。艾德突然放開手，門隨之往後彈，朝海蓮娜的臉上猛然撞去，當下她立刻流下疼痛與驚嚇的熱淚。

火車內明亮的人工燈光照映著眼前的報告，我一邊讀一邊心想：聖誕節早上，當警察接獲海蓮娜的來電前去拜訪時，雙胞胎究竟待在哪裡呢？警方的報告中顯少提到他們，口角的事發經過被縮減成紙張上的一小段文字。他們究竟在樓梯間觀看，還是在尚未拆封的長襪堆裡，聽著成人世界的吼叫與陌生人對話的聲音？

雙胞胎在每個人的事件敘述中都不曾出現，這讓我想起一名法官對我說的話，那時我指出，我的當事人最在乎的就是自己的孩子。

「蘭佛德小姐，」他嘆口氣，「如果出庭應訊的人們，確實把孩子的利益看得比自己的更重要，那麼我的法院就會是座空城。」

警方在車裡安撫艾德，他看見鄰居窗戶上反射的警車藍光後，極為震驚，便接受了警方建議的警告❷。警官解釋，這不是刑事定罪。如果他承認，事情就解決了——這個爭議事項便結束。警方警告他不要叨擾海蓮娜與孩子，並向法院尋求解決辦法。

艾德搬到他母親位於市區另一邊的家中，除了避風頭，也好讓自己沉浸於憤怒裡，爲接下來的抗爭做準備。

海蓮娜開始規畫沒有艾德的新生活，她回到兒時居住的鄉村，嘗試在父母家附近租屋。一方面爲雙胞胎找學校，另一方面做好心裡準備，等著艾德要脅寄來的律師信函。

她很清楚他會要求看孩子，而她也明白自己會拒絕這個要求。她已先行在心中放大各種原因。她告訴自己，艾德既易怒又不可靠，所以她有責任拒絕以守護自己的孩子。但是她會拒絕，事實上出自於另一個她難以承認的理由，那就是：面對眼前充滿未知數的全新世界，她感到恐懼，而這是她唯一可以重新取得控制權的方式。

當艾德的信件寄達，她用顫抖的雙手讀完信。內容滿是對她惡劣養育做法的控訴，以及她試圖教導孩子要痛恨艾德等過錯。

海蓮娜發現自己錯了。艾德不只想要看孩子們，他將用盡一切心力把孩子從她身邊帶走。

曾經的連繫，如今的枷鎖

在艾德離家的三個月後，負責指引我的事務律師艾蜜莉，帶我到布萊頓郡法院的會議室，海蓮娜在那裡等著進行我們的第一次會面。我走入時，海蓮娜半站起身要跟我握手，她手腕上木製的手環發出碰撞的喀噠聲。她再次坐下，雙腿交叉，短靴的鞋頭踢著金屬桌腳，發出讓人緊張的短促節奏。其中一隻手無意識地上下撫摸項鍊上的串珠，彷彿在撥弄念珠祈禱一般。

我正對著海蓮娜坐下，將檔案夾推到她面前。我開始猜想，正如同我每次與委託人初見面時那樣，我們是不是正在評斷著彼此？她是否觀看著我的黑西裝、低鞋跟和向後梳的髮型？還有檔案夾、記事本、筆？她是否因爲我看起來像名律師而感到寬心？她是否本來以爲我年紀大一些？她希望我是潑婦嗎？

我注視著海蓮娜，她看來有些遲疑，顯然不確定該如何一口氣說出所有希望我理解的事。她急於解釋報告描述的形象及她深信的那人眞面目之間，其又大又深的差距。

律師，就像政治家與記者，不是海蓮娜平日會接觸的一群人。她認爲，這類人踩踏在

❷ 詳見第二章注❷。

他人生命的腐屍之上，從他人的苦難中賺取金錢。她BOBO族❸的世界裡不需要這類人物。她聰慧且通情達理，閱讀傳記以及正經的報紙，造訪畫廊與獨立電影院，經營當地讀書會，在農夫市集消費。她挑選中價位的美味葡萄酒做為晚宴的伴手禮，筵席間和相仿的友人高談闊論，微醺之際聊起政治的不公不義還會憤慨地捶擊餐桌。

然而，不知為何，她如今卻坐在法院大樓裡，對面坐著一位律師——**海蓮娜的律師！**無法解釋她如何走到今天這個地步。唯一可能的答案很清楚：這全都是艾德的錯。

海蓮娜的腳邊放著一只大型衣物袋，裡頭塞滿了記錄她委屈不滿的文件。她謹慎地在內容裡標記，以協助自己憶起所有丈夫對她的輕視與過錯。她的筆記本攤開在我們前方的桌子上，頁面上密密麻麻寫滿字，書側的線圈中間夾了一隻筆：一枝多功能伯羅牌多色原子筆。

晚些時候在法院裡，當她坐在我身邊時，我觀察到她切換不同顏色的筆芯做筆記。我試圖要釐清她如何區分這些相異的色彩選擇：綠色代表說謊？紅色意味不公？黃色則是實話？看著她的筆記本，我心想有哪項艾德的祕密，那些親密時刻傾訴的話語，被她給出賣了。自白轉眼成了指控：抽離時空背景的同時，也扭曲了含義。此刻的艾德，就坐在大廳對面的會議室裡與律師商討，而他是不是也正在做一樣的事？

這樣的情景屢見不鮮。這些祕密話題曾經牢牢繫著兩人，如今卻緊緊勒住雙方，讓彼此無法呼吸。有時候，我設想委託人和前伴侶一起審閱主張的情景——雙方的事務律師要求在就這些事實簽名之前，要做最終檢查——同時也想像當他們揭露這些文章的內情時，想必也因爲背叛而撲通撲通地心跳加快吧？然而，接下來他們會想起：**見鬼了，他／她自找的。如果他／她要玩低級的把戲，那我也奉陪。這一切都是他／她活該自找的。**

坐在海蓮娜對面，我打開自己的筆記本。如同我準備案子時的慣例，我畫了一棵家庭樹：墨水線連結了複雜的家族關係，法院可以決定保留又或是減去這些關聯。下方我列出了此案的關鍵日期，並在十二月二十四日下方畫了線。一組數字組成的四重奏，承載了對往事的懷念與魔力，現在海蓮娜會記得，這天是她家庭破碎的日子。

我向她微笑，心裡默默希望她願意多聽少說，然後開始說起我慣常的開場白：

今天的第一場聽證**只是指令聽證**——簡短的出庭審訊，大概不超過半小時。裡面不會有戴假髮的法官高高坐在法庭上方，也沒有排排站的長座椅。就只有一間房間，法官坐在書桌後，前方幾張桌子排成巨大的長方形。我們會坐一邊，艾德與他的律師在另一邊。法官會讀一封來自兒童及家事法院諮詢服務單位（CAFCASS）的信件，我們會當庭看到這封信的內容。

❸ 譯注。有時亦被翻為布爾喬亞波希米亞族，是中產階級波希米亞人（bourgeois bohemian）的縮寫，他們是資訊時代的菁英，兼具布爾喬亞（中產階級）的消費能力與波希米亞人的創意與自由。

海蓮娜點頭確認。「是的，我與一名男性社工通過電話，但是他好像有些匆忙，過程進行地太過倉促，讓我沒來得及告訴他所有想說的。」

「這只是初步的風險評鑑信件，」我說，「爲了標記出所有法院需要知道的事項。CAFCASS是由獨立的社工人員組成，他們只爲孩子著想、幫孩子出聲，並且提供法院一個獨立的觀點。他們的角色並非決定哪一方的父母可以信任；那是法官的責任。」

我等待海蓮娜逐漸理解這席話的含義，心裡明白當我們在法院收到CAFCASS的信件副本時，我得要平息她因艾德所說的**層層謊言**而燃起的怒火。

同時，我也知道，在讀過信件以後，我們的法官會徵求父母雙方的意見，試圖說服他們放下爭執，爲孩子著想，好達成協議。基於可能會出現這樣的狀況，我應該要嘗試說服海蓮娜，就某些點達成和解——提供艾德與孩子們一些接觸時間——但是，她顯然仍在氣頭上。

「艾德離開之後，便不再支付房租，」她說，「我打算搬家。我找到一間幼兒園——鄉村蒙特梭利的森林小學。」

我看了艾蜜莉一眼，她不發一語地搖頭，似乎不敢相信海蓮娜會違抗那些她想必早已給過的建議，而且居然打算在未告知艾德的情況下❹，單方面將孩子帶走。

「我的父母親，」海蓮娜說，「樂意幫我租一間鄉村小屋，但是我**不想讓艾德知道**這些。他會覬覦我父母的錢財，我知道他會，並不是因爲他們特別富有。然而結婚以來，艾德一直對我父母很吝嗇，一旦被他知道他們在經濟上支援我，他必定拿此當藉口，好逃避付錢的責任。他需要承擔支付的責任：他有份全職的工作，而我無法負擔兩個孩子的費用。」

她看著我繼續說。

「如果我執意要搬走，何苦要告訴他？停止付房租的人是他，是他把我逼走的！難道我不能就這樣一走了之，開始新生活？我住在哪裡，跟他有什麼關係？我擔心他隨時可能會出現在家門口，就跟聖誕節當天一樣。我想，他可能在搜集情報，意圖找出不利我的證據。他就是有可能做出這種事，躲在車裡觀察我們，記錄在他愚蠢的小筆記本上。」

海蓮娜俯身越過桌子。

「妳必須要了解，艾德提出這個申請的唯一目的是刁難我。妳不知道他是什麼樣的人，但我可是一清二楚。他怎麼會認爲自己有資格當孩子的主要照顧者？他怎麼會自以爲有辦法

❹ 法律明文指出，父母任一方在管轄權範圍內有遷徙的自由，無須經另一方的同意。前提是不應偏好現狀，也就是每個案件都要依自身案情來決定。然而，為了達成協議，如果雙方家長有養育責任（詳見第六章注⓭），則個別家長有權利就孩子生活中任何重大改變予以諮詢。如果一方父母認為另一方可能會帶走孩子並搬遷，則可以提出申請來避免此狀況的發生。

在做全職工作的同時，獨自照料一對雙胞胎？他熱愛他的工作：一直以來，工作都是他的第一順位，他不可能會放棄。在我的記憶中，他從來沒有獨自照顧過雙胞胎；他不懂怎麼養育他們。」

海蓮娜的媽媽說，如果海蓮娜找到兼職工作，她可以幫忙看顧孩子們。這點艾德的母親就辦不到：因爲他媽媽有工作，而且沒有多餘的閒暇時間。海蓮娜或許可以在他母親在場的情況下，讓孩子跟艾德見面，但是僅止於此。他不能夠與孩子單獨見面，因爲他一直以來要的都是掌控權。

「**當然**，我不想要阻止他見孩子——即使言行不符，他畢竟還是孩子的父親。他滿腦子認爲我只想要孩子，而不要他——他會宣稱自己跟捐精者沒兩樣。有時候，我倒是眞的希望他就只是捐精者。如此一來，我們的世界裡只有我和一對孩子，一個三人團隊。艾德對孩子很嚴厲，總是斥責且糾正他們，動輒大怒，把每件事搞得像天要塌下來一樣嚴重。我要阻止艾德繼續打擊我們的心靈，我希望孩子們對自己更有自信、自由自在地成長。」她下了結論，「說直白點，少了艾德，我們的日子會比較好過些。」

我好奇她有沒有注意到我打了個冷顫。

我觀察到的海蓮娜，在她爲自己做的決定辯護時，會將自己包裹在自怨自艾的憎惡裡。

我看見自己再度來到一個熟悉的場景——不知該如何讓她明白，她的孩子有一半是他們的父親，就像他們有一半是他們的母親一樣。儘管法律上不承認父母倆有認識孩子的權利，卻承認孩子了解個別父母的權利❺。

孩子有權利知道自己從何而來，知道他們的捲髮或捲舌，了解自己無法唱出和諧歌聲或打網球的技巧，明白他們寬闊的肩膀以及偏長的第三根腳趾，是否都出自於父母任一方的DNA精緻螺旋鏈。他們要有機會觀察，把手掌放在父親或母親的手旁邊，手的外觀形狀是否正如同個模子刻出來的一般。孩子們要能夠追溯這隻手的祖先：他們的手是否拿著槍、耕耘田地，並且拿著刷子洗刷一整個家庭的衣服？

當他們成長到一定年紀，他們能有自己的理由去拒絕任何一名父母，並且將他們與自己的生活做切割。除非法官判定父母可能對他們造成情感或身體上的傷害，否則法律會主動保護孩子和父母雙方建立關係的能力。

可是，我看得出來，當我說明這一切時，海蓮娜陷於一股深沉的憤慨，她既不想聽也不願接受這事實。

❺ 一九八九年《兒童法》第一節提出，法院必須在所有與孩子相關的案件中，都運用「福利原則」。基於這項原則，法院設想父母方在不引發並造成孩子傷害的風險之下參與孩子的生活，將有益於孩子的福利。倘若在法院進入訴訟程序前，已有證據指出父母任一方有可能基於何種類型的參與而置孩子於險境，則此前提便不適用。

儘管艾德的律師與我在當天上午會盡可能花時間與各自的委託人協商，我終究還是懷疑任一方會同意任何事項。屢見不鮮的狀況是，我一邊讀著新案件的檔案，一邊心想**「這次想必會和解吧」**！許多人離婚、哭泣、心痛並且咒罵。他們抽下書架上的書籍、瓜分結婚禮品、分配誰拿車子、貓咪歸誰。但在孩子周圍，他們創造了保護網，繃緊下巴、彼此配合，因此不用來到法庭處理這一切。

當然，這兩位當事人也可以這麼做？

晚點在法院，我們爲了達成協議，開始爲即將上演的一場鬧劇而努力。我的對手與我，將來回奔波在委託人與我們的會議室之間，傳達種種要求、條件、底線，以及最後通牒。

通常，如果法院庭期不擠，又碰巧遇上耳根軟的法官時，可能會因此聽到一場出於不重要的緊急衝突所引發的短暫爭吵。然而一旦法官做了決定，這就是最終裁決，將不容我或我的對手，要求更多證據細節或請求不同的折衷措施。但是絕大多數的時候，我必須仰賴每位律師的能力，把一則充滿敵意的請求，轉變成一次「聽起來有可能」的機會。我明白，一旦其中一方做出結論，另一方往往會軟化態度，使彼此朝向充滿猶疑的協議方向進行。

不過，我有太多次在多方反覆協調後卻沒任何結果的經驗。委託人、對手、委託人、對手，進入法院，法官准予更多時間，然後又回到我的委託人、對手、委託人、對手。指示草稿上的條款、豁免和序言，也因此越來越充實。然後，當法警鎖上法庭的門，外頭的等候室一片安靜，在場所有人彷彿要被壓力悶到窒息而死。這時，其中一方會拒絕同意一則重要的讓步，或是突然不同意某個已經達成協議的敘述。

「絕對不接受！」他們會大喊。**「這做法太超過了。我不會這麼做。讓法官決定吧！」**

但是到那一刻已經太遲了。法院工作日已進入尾聲，法官沒有時間聆聽執行裁決所須的供證與主張。他允許我們在法院裡進行協商，條件是下一次回到庭內時，我們已經商討出一項解決此案的合意命令。現在，我們只能離開法院，改天再來，屆時法官會做出與我們協議一致的裁決。

在這個過渡時期，案件當事人會卡在那些最初把他們帶到法院、令人不滿的所有安排之中。於是夫妻雙方和律師將帶著挫折和疲憊離開步出法庭——在這至少花上了七個鐘頭解釋、循循善誘、爭辯，過程中連午餐都沒時間吃、讓人脫水又頭痛的地方，一切努力都將化爲灰燼。

我又看了海蓮娜一眼，她散發著怒火。我明白自己不該有過高的期待。

歧見無法達成協議

「佛瑞斯特先生，」法官打斷艾德的律師，「我們在此只是爲了第一場事證的指示聽証。請不要發表長篇大論。只要告訴我，你希望我**怎麼處理**。」

看著賽門．佛瑞斯特，我很慶幸他也在此。大多數這類私人家庭爭端的當事人，已經不再有資格接受司法援助❻，因此必須自掏腰包雇用律師。或者如同越來越多案件的做法，當事人都自己做爲訴訟當事人出庭。現在已經很難說服其他市民用稅金，來爲其他素昧平生的成年男性或女性付錢，好討論這些問題：要在下午一點或三點接送小孩？特定的生日禮物或卡片內容是否不恰當？每逢學校假期應由雙方輪流照護嗎？陪伴時間要直接一分爲二嗎？

然而，任何當事人透過代表自己出庭省下的金錢，會被其他成本打平。因爲聽證往往進行地較預期來得久，或是——如果他們早接到建議，告知他們已經不再符合資格——從一開始其實就不應該來到法庭。我對於那些代表自己以對抗律師的當事人寄予無限同情。他們沒有勝算。很快地，他們也會認清這點。

不論我是否已解釋，法官會要我們至少嘗試先就有歧見之議題達成協議，基於恐懼或懷疑，委託人們往往拒絕和我在進入法院程序之前就先好好溝通。在法院，法官也會試圖說服他們。「是的，所有提供給法官的文件，我也都給了他們一份。對，他們必須向我出示要給法官看的新事證。」

我費力地讀完所有申請與陳述，裡面滿是附件、從網路上列印的長篇大論、畫滿重點與粗體標記的附錄。這個過程令人筋疲力竭，我也可以想像對於法官來說，現況有多糟糕。現今有超過三分之一的案件，是在沒有律師的情況下來到家事法院的。

我很慶幸賽門不是一名「當事人之友❼」，這類人物陪同訴訟當事人進入法院，提供當事人精神與實際層面的支持。我可以理解爲何當事人會想徵詢法官的同意，帶上當事人之友。問題是，隨著代表自己出庭的人越來越多，儘管這些壓力團體並沒有法律資格，也未有規範得以證明他們的能力，但他們——透過在法庭裡講述陰謀與祕密故事——剝削當事人好促進自身之議程，也向協助的當事人索取時間和支出經費。

一直以來，我都會當面與訴訟當事人溝通，好讓他們意識到這些「職業」當事人之友，並不是以提供個人支援或協助爲主，其實是著眼於自身利益，好將本身的文獻資料與論點讓法官聽到。

在一件案例中，當一名當事人之友將自己做爲一名當事人代表出庭時，法官和我兩人都

❻ 詳見第三章注❽。

❼ McKenzie friend。指法官同意伴隨當事人進入法庭的人，以第一宗允許進入法庭的案件——麥肯錫（McKenzie）命名。他們會在法庭提供當事人支持與援助，但是除非獲得法官允許，否則不得在法庭內發言。然而此情況不常見。並沒有相關規範要求他們須具有法律或受保人資格。政委員會（Judicial Executive Board）的看法是，法院應該採取蘇格蘭的做法且禁止對其付款。他們建議，為了能夠更清楚地辨識「當事人之友」的角色，應該要給他們一個更適當的名稱：法院支持者。

被他給哄騙了。我跟他在法院外有過短暫的交談——基於他所告訴我的，我相信他是我的訴訟反方。來到法庭，他起身說話。而我的委託人從後方拉拉我，告訴我眞正的訴訟反方，也就是她的前夫，是那名坐下的男子——而不是那位對法官高談闊論的大鬍子。

正義被中途打劫，然而或許看在當事人之友的眼裡，這才是重點。

海蓮娜透過限制條款獲得法律援助。根據該條款，得以證實自己或其子女爲家暴受害者之當事人可以獲得經費支援。警方在聖誕節給艾德的警告足夠證明這一點。然而，艾德卻必須自費聘用律師。他透過直接管道計畫❽提供賽門指示，因此毋須與事務律師在時數上斤斤計較，但須就整體費用直接與大律師達成協議。從賽門帶到法院的檔案數量——與艾蜜莉寄給我的輕薄卷宗相比——我看得出來，艾德致力要讓他付在官司上的錢是值得的。

賽門說起長長一串艾德的絕望心聲：他仍無法與孩子見面，且擔心海蓮娜企圖帶他們遠走高飛。

「很明顯地，」他說，「無論法院最終對她判處何種指令，海蓮娜執意阻撓雙胞胎和父親之間的接觸。目前的狀況難以爲繼，有賴最緊急的方案來解決僵局。」

我感覺得到海蓮娜在我身邊散發的怒氣。她希望我打斷賽門，憤怒地爲她辯護，並且用滿腔的控訴來反擊對方。

問題是這麼做不會帶來任何好處。賽門很了解這名法官，明白他不會在今天做出裁決。

賽門只是在裝模作樣——毫無疑問是基於客戶的要求——將那些聽證開始前，艾德加諸於他的憤怒和尖酸刻薄，轉化爲法庭上的說法。

「我已經閱讀了你委託人的申請，」法官接著說，「以及來自CAFCASS的計畫表二信件❾。我知道這對父母之間存在什麼樣的問題。從你剛剛說的，我推測你還沒能在今天早上解決任何一項問題——所以，我說這滿丟人的。那麼，佛瑞斯特先生，現在你建議我們繼續進行這場聽證嗎？」

「請給我們一場抗辯臨時聽證❿。」賽門短暫地看了我一眼。「這位母親已經拒絕這位父親與孩子的所有接觸……」

我正要開口反擊這番話，賽門看見了，於是修正他的說詞。

「我應該補充說明，只有在今天早上，這位母親才同意提供一些基礎的接觸，讓父親與

❽ 現在，大眾無須經由事務律師或其他中間人，便能直接與大律師聯絡。承接這份工作的大律師必須符合相關資格。委託人與大律師要就他們的工作費用達成協議，這筆費用通常包含草擬文件與出席聽證。

❾ 譯注。Schedule Two letter。兒童及家事法院諮詢服務單位在第一次聽證時遞交給法院的報告書。

❿ 申請過程期間的抗辯聽證，會就須在最終聽證裁判前先行決定之爭點做出裁決。雙方當事人會提交特定爭點的陳述，並在法官決定爭點後舉證。該案件之後，會繼續在最終聽證中審理待解決之其他事項。

孩子於祖母在場的情況下相見。然而，我認爲監督下的接觸是完全不必要的，而且這位父親不能理解爲何需要同意這些條件。因此，恐怕必須盡快進入抗辯聽證的程序，如此一來，父親至少得以在等待最終聽證的過渡期間與孩子接觸。」

我看著法官。她說，「我今天沒打算處理這位母親所提的接觸提議，但我必須說，我很驚訝你的委託人寧願選擇完全不見面，也堅持要在他要求的條件下見孩子們。」賽門吸了口氣準備插話，可是法官舉起手示意他安靜。她接著說，「至於母親的搬家意圖指控，佛瑞斯特先生，我相信你已經告知你的委託人，這名母親依法有自由遷徙的權利。只有法院指令可以阻止她這麼做，但我並未看到你的委託人申請該指令，而他目前所提的申請中也沒有包含相關的議題。」

不等賽門回應，法官轉頭對我說。「此外，蘭佛德小姐，雖然我不打算探究這位父親懷疑妳的委託人在這場吵鬧中，意圖去顚覆孩子們思想的眞實性。但是從我的角度而言，倘若她確實這麼做，法院的確會視其爲消極的負面做法。她有責任確保孩子與父親和家族維持關係。任何她所做的威脅舉動，皆會在日後被法院視作『未基於孩子最大利益著想』的作爲。我希望妳有跟她說明這點？」

我大可以告訴法官那些艾德拒絕付房租、寄送威脅驅逐信件的事情，但是這不會有太大幫助。這些我都已經跟賽門提過，而法官也已清楚表明她不會在今天下結論。我於是點了點頭。

「既然這樣，很不幸地，我應該要將這件案子的臨時抗辯聽證庭期列爲半天。法院的庭期表，已經一如往常超出負荷了。我剛剛才列了另一件案子的最終聽證，我能給你們的最早空檔是在十二週之後。這個案件恐怕不會再回到我手上。我可以給你們的時間不到三小時，草擬聲明時請不要忘記這點，而且雙方都必須在四週之內提交聲明。」

她沒有說出口的話是，**「現在，滾出我的法院」**，雖然她滿有可能會這麼做。

就這樣，如我所預期也如我所擔心的，海蓮娜沮喪且心懷不甘地離開她的第一場聽證。現在，她的記事本上圈起了一個新的日期——抗辯聽證的日子。那天她和艾德兩人要舉證，一名素未謀面的法官將要決定，究竟她要跟孩子說，他們獲得允許與她一起住，或是她要回家打包他們的行李。

打破僵局

首場聽證後，不到一週，海蓮娜就接到了房東寄來的驅逐通知。艾德仍然沒有支付房租，而海蓮娜堅稱她沒有其他選擇，立刻與孩子們搬到她父母家附近的鄉村小屋，使用她父母提供的錢支付鄉村小屋的房租，而非付清逾期未付的租金。她幫雙胞胎在新的幼兒園註冊，僅在事後才通知艾德。

艾蜜莉寄來電郵報告這些新進度。我一邊讀，一邊用手撐著自己的頭，深知海蓮娜此舉只會更加強艾德口中「海蓮娜意圖把他從孩子生命中剝奪」的論點。我想起艾德——震怒於他的孩子此刻在一個他完全陌生的地方生活——同時等著他採取下一步行動。

艾德的申請在幾天以後便抵達。他強烈要求孩子們要即刻回到原先的住家與幼兒園。他付清了逾期未付的租金，並搬回他們原先住的房子。接著，他還換了鎖，拒絕讓海蓮娜取回她與孩子們的其餘物品。

「孩子們可以回去住，但是海蓮娜不行。」他宣稱。

現在換海蓮娜大發雷霆了。她自己爲這幢先前的住所申請了占有禁令[11]，好把艾德移除在居住環境之外。她之所以這麼做，據我所知，除了因爲「她就是能這麼做」之外，沒有其他更好的理由了。

每位當事人方的緊急禁令都在另一方未被告知[12]、同時另一方不在場的狀況下被批准。在法院下達這些命令的一週後，緊急聽證終於排上法院的庭期，因此另一方不能提出反對，而且法院可以判斷這些命令應該要繼續或被駁回。

兩件事結合在一起，所以我們全都再一次來到法院。但賽門與我這回出乎意料地都推進了一些進度。

「如果海蓮娜撤銷她的申請，並且同意簽字，把房子租約轉交給我，我就同意讓海蓮娜自由進出，以取回她與孩子們的物品。」艾德說。

她心甘情願地答應了這項協議，宣稱自己對房子的租約沒有興趣。她目前的重心是為自己與孩子建立一個新家。眼看我們即將就雙胞胎的幼兒園漸漸達成協議之際，法警擺動著他的黑袍來到我們的會議室，表示法官已經就位，敦促我們快點進庭。

承審的是名資深且經驗老道的巡迴法官，對於在他超載的庭期表中看到這場新聽證不是特別興奮，而我們當天早上達成的協議，仍不足以平息他的不悅。

他滿腔怒火，而我首當其衝。

法官不滿海蓮娜即使在法院程序已經開始、臨時抗辯聽證排期之後，其行動仍舊是充滿歧義且偷偷摸摸的。他認為，不該讓她這種行為輕易規避懲罰。他下令要她帶孩子回到原先

⓫ Occupation Order。為了將某人從他們的家中移除，好讓申請者可以回家居住。要建立居住的權利，申請人必須符合固定數目種類的要求。法院必須執行權衡法，斟酌在申請核准或不核准的狀況下，該禁令對當事人與孩子造成的傷害，同時將居住需求、經濟資源和當事人行為皆納入考量。

⓬ 當事人可以在未告知另一方當事人的情況下提出禁令（即禁止一個行為或事件發生之命令），這可能是出於緊急事由，或因為他們害怕另一方一旦知道，就會試圖阻止他們所採取的行動。這則申請只須由提出的當事人出庭，且通常會被獲准；法官會要求雙方當事人之後再回到法院來確認申請是否有異議。倘若申請遭反對，則會舉行完整的抗辯聽證，以決定是否應維持該命令之效力。

那間幼兒園，離他們的新家很遠。他憤怒地附上了懲罰通知⓭，以及要求她必須支付艾德的費用。

聽證結束，法官怒吼並離席，我們也快步逃離法庭。令人驚訝的是，這回當我解釋懲罰通知的含義以及其嚴重性時，海蓮娜沒有多說什麼，只是靜靜地點頭聆聽。「如果妳無法遵從這項命令，」我警告，「妳可能會遭到逮捕，關在警察局過夜，隔天早上還要在法院現身，等著受罰。」雖然我對於懲罰通知提出的抗告上訴成功，我仍耳提面命地告誡海蓮娜，囑咐她每天要確實從新家開一段長路送孩子前往舊的幼兒園。

終於，慢慢建立了一個常態的秩序。

儘管他們倆本身貢獻不大，但雙方開始漸漸融入新的生活。這個改變的功勞，主要來自於兩位祖母。艾德的母親——害怕將來再也見不到她僅有的一對孫子——成功做到我、艾蜜莉、賽門以及甚至法官都辦不到的事。

她透過海蓮娜的母親說服了海蓮娜，同意讓孩子們留在海蓮娜身邊，艾德則可以在孩子們去幼兒園的日子，在她家待上一至兩天。艾德很氣海蓮娜仍不讓孩子們與他單獨相處，還說起風涼話，表示海蓮娜之所以增加他留宿的天數，是因爲從新家到幼兒園路途太漫長、太累。無論如何，他答應此新安排，打破了長久以來的僵局。

正當「法院機器」的齒輪好不容易開始緩緩推向下一場聽證，海蓮娜與艾德間的短暫休兵，卻再次因新的爭執撩起戰火。

海蓮娜指控，艾德砸爛她的手機，當她試圖錄下他的吼叫時，將手機摔個稀爛；艾德則控訴她對孩子一直很粗暴，拽著孩子的手臂將他們硬拉到車裡，不讓他們和父親告別。話語與電子郵件裡，暴力與威脅的字眼無所不在；它們全都被記錄下來，也都出現在法院報告中。在接下來的兩個月裡，艾蜜莉與我在法院頂樓的律師室會面，試著要跟上進度。但兩位祖母的出現再一次帶來解套方案。她們決定，與其讓父母面對面進行，將由她們站在門前的臺階上，面帶笑容地親手把小孩、包包和吩咐，交給對方。

我一度覺得，自己曾看見她們一同坐在法院對面的咖啡廳裡。過去僅單純因爲孩子們的誓言而有所關連的這兩位祖母，現在卻因孩子們失敗的婚姻而站在同一陣線，就爲了要保有那已被遺棄的誓言。

⓭ 附加於命令上的一段文字，說明如果一方當事人違反所有或部分命令，會遭到警方逮捕。若證據已達「排除合理的懷疑」（beyond reasonable doubt），則會被帶到法院接受對應之懲罰。會發出此通知，本質上是視當事人藐視法庭。

一分為二

這場抗辯臨時聽證安排在六月的某個星期五。顧及日後仍有好幾個月的聽證程序需要跑，海蓮娜與艾德爲了讓法院決定新指控的眞相，終於在前往法院的前一刻，同意決定透過允諾⑭，鄭重地承諾他們不會透過言語或是行爲傷害對方，也不會在法院中彼此仇視相對。對雙方的大律師來說，這些用字遣詞再熟悉不過了。動手寫下書面允諾前，我們甚至不用進行任何討論：「任何一方都不該在孩子面前詆毀另一方，也不允許任何人這麼做。」

如此習以爲常，如此令人害怕。

聽證在上午十一點多開始。我們的法官經驗豐富且極富耐心，對於來到法庭的人們待以尊嚴與關心。然而因爲雙方在供證時一再攻訐毀謗對方，讓他的耐心已消磨殆盡。面對雙方當事人僵持不下的頑固立場，法官選擇走一條頗有爭議的途徑。由於距離暑假只剩一個多月，他決定把孩子們的時間一分爲二。他認爲，在等待最終聽證和更持久的解決方法出現之前，這是個權衡的做法，藉此任何一方的父母不會有理由抱怨。

這對雙胞胎，如今已經習慣媽媽不在身旁也能進入夢鄉。他們週日到週三與艾德相處，週三到週六則和海蓮娜在一起。現在雙方已經簽下允諾，雖然祖母還是會在父親工作時負責接送並照料他們，但法院沒有理由要求小孩須於祖母在場的狀況下，才能跟爸爸會面。直到最終聽證做出結論以前，他們可以留在目前的幼兒園，海蓮娜則在星期三接送他們下課。這年的暑假將區分爲兩個等長的時間段：一週和媽媽，一週跟爸爸，以此類推。此指令清楚地意味著，沒有任何一方的父親或母親比較重要或是不重要。

之後我向海蓮娜解釋，我懷疑法官的做法是一項測試。她站在我面前，焦慮到雙腳都站不穩。倘若艾德眞心想要獨自照顧孩子，並在同時間持續其全職工作，此刻他也會了解到這究竟有多困難。同理，因爲海蓮娜擅自決定搬到遠方，此決定也是法院要她明瞭自己須付出的代價。

「因爲雙方不願妥協，」法官說，「每件事就只好平分——時間、成本、往返彼此住處的路程。」

這是否爲一場索羅門的裁決⓯？我不知道，然而這至少是一種解決方式，對於父母雙

⓮ 向法院保證不進行特定事宜的正式承諾。如果一方當事人違背，則會被帶回法院，由法官決定是否有證據得以證明該行為。違背允諾基本上被視為藐視法庭。此並非承認個人受指控的行為，當未經證實的指控有爭議時，允諾因此成為不用抗辯聽證便能解決申請禁制騷擾令（Non-molestation Order）的有效方式。允諾與禁制騷擾令唯一的不同，是警方不能因為某人違反允諾而逮捕他，申請者必須將此事帶回法院處理。

⓯ 譯注。Solomonic ruling。指使用計謀智慧地判斷出真相，哄騙當事人暴露自己真實的情感。法官假裝自己將要毀壞爭議的主題，而不是允許任一當事方在損害另一方的情況下獲勝。

方，以及對他們尤其需要幫助的孩子來說都是。行不行得通，取決於他們自己。

毫不意外地，他們沒做到。

海蓮娜害怕艾德有能力證明他可以做爲主要的照顧者，於是總想盡辦法從艾德那裡奪回些許時間；艾德對法官相當不滿，他明明是工作的那一方，每個週末卻歸給海蓮娜，厲聲說出「審判偏袒母親」那些老套乏味的爭辯。

所有申訴的怨言都被攤在陽光下。有一方總是遲到；雙胞胎回來的時候身上的衣服很髒；沒有帶回他們的幼兒園包包或是安撫睡覺用的兔寶寶娃娃；沒有支付另一方往返的交通費用；不滿孩子們通電話時開擴音器功能，像是被另一方監控。

事務律師撰寫的信中，記載了指責對方冷落與輕視的仇視，一封接一封地往返。

面對下一場指示聽證出現須處理的新抱怨申訴，惱怒的法官表示，這個問題的重大程度，已經足夠要求一份完整的CAFCASS報告。我能夠想像他們指派一名社工負責這件案子，費用由全民買單，而社工必定會在閱讀兩邊家長供詞後，嘆下長長一口氣。

孩子的聲音

此刻沒有下雪，但是空氣中卻飄散雪花的氣味。眼看法庭窗外的天色漸暗，我準備步行回車站。踏出法院之際，從建築物裡的人工熱氣跨向室外的冷冽，頓時顯得這份寒意尤其刺骨。這是聖誕節前夕的最後一個週五。所有法院裡的工作人員，從警衛、法警再到法官，都已經籠罩於邁向假期的告別氣氛裡。而我，沒有加入打包以及回家的人群，爲了準備在星期一，平安夜當天開始的最終聽證，我花了一整個週末移除所有海蓮娜聲明中的牢騷。

CAFCASS的報告遲了一週，直到開庭那天早上才抵達。看到報告的作者姓名時，我鬆了一口氣。莎曼珊·瓊斯，我先前遇過這名社工，我知道她會以明智、平衡並且堅定的敘述，寫出公平且合理的報告。報告中審慎記錄了父母雙方的觀點，但是他們指控的眞相要交由法院裁決。

雙胞胎在九月份慶祝四歲生日。因爲年紀尚小，因此他們的說法在法庭中不具高度價值，然而法官仍然要求莎曼珊與孩子們溝通。

我在重點句子下方畫線。莎曼珊指出，「儘管父母間關係緊張，但考慮所有層面，可以說菲力克斯和蘿拉是快樂且身心平衡的孩子；多虧兩位祖母盡了最大的努力，保護孩子們不受這些紛擾影響。然而，這兩名孩子一直以來卻受到父母無情憤怒所造成的情感傷害，他們記得當爸媽對彼此吼叫咆哮的樣子。

「他們說：『爸比生氣的臉看起來很嚇人，看到哭泣的媽咪也讓我們覺得害怕。今年夏天很好玩。我們喜歡跟媽咪一起去度假，然後再跟爸比一起過。我們喜歡現在的幼兒園，但是希望可以去新鄰居也去的那間。跟媽咪一起住的新家比舊家小很多，但是我們喜歡跟彼此分享房間。我們眞的很喜歡隨時都可以看到外公和外婆，也喜歡待在爸比那裡時可以見到奶奶。雖然爸比丟掉許多東西，舊家看起來不一樣了。我們非常期待聖誕節。媽咪讓我們自己裝飾聖誕樹，還會去參加村莊裡其他小朋友的派對。聖誕節時我們想要見媽咪與爸比。因爲我們想要去參加派對，所以希望可以留在新家。我們希望爸比可以一起來，但是如果爸比來又和媽咪吵架，我們會很害怕。』」

我停下來，放下閱讀中的報告，讓自己慢慢消化這些文字。

這提醒了我，在代表委託人的同時，多麼容易一不留意，便把看不見的孩子們抛諸腦後。在案件結束時，我了解到這些小朋友的生活細節——他們需要開著燈入睡；想要每天穿公主洋裝；在學校遇到麻煩；會暈車；喜歡火車；開始尿床——但是在整個過程中，他們始終是一個抽象的概念。

我帶著批判的眼光閱讀CAFCASS的報告，因爲報告本身對於我的案子可能是助力也可能造成阻礙。但是在我接著閱讀孩子們的意見，意識到這居然是自己第一次聽見孩子們的聲音時，我感到一陣充滿罪惡感的難過與驚嚇。

我再次拾起報告，繼續閱讀最後幾頁。

莎曼珊指稱海蓮娜以及艾德爲「這名母親」與「這名父親」，在通篇報告之中，這樣的做法非常頻繁地出現，彷彿去個人化幫助她以不帶情感的專業方式寫作。

她的報告裡指出：這對雙胞胎需要安全以及穩定的生活。每週持續在父母之間往返，對孩子們有不好的影響。地理上的距離，意味著共同照護不是符合現實考量的選項。雙胞胎正是準備要上小學的年紀，法院必須同時裁決，以決定父母哪一方會在週間照顧孩子。

自從孩子出生後，這名父親持續做著全職工作，其母親在某些星期有空幫忙，然而法院不能、也不應該要求她爲了全職照顧小孩，而放棄自己的工作。雙胞胎現在四歲了，正值活潑好動的年紀。雖然這對父母與法院應該對這名父親的媽媽提供的協助非常感謝，但全職照顧孩子不符合祖母的最大利益，更重要的是，也不符合孩子們的最大利益。

這名母親打算從事兼職工作以照顧孩子們的教育，而且她得以在其父母的支持下照護孩子們。她有穩定的住所且沒有積欠房租。此外，鄉村小屋儘管不大，對於孩子們的需求來說很足夠。她已經研究了當地小學，並且在她希望送孩子們去上的幼兒園裡，已爲他們建立了朋友圈的支援網絡。

我彷彿聽見莎曼珊下筆寫出最終結論前，在空白處深吸了一口無聲的氣息。

她建議法院所做的命令是：孩子們在平日週間與母親同住，隔週的週五到週日、每次的學校期中假期、所有假期的一半天數，則待在父親那邊。雙胞胎現在每天都會去幼兒園——如果不讓他們與母親共度週末並不公平，對媽媽也不公平。當她每天辛苦工作，卻沒有時間與他們享受週末的休息時間。到時候，這對父母一定要合作達成協議，共同決定雙胞胎在母親所居之處入學。

闔上報告，我將手擱在上方。我可以想見海蓮娜解脫時的歡欣鼓舞；也能夠想像艾德讀到時的暴跳如雷；更可以預見賽門勢必要和艾德開會商討；我明白要怎麼巧妙地避免委託人的憤怒——那混淆了恐懼和失去的震怒；我也知道，雖然賽門可能會告訴艾德，法官有遵循報告提出之建議的可能性，艾德絕對會拒絕接受這個結果。

倘若法官要執行該命令，那就這樣吧，但是艾德永遠不會放棄孩子。

法官最後的決定

最終聽證預定排在同一位法官的庭期表上，這名法官先前已指示了共同照護命令。然而，當我穿過寒風，從車站步行抵達法院之際，我才發現——出於無人能夠解釋的原因——這場案子將交由先前的巡迴法官處理，他曾對海蓮娜單方面的搬遷勃然大怒，繼而給了海蓮娜懲罰通知。

當我們來到法院，賽門在最後一刻提醒法官，他已經處理了這起案件。如果換作我是他，我也會這麼做。我看著賽門，他看著坐在我身邊的海蓮娜，我對於此案件的信心開始流逝。「該死！」我小聲地咒罵，艾德此刻走上證人席要做宣誓。「該死、該死、該死。」

來到午餐休息時間，莎曼珊．瓊斯還沒有發言。這很不尋常。通常法官會竭盡所能地確保CAFCASS的官員，只會在法院裡待上確實必要的時間，並且先進行舉證，好讓他們可以早點離開。但這回，法官要求她坐在法院裡聆聽雙方舉證。我觀察他，想從臉上找出一些他對案子想法的蛛絲馬跡，可是他仍舊面無表情。

我心中暗想，他爲什麼要這麼做？雖然我看過類似情境，但法官不同意報告裡提出建議的情況並不多見。他是否希望CAFCASS的官員聽到些什麼，得以改變心意？法官唯一需要的，是莎曼珊承認自己未能將特定情境納入考量，又或者因爲聽到新事證而使她改變觀點。加上觀察到法官展現出的某些傾向，她可能也會屈服進而改變心意。

我們把午休時間縮短至三十分鐘。海蓮娜希望能坐下來商討早上的舉證結果，但我斷然拒絕了。取而代之，我獨自坐在律師室中翻閱我的筆記。

我開始更審愼地思考艾德所提出的條件——關於孩子們留在原先住家和幼兒園的好處、可以提供經濟支援的父親，以及展現充分照養支持的奶奶。這名法官認定海蓮娜相當不尊重艾德與法院。從上次他處理的方式，可以明顯觀察到這點。賽門或許能使法官相信，海蓮娜決心要將艾德從孩子的生命中抹除，絕對不會遵循法院所下的任何命令。

當我瀏覽海蓮娜今天早上所供述的證詞，不禁眉頭深鎖，並再次閱讀她針對艾德所提的一整條控訴。我闔上筆記本。我應該要去找她：提醒她，CAFCASS報告是一項建議，而非命令；告誡她，只要法官能夠有充分理由說明這個建議不合理，便不會依循該建議進行；鼓勵她，不要表現得沾沾自喜，一旦法官認爲這才是最符合雙方利益的做法，便會從她身邊帶走孩子，轉手交給艾德。但是，就在我起身準備去找海蓮娜的那一刻，賽門現身了。

沒有時間了，法官現在要我們全體人員回到庭內。

舉證時，莎曼珊並未改變她的建議，這是基於她相當周全的一番考量。她認爲海蓮娜不支持孩子與艾德之間建立關係；她承認自己擔心海蓮娜有可能會拒絕遵循法院判決的「強迫孩子與爸爸接觸」之命令。但是她希望法院能發布有利於海蓮娜的命令，來消除其疑慮，如此才有機會增加海蓮娜的信心，進而在一切爭端解決並塵埃落定後，支持孩子與艾德的關係。

我看著法官，觀察他寫下筆記並且慢慢地畫線做重點。

賽門與我完成結辯以後，法官要利用休息的時間思考判決結果。法院外，海蓮娜打電話給協助照顧雙胞胎的母親，表示她會晚點回去，法院還沒有做出最後的決定。掛上電話之後，她轉身面向我。我擔心她從我結辯的語氣裡，聽出剛才的聽證進行得不是特別順利。

「法官需要更多時間思考，這是好還是不好？」她問我。

「兩者都有可能，」我回答，「這位法官可能希望做出一個衡量過所有細節的判決，如此一來，任何一方才不至於有機會去批評他漏看了什麼部分。」我稍做停頓。「又或者，他正在準備自己的理由，解釋爲什麼他不依循CAFCASS官員給的建議。」

海蓮娜茫然地瞪著我。我輕聲細語地繼續解釋，「妳要做好心理準備，判決結果有可能並非站在妳這一邊。做最壞的打算，抱最大的希望。假使判決結果不利於妳，我們還是可以提起上訴。但是這位經驗老道的法官會確保自己做了無懈可擊的判斷。也因此，我沒有辦法保證我們會成功。」

眼前的海蓮娜彷彿被驚恐給吞噬，這讓我想起每回個案中的父親或母親意識到自己打輸官司時的模樣。當結果不如預期，他們動物般的怒吼可能會一直持續到離開法院後，還迴盪在我的腦海中。

我找了個藉口離開，因爲無法繼續與海蓮娜面面相覷。於是，我去洗手間盯著鏡子中的自己，感覺像已經凝視了一整天之久。

我是不是其實忽視了哪個很重要的細節？我對艾德進行交互詰問時是不是太溫柔了？這名法官打算怎麼做？他當然不會命令海蓮娜今晚便回家收拾行李，然後把雙胞胎交給艾德。更何況今天是平安夜。當然，除非法官擔心海蓮娜會再一次帶走孩子，帶到一個不會被發現的地方？

洗手間外傳來敲門聲，是書記官。是時候要回到庭內去，法官準備好了。

法庭裡讓人感覺特別冷，彷彿有人爲了要移除數小時聽證的窒息氣味，刻意打開了空調一般。

法官回來時全體人員都站著。他一如往常地以其獨特的方式走進法庭。那緩慢且謹慎、弓著背脊的走路方式使他看來比實際年齡要大。他不會向站在他前方的人點頭示意，逕自坐下、打開筆記本、拿出筆、拔下筆蓋，看一眼庭裡的時鐘，記下當庭時間。唯有在這之後，當他抬起頭看向衆人，我們才知道聽證已經開始，我們可以說話了。

這一次法官並未抬頭。相反地，他埋頭開始依著他的筆記本朗讀裁判結果、說明案件的事實，以及多場聽證的歷史。我隨手寫下他說的話，好讓自己不去想現場緊繃的氣氛。最後，當他做出結論，指出雙胞胎應該要和海蓮娜住在一起時，我感覺得到她坐在我旁邊全身顫抖，努力要控制自己無聲墜落的淚滴。

當天傍晚我前往父母家，到達時已是聽證結束的許久之後。我坐在廚房餐桌旁邊，用叉子戳著加熱好的牧羊人派，強迫自己在慶祝聖誕節開始前打下出席筆記。我用電子郵件把筆記寄給艾蜜莉，接著關上筆電。

我不由自主地想起了那對雙胞胎。我好奇他們是否正穿著睡衣，剛泡完澡，雙頰紅通通地走出浴室。又或許，此刻他們已經進入夢鄉，彷彿從畫中墮入人間的小天使一般，微張著小嘴沉睡著。

我也在想，海蓮娜是否藏起她如釋重負的眼淚，不讓孩子們看到；又或者她任由自己把孩子們當作安慰，摟著他們，讓他們小小的手掌慢慢地摸著自己的脖子。

然後，有那麼一下子，我想起了艾德。他獨自一人待在曾經住過的家中。

我起身把文件和筆電放回手提包裡，拉上拉鍊，然後走向正在客廳等候我的家人們。

孩子才是核心

最終聽證並不是這段故事的句點，卻是結局的開始。

在接下來的幾個月裡，我再次回到法院，爭辯著學校、度假地點、疫苗。甚至在某個令人愁容滿面的下午，爲了小男孩要不要割包皮一事爭得面紅耳赤。然而，聽證之間的間隔期變長了。在最終聽證的一年之後，艾蜜莉告訴我，海蓮娜已經有了新的對象。我預見這將讓艾德手上有更多可用的對抗素材，告訴自己要在心中做好準備。我等待會出現要求檢查新伴侶的犯罪紀錄；要求孩子們在場時禁止過夜；還有要求訂立協議，絕對不允許由這名新伴侶獨自照顧孩子。

我等著艾蜜莉寄來電子郵件，卻什麼都沒有等到。

一年多之後，我在布萊頓郡法院的等候室與艾蜜莉見面。她正在與另一名大律師說話，讓我不禁揣測自己是不是已經被取代了。

「不，」她說，「已經沒有任何新的申請了。艾德訂婚了。他的女朋友現在懷有身孕，到了新的一年，寶寶就會出生。據海蓮娜的說法，雙胞胎知道後非常興奮。」

終於結束了。

大約六個月之後，我結婚了。結婚前一個月，家事法庭引進了一則新的草案，修改了法官宣判的命令名稱。「居住命令」取代了「監護命令」；「接觸命令」和其他一起有了個新的名稱：兒童安置命令。這些命令會詳細說明父母雙方該如何劃分孩子的時間，並且移除任一方揮舞命令與高喊**「孩子屬於我」**的權利。

我忖度這項修正是否眞的會帶來改變？我們能夠假裝律師與法官們已經消弭了戰火，但是我懷疑當事人是否眞會買單。

他們仍然會以時間分配的方式來解讀這些命令，做爲理解父母哪一方較重要的基準。當命令說，孩子將要與他們的父親在隔週的週末「一起住」，父親仍會覺得孩子被強行從身邊奪走。有些人覺得他們打了勝仗，也有人覺得他們輸了這場戰爭。而我不確定，正義在產生這些結果的過程中，是否扮演了任何角色。

我回想起那些時刻，當我告訴他人自己經手家事法案件時，他們會倒抽一口氣，接著描述他們和曾經相愛的人之間的戰爭。我知道自己聽到的理由都是選擇過的，爲了要讓我信服另一方做出了那些可恥的行為。我終究會找到方法擺脫這種極其厭惡的做法，不再驚訝於一名陌生人竟能在我面前如此迅速地被轉化成另一名可怕的人。

過去我會質疑自己，怎麼變成了復仇和怨恨的代理與工具。我不應該是代表法律的嗎？並開始擔心自己對這個體系失去信心。

至少，當我為自己懷疑有罪的人辯護時；或排除一項非法取得的證據就能確保定罪時；或是眼見我的委託人搭上監獄車駛遠，卻知道他的監禁期將會比他的一生來得更長的時候，我對這個體系仍是有信心的。我接受這一切，是因為我相信這些時刻造就了更偉大的事：一個我尊敬的正義體系。

時常有人問我：「處理像這樣的案件，會讓妳對結婚感到遲疑嗎？」

我知道自己應該要抹去這類想法，並且宣稱婚姻的客觀性。然而事實上我卻要說，「是的，這影響了我。代表大動干戈的父母方出庭，從根本上影響了我的人生抉擇。」我有想像過男友出現在法庭的另一端的情境；我有想過自己會不會跟我的委託人一樣，打一場令人喘不過氣又傷痕累累的仗。

我目睹愛情輕易地在轉瞬間變成了仇恨。但無論我對這些父母親的評價為何，我更害怕在現實生活中，其實他們與我並沒有我希望的那麼不同。

好運讓我遇見所愛之人，因為他相信婚姻的力量與強大，他的執著讓我克服了自己的不安。然而，臣服於他的信心之下，我也逐漸理解到自己和委託人之間的最大差異：我對於婚姻可能以何種方式終結的執念，幾乎阻止了婚姻失敗的可能。而這個原因，事實上並未讓我顯得更不悲慘。

在我結婚不久後，我來到法院爲一名頂著紅色短髮，後頸上有著捲鬚植物刺青的流浪女性辯護。她有個兩歲兒子與六個月大的女兒，在與孩子共處的週末後，住在千里之遙外的爸爸拒絕帶回孩子給媽媽。我的委託人被認定不具備接受司法援助的資格，因此在沒人提供她建議的情況下，不知道可以向法院提出加速審理的請求。

在她的案件來到法院審理之前，她一直苦無機會與年幼的孩子們說話或會面。她乞討、做回收，以湊齊足夠的錢去找事務律師幫忙，而那名事務律師接著來找我。這是她唯一僅有的機會——她沒有更多錢來進行更多聽證了。她的恐懼加深了我的憤慨，而這份義憤填膺也因此展現在法庭上。法官立刻下命令讓這兩名嬰孩交由母親照護。即刻！下午就生效！

這名母親淚流滿面的臉龐上寫滿了解脫，而這個畫面更在我心上盤旋了很長一段時間。我漸漸地對於這類案子、建構於它們之間的正義體系之目的，有了更清楚的認識。父母親需要法律。當嫉妒、憤怒和怨恨讓他們失去了判斷能力，他們需要法院爲他們做決定。然而更重要的是，他們的孩子們也需要法律。

在每間法庭後方坐著看不見、聽不到的小幽魂們，他們的未來將會因爲法院的決定出現顯著的不同。這些孩子是每個案件的核心，因此正義體制也嘗試要保護他們，並將父母間戰火所引發的壓力，從這些嬌小的肩膀上搬走，移放到法院裡，讓法律來承擔。

法律要承擔的是個深沉、卑微又棘手的負荷，只要父母其中一方拒絕又或是無法擔待，法律便要扛下這個責任。這個體制是爲了要讓孩子們的人生從此變得更美好，這也才是我能夠全然信任的正義。

一九八九年《兒童法》

第一條　兒童福利

（一）當法院查明任何與下列相關之問題時：

(1) 兒童的撫養；或

(2) 兒童所有財產之管理，或任何從中獲取之利益的申請，法院應以兒童的福利為首要考量。

第十章

心智正常的精神病強暴犯克里斯

法律能否辨別真正的瘋狂？

個別拆解他講的話，聽起來似乎也很合理，並非瘋言瘋語。
我心想，他是否對這一切駕輕就熟？
是不是早知道一旦說出哪些對的字眼，便得以遠離醫師？
他是否深諳箇中技巧，
透過堅稱自己沒有抽大麻，讓妻子的說法變為謊言？
我思考這一切有多詭異，將病患本身的心理健康分析看得如此重要……

在樸茨茅斯刑事法院地下牢房的會議室裡，我看著我的委託人，兩人之間隔著一張以螺絲牢拴於地面的鐵桌。他從另一側投射而來炯炯目光，眨也不眨地直瞪著我。

一個清晰的念頭閃過腦海：**這男人可能會殺了我**。八年來，我眼前的人有可能眞會這麼做：突然俯身，伸出壯碩的雙手掐住我的脖子，讓我一命嗚呼。

他的眼睛小而深邃，與敦實臉龐上的蒼白形成對比。當我等待他回答問題時，他那雙眼睛仍停留在我身上。這是我第二次問他問題，他仍舊無動於衷。他將手擱在桌上，掌心向下，身體一動也不動。

除了從他身上散發出的某種張力，以及他說腦海裡出現上百種不同的聲音與影像，我無法具體點出自己爲何如此肯定他瘋了。會不會他正在注視的是這些影像，而不是我？他提及我先前看到的一組照片：在玩暴力電玩的兒童臉龐特寫——他們身處另類的虛擬現實中，正在模擬射擊與殺人。

我感覺腹中的寶寶翻了身，彷彿他無意識地對潛在危險提出警訊。由於我還在懷孕初期，所以外觀上還看不出隆起的弧度，但是我想把手放在寶寶上方，安撫那隱藏在我西裝與長袍下的寶寶。可是我沒有挪動我的手，我不想讓這男人注意到我的寶寶。我甚至想要取下戒指，彷彿這樣都洩露太多自己的資訊。

我不要他把我看做一名嬌弱且能輕易擊倒的人，而視我爲隸屬於法院機器的媒介、技工與零件。我要他單純地把我看作他的辯護律師，而不是一個人。

我的身材頗爲高眺，然而我估計這名歷經海軍磨練的男人，能夠不費吹灰之力便撂倒我。我們如同往常被鎖在房間裡，走廊盡頭另一扇門的後方站著兩名獄警，他們眼睛望著另一個方向笑鬧著。

我左邊的牆壁上有個看來老舊的緊急按鈕，其他按過這個警鈴的律師跟我說，這其實起不了作用，他們最後只好硬是依靠自己說服的技巧，並且用拳頭敲門來脫離險境。我想，就算我按了警鈴、就算它起了作用，獄警是否得以及時趕到。

聽見警報、找到正確的鑰匙、打開門再把他拉走？

我抵達時，警衛們沉著臉對我的筆電大驚小怪，堅持要我登記並把它鎖進儲物櫃裡，卻對迫在眉睫的審判聽證全然不放在心上。對他們來說，這名今天上午從監獄乘坐囚車來的男子，沒有什麼好令人擔心的。男人已經就強暴妻子的犯行認罪了。兩位精神科醫師也判定他的精神健全，能夠掌握並明瞭其個人所想與其作爲。

這些年來，我遇過因爲自我憎惡而割腕的人，他們企圖用繩子或藥丸結束生命；又或是深陷於憂鬱症黑暗中的人；在戒斷過程中因毒癮發作，疼痛又全身顫抖的人；又或是在吸毒或飲酒後神智不清的狀況下與我對話的人。我曾爲由於智能不足或心理疾病而無法理解我的人辯護。但是，截至目前爲止，我還沒遇過被判定爲「心智正常」的精神病患。

坐在這名男子面前，我的手放在兩份宣稱他精神健全的診斷報告上方，我唯一擁有的是多年來與犯人關在同一房間所產生的直覺，它告訴我，醫師對他的診斷是錯的。我坐直身軀，努力讓臉上的肌肉放鬆，拾起筆準備要記下他的回答。

我不應該出現在那裡的。不應該在那天，待在那間地下牢房。

克里斯其實是別人的委託人。直到這場審判前，辦公室裡的資深大律師凱特，一直都代表他出庭辯護。凱特也有些疑慮，擔心這名委託人心理並不健全，因爲她發現克里斯之前曾向醫院承認過精神上的問題，在醫院接受精神科高級顧問的治療。根據醫師的說法，克里斯患有潛在的精神疾病，然而這些症狀只有當他抽大麻的時候才會顯現。不受大麻影響的狀況下，他是全然清醒的，能對自身行爲舉止有清楚認知。理論上，他知道自己強暴了妻子，並且要承擔相關責任；理論上，他能夠理解我說的話。畢竟，牢房裡面沒有毒品❶，不是嗎？

一直到今天上午的審判，克里斯都還維持他的無罪答辯。那一天，身爲此案唯一證人的妻子來到法庭，哭著懇求法官不要進行對她丈夫不利的舉證。她非常肯定丈夫生病了。過去曾發生過。他加入海軍，隨軍隊到世界各地服務。

「他是好人，也是兩個孩子的好爸爸，只是在離開海軍後，養成了抽大麻的習慣。毒品似乎徹底奪走了我認識的那名男子。」

他會對抗看不見的敵人，徒手抓妻子的喉嚨往牆壁撞去，她的鼻子因遭他的手肘揮擊而血流不止。之後，當他看見這些血跡、眼淚與瘀傷時，卻什麼也記不得了。她之所以來到法院，是為了要幫助他。檢察官想必一邊莫可奈何地嘆著氣，一邊讀著精神科醫師宣稱克里斯精神健全，得以出席審判並進行答辯的紀錄。

克里斯曾經去找凱特，兩人在問題點上打轉好一段時間，直到凱特好不容易寫下抗辯基礎——在這張紙上，記載了克里斯就其強暴犯行的認罪，但是此認罪與檢方所指控的內容不同。

他同意強暴妻子的說法，但是並非她敘述的暴力方式。他在抗辯基礎裡指出，之所以是強暴，是因為他知道妻子當晚不想與他發生性行為，而他卻還是硬上。克里斯在凱特替他寫下的文字上簽了名，檢察官也簽了名。克里斯的妻子躲過了舉證的麻煩，而他要在獄中待上幾年的時間。

然後，克里斯站在被告席，面對法官，聽著法庭裡把罪名再度歸諸於他。但克里斯緘默不語，凱特走到被告席旁，敦促他回應。

❶ 英國皇家監獄視察會（HM Inspectorate of Prisons）於二〇一六年公布的報告中指出，超過四五%的囚犯表示監禁期間很容易取得毒品。根據法務部二〇一七年的報告，典獄長在一年內就沒收了二二五公斤的毒品。

「有罪。」克里斯說。

縱然負責此案的精神科醫師報告結果已經出爐，凱特仍非常肯定她的委託人生病了。在認罪之後，她要求法院再次安排精神鑑定，以執行進一步的診斷，來決定克里斯是否應該在監獄服刑，抑或在醫院接受治療❷。

然而，當全體人員六個星期之後爲了審判聽證會來到法院時，二次鑑定報告或假釋判決前報告書❸都尚未準備好，審判因此而延期，遇上凱特正在休假，所以由我接手處理，接替她來到牢房裡與克里斯面對面坐著。我心想自己的恐懼是否眞其來有自。

我的助理在審判前一天告訴我，這是件簡單的案子。法院會有精神鑑定與假釋報告。此外，克里斯的抗辯基礎也會一起遞交。我眞正需要熟讀的只有那份抗辯基礎與報告。妻子的供述，以及她的被害人之被害影響陳述❹，會透過電子郵件寄給我。

這是直截了當的審判：法官已熟悉此案，並且會依量刑指導原則❺進行。委託人本身對將來的牢獄生活已有心理準備。雖然有鑒於妻子從輕量刑的請求，法官也有可能會做出例外裁決。

爲了避免承受來自克里斯的炯炯目光，我的眼神在判決前調查報告書上頭游移，接著向他指出首頁裡的某一段落。

「你看，這裡是這麼寫的。」我說，期盼這則證據會促使他開口回答問題。

你什麼要告訴觀護人與精神科醫師，說性行為是在兩情相悅下所進行，而你是無辜的？你為什麼現在宣稱自己是被律師強迫認罪，而這一切是你妻子的計謀？

我的手指輕敲頁面，試圖要把他的注意力從我的身上移轉到我說的話。他看我的眼神仍舊毫不修飾，目光依然銳利，彷彿在對我下戰帖，要我指名嗆聲他的瘋狂。

經過好長的靜默後他終於開口，像是機關槍吐子彈一樣，斷斷續續地吐出幾句不連貫的短句。個別拆解他講的話，聽起來似乎也很合理，並非瘋言瘋語。但是，句子之間沒有關聯。他會偏執於一個不重要的話題上打轉，在不同主題之間游擊切換，顯然無法說明具體細

❷ 如果法官相信兩名醫師所提供的紙本或口頭證明，指被告具有精神異常故應留在醫院中接受治療，則法官不會扣押罪犯，而是改下達醫院命令（Hospital Order）。在此情況下，被告會被送到安全的醫院。二〇一六年，監獄中發生四〇一六一起自殘事故、一二〇起自殺。此數字約為二〇一二年的兩倍，是有史以來最高的紀錄。監獄與觀護人（Prisons and Probation Ombudsman）發現，在二〇一二年與二〇一四年間自殺的受刑人中，七〇%有精神健康問題。

❸ 詳見第一章注⓮。

❹ 譯注。victim impact statement。在對已被裁決有罪的罪犯實際判刑之前，由監護官準備的一種不公開官方文件，旨在向法官說明犯罪行為對被害人或其家庭所造成的影響，以供法官量刑時考慮。

❺ 根據量刑指導原則，強姦罪之監禁刑期為四到十九年。

節與事證，也會詢問和主題無關的問題。

每當我提出與他罪行相關的質問，他總做一貫的回覆：「在我看來，證據會說話。我無須多做解釋；任何讀了陳述的人都會看到眞相。」

我心想，他是否對這一切駕輕就熟？是不是早知道一旦說出哪些對的字眼，便得以遠離醫師？他是否深諳箇中技巧，透過堅稱自己沒有抽大麻，讓妻子的說法變爲謊言？那麼，法院會因爲少了毒品因素，因而認定他在罪行發生當下，神智是清楚的。對他而言，是不是當罪犯比當瘋子來得好？

閱讀報告的同時，我思考這一切有多詭異，將病患本身的心理健康分析看得如此重要。然而，這畢竟是精神科醫師的專業領域，而非我的。此外，面對兩位醫師堅定的意見，我——以及法院——除了接受，也別無選擇。

猜不透的心思

可想而知，這場判決聽證是場災難。克里斯堅持自己的清白，並宣稱先前的陳述是受到前任律師施壓。法官聽到這番話後顯然被激怒，怒氣沖沖地說，「雖然我在讀過這些報告後，已經警告自己被告有改變心意的可能，因此對於這席話並非眞的很驚訝。」

法官接著將此案延期一個月，所以我有時間準備撤銷我的委託人認罪答辯之聲請——一個現在必須要親手撰寫、附上支持證據、對檢方說法做出回應、交由法官裁決之請求。

我照做了。克里斯證實他正準備放棄自己的法律意見特權❻，同意讓我閱讀他與凱特祕密會議的紀錄。凱特以電子郵件把放棄審判事項的出席紀錄寄給我，我在法學書籍裡迅速查找資訊，瀏覽判例法，想要找出可以支持我聲請的相關法條。但其實某部分的我很害怕，萬一我成功讓法院准予聲請，允許克里斯將其抗辯換回無罪答辯，我必須要爲他的強暴罪行出庭辯護。

附加上尋獲的判例法案例，並連同其他資料一併提交聲請狀後，我開始等待。檢方沒有任何的回應，因此在下一場聽證前，我去找了負責起訴的檢察官。結果，刑事起訴署並未指定任何人來處理這起案件。也沒人有空來臨時接替這份工作。法官對著半空的法庭咆哮，再一次地把我們給送走，強烈要求務必把此案列入抗辯聽證排期，凱特也要出庭來解釋她的行爲。

好不容易找到所有人皆能出席的日期時，已經是三個月後了。此刻我腹部拱起的弧線已越來越明顯，即使想藏可能也藏不住。當我在聽證舉行的上午來到牢房，看著坐在對面穿著

❻ 譯注。legal advice privilege。旨在尋求或提供法律意見，適用於律師和其委託人間的祕密通訊。

球衣的克里斯，再一次感受到那似曾相識的恐懼。

我向他出示凱特的出席紀錄，但是他拒絕閱讀。

經過漫長的沉默，他開口，「我之所以認罪，只是因爲凱特要我這麼做。只要這麼做，我當天就可以回家，因爲這正是我妻子所要求的。」

突然間，克里斯彎腰將身體壓低至桌面，把我嚇了一大跳。只見他伸出手，攫取那份擱在我筆記本上的抗辯基礎。他緩慢地翻著文件，然後慎重地放下。他看著我，一臉得意洋洋，雙手突然碰地一聲用力拍桌，我猛然一顫。

「這份文件不是我的。還有另外一頁被前任律師藏起來了。」他宣稱。

他用指頭戳著紙張，緩慢謹慎地，好像在按按鈕一般。

「遺失的那一頁是我簽名的那張，而且裡頭寫了我是**無罪的**。」

我小心翼翼地把這份抗辯基礎轉向，好讓他看清楚。我指著頁底他姓名上方的流線花樣。

「這難道不是你寫的嗎？」

「不是。」

我停頓。「你的意思是，這**不是**你的簽名？」

他眼神濃烈地讓人感覺他在測試我，讓我覺得更緊繃了。在過了像是一世紀那麼久之後，我低頭看著擱在我手下的那張紙。

「不，這**是**我的簽名。」他說話的方式宛若我剛剛問了一個極度愚蠢的問題，好像我們之前的對話壓根沒發生過。

就是這樣。好，不要讓他分心，我心想，就緊跟著這些我引導需要用到的論點，然後離開這裡去開庭。

我要求克里斯告訴我凱特提出的建議，然而他說自己不願意談凱特，還說我應該要忽略她。他堅持，眞正的問題在於他的妻子爲了竊取他的遺產，編造了這些指控。然而，還有另一件他需要我協助的事，另一件更重要的事。

「凱特把我的海軍移交紀錄寄到監獄，但問題是它不見了；我找不到它，可是我需要帶在身邊。妳一定要幫我找到。」他說。

此刻，換我無語地看著他。我說自己必須把移交紀錄的事情告訴事務律師，並在還來得及前去找檢方。我起身準備離開監獄，敲了敲門內的小窗戶，試圖吸引警衛的注意力，暗自希望他們可以快點過來，好讓我盡快離開這名快把我看穿的男人。

矛盾的供詞

「妳要這麼做嗎？一件案子來自，嗯……」檢察官瞥了手中的檔案一眼，少了眼鏡在手，他不禁瞇起眼睛，「克里斯多福．米拉嗎？」我給了他肯定的確認。他沒有回應我的微笑，只見他將手指穿過灰髮，稍稍挪動了站姿。「該死的刑事起訴署忘記交代給任何人，對吧？剛剛才交到我手上。愚蠢透頂，是要嘗試撤銷這則答辯沒錯吧？這是妳提的聲請，對嗎？」

「是的，你手邊有副本嗎？我額外多帶了幾份。」

他手上沒有檢方答覆的文件副本，也沒有我提供給他的紙本。當他翻閱而非瀏覽資料時，發出低沉的嘀咕聲。

「我是說，眞的，這份報告已經解釋了所有我打算說的話。找不出任何其他要額外增加的爭點。」

他的咆哮、他的傲慢，這樣的反應很沒有意義。我想要能夠對他有信心，說出：你看，你會在等等的舉證中看到這一切，但是我的委託人就跟困在箱子裡的青蛙一樣瘋狂，而且他似乎成功地逃過兩名醫師的法眼。

我想要敦促他謹愼處理，寬容以待。可是當他擺出一副趾高氣揚的態度大聲嚷嚷，我就知道自己沒辦法對他推心置腹。這時我想起，他可能還不知道凱特要前來舉證。

我位在一個尷尬的處境上：傳喚一名同事出庭，並且對她做交互詰問，試圖證明她曾經對我的委託人施壓，強迫他認罪。我把這些話一五一十地告訴檢察官，當他說自己顯然沒有任何爭點需要質問這名大律師時，我也持相同意見。

這場聽證終究是我的一場表演。

「哈囉，莎拉。」我轉頭看見凱特向我們走來。我對手的臉色頓時亮了起來。

「嗨，妳好。」他說，「我很抱歉妳被牽扯進來。眞是一場鬧劇。希望妳沒有因爲這樣，錯過任何安排。我剛剛才跟妳的同事說，」他朝我的方向豎起大拇指，好像要在路邊搭便車那樣，「我今天沒打算說很多。這是被告提出的，所以全都由他們來吧。就這樣。」他突然轉身，就這樣把我們留在原地。

凱特跟我肩並肩坐在法庭外的矮椅上，等著被喚回去開庭。當然很是尷尬，因爲我倆心知肚明，我正要去指控她強迫她的委託人認罪。我們匆匆聊起那些大律師喜歡用來建立彼此共通點的話題——削減法律援助經費；那些爲求更安穩的工作，而離開律師崗位的人；那些脫離刑案改投向更高薪工作的人——我發現自己正試著讓她喜歡我，試著想讓她相信，我知道這個聲請沒有希望，我不是一派天眞，悶著頭在做。

法警走到法庭外。「法官準備好要開始了。他們正在帶妳們的委託人從牢房上來。」

這次承審的是一名新的法官，雖然我不認識他，但我看得出來他的態度相當適合這宗案件。他表現冷靜且實際，眼見我的對手不時翻手、翻白眼的舉動，也不會小題大做。

「我同意，富蘭克林先生。這是一件不尋常的聲請，」他對著檢察官說，「可是完全恰當。而且正如我們已知，在任何情況下，法院不是單純地實踐正義。我們要看到正義被實踐。蘭佛德小姐，」他轉向我，「我讀了妳提的聲請，毋須再多闡述。可以請妳傳喚妳的證人進來嗎？」

因此，我們開始了。

凱特舉證時泰然自若，也極強調自己的專業度。她描述了那場放棄審判的過程。

「該名被告有固執不滿的傾向。在我第一次跟克里斯見面時，他已經委託了兩位事務律師和兩位大律師。之所以選擇我，是因爲他覺得其他律師們在暗中策畫一些陰謀。克里斯曾經拒絕離開牢房向我說明案情，也因此我曾不得其門而入。

「我擔心克里斯有精神障礙，並不適合在庭上答辯。現行醫療診斷報告指稱，其精神狀況得以進行答辯。這讓我相當驚訝。我同意克里斯事實上並未承認他有罪，但是他曾表示自己不想要進行審判。因此我在寫下抗辯基礎並和跟克里斯確認之前，便告訴檢察官，我的委託人會認罪。但是，」她馬上接著解釋，「我否認任何對我加速此決定的指控——我已清楚地對委託人說明，透過認罪答辯，他很可能會去坐牢。」

凱特不知道，爲何克里斯認爲認罪答辯意味著他可以立刻離開法院回家。她記得當庭讀出對克里斯的罪名指控時，他停頓了一下。當時凱特站到被告席旁邊，向他做了最後一次認罪答辯的確認。克里斯認罪。這就是所有的經過。

當克里斯接在凱特之後舉證，他的表現就跟我們開會時相同。

我嘗試要從他口中哄套出有關這場審判之所以失敗的細節，無論是他所理解跟相信的，以及凱特告訴他的說法。雖然克里斯將我告訴他的一切重述了一遍，但他舉證的每個段落前，都會加上一段漫長的靜默及冷酷嚴苛的注視，我則擔憂他會分心去執著於其他無關緊要的事情上。

他再次一口咬定抗辯基礎中有一頁遺失，然後當法官就此問題挑戰他時，他又換回先前的說法。

「我預期在簽了那張紙後，當天就可以回家，因爲那是律師告訴我將會發生的。然而稍晚，當我回應另一個問題時，在認罪之後，我有心理準備會被判處大約兩年的有期徒刑。」

當我的對手盤問克里斯時，他的新主張加上與先前相互矛盾的回答，使得他陷入糾結之中。檢察官明顯地鬆一口氣，他坐下，接著向法官表明，這是我提出的聲請而他沒什麼好多說的。從頭到尾，克里斯的回答方式都用了「女士」跟「長官」之類的軍隊用語；他挺直腰桿，揚起下巴，下顎保持方正，雙臂夾緊兩側，就像在接受校閱一樣。

通常，在等待裁決、判決或是裁斷❼的時間，我會去找我的委託人，與他們一起坐下來討論剛剛在法庭裡的談話，引導他們做好心理準備，去面對可能發生或不會發生的情境。但是在凱特離開後，我一個人坐在法庭門外，打著我的出席紀錄。我不想和克里斯坐在同一個房間裡，也不想忘記他剛才在法庭裡說的每一句話，以防克里斯之後決定否認先前所有的說法。

不到一個小時，法官就把我們喚回庭內。他看著自己寫下的筆記，照本宣科地朗讀。我在想，他是否也對這個案子頗有疑慮，所以刻意想留下格外縝密的紀錄。接著，他有條不紊且謹愼地唸出一條條列的理由，說明他爲何不允許克里斯改變答辯。

法官說，「克里斯聲稱他以爲『一旦認罪，當天就可以回家』這個說法，與他指出預期兩年有期徒刑的供詞相互矛盾。這個矛盾揭穿了他；他拒絕面對自己所做的行爲。舉證過程中出現的長時間停頓，肇於他無法想出反擊問題的答案。

「根據其律師的說法，她已經跟這名被告講解，被告也明白自己不應該在沒有犯罪的情況下認罪。但是在沒有壓力的情況之下，被告仍舊認罪，只是現在又反悔了。倘若被告的精神狀況無礙，由熟練的資深律師代表辯護，同時在庭內做出了清晰肯定的有罪答辯，那麼就法律的角度而言，這一切就很清楚了。後悔不足以讓法院同意他改變心意。」法官堅定地說，「所以克里斯必須直接接受判刑。」

法官繼續說。「在一般情況下，亦即沒有趨重情節❽或前科的情況下，應判處五年有期徒刑；考量到抗辯基礎，我認爲可處以更低之刑期；此外，根據被告在審判當天❾改變答辯，依法允許他減少十分之一的刑期。」

法官闔上筆記本並將本子拉近自己，暗示衆人他準備要結束這場聽證。

「克里斯多福．米拉，」他說，「法庭判處你三年有期徒刑。檢方未申請性犯罪防治命令❿或禁止令⓫，同時考量到被告妻子所寫的內容，如果檢方提出聲請，我不反對發出

❼譯注。法律上，裁決、判決與裁斷有其個別專有指涉的意義。裁決指法官在庭審過程中，對證據的可採納性、對申請是否許可等問題所做的決定；判決為有管轄權的法院，對爭議事實所做的終局判決；裁斷則指陪審團就提交其審理的事項所做的正式裁決。

❽譯注。aggrevating circumstances。指增加犯罪或不法行為嚴重性的情節。犯罪的主體、動機、行為方式、後果及其他情況，都可能加重犯罪情節，如為強姦目的而進行的攻擊、持械攻擊、造成實際人身傷害的暴力攻擊、警察盜竊等。

❾詳見第一章注⓭。

❿詳見第七章注⓬。

⓫譯注。Restraining Order。會保護命令中指名的當事人不受性騷擾或暴力行為之影響。這項命令會在被告遭定罪後，或是被宣判無罪，但法院仍認為有必要的情況下，由法院發布。

相關的法院命令。基於其犯行類型，被告必須終身受通報系統管制⑫，關於這點，他的律師——」他朝我的方向揮手，同時將他的座椅往後推，「會跟他解釋一切細節。還有其他問題嗎？沒有，很好。」他點點頭，轉身從身後的門離開。

另一個身分

審判聽證結束之後，有時爲了講求效率，我會在去地下室見委託人之前，便取下假髮與法袍，打包裝入我的行李箱中。如此一來，會議一結束，我可以不用千里迢迢走回更衣間換裝，便直接拖行李箱回家。

我很驚訝自己常常聽到別人說，少了法袍的我看來很不一樣。有一、兩次，和我相熟的獄警沒能認出我，在我簽到後才尷尬地大笑。這套服裝很管用。當然也發揮了其他理應有的功能，爲我平添一股莊嚴和重要性。

它區別了在法院的地位，另一方面也使自己看起來與其他人沒有不同，正如所有其他制服的功用一樣。更重要的是，它將我藏了起來，掩蓋了我個人的存在。當我繫上白色圍領，抖抖肩上的長袍，然後戴上假髮時，我搖身一變成了另外一個人：一個既熟悉又難以辨識的人。

這一次，當我在牢房裡與克里斯會面時，我沒有取下假髮與法袍。

會議中我試著向他解釋，考量到他的羈押候審時間，只要再服刑六個月，他就可以獲得假釋核准。我也暗示他，法官對他從寬判刑。出乎意料的是，他的反應十分平靜。然而，我無法改變自己的感覺，認爲他心中的軍人身分，讓他認定自己被賦予命令，因此他應該要遵從，而不該反饋他的意見或是索求其他指令。

我向克里斯解釋，他該如何在下半場的人生，向警方報告他的居住地址與行蹤。以及在出獄之後，法院會另指派一位觀護人來協助他。他看著我，又是一陣好長時間的靜默。

「那麼，」他問我，「何時是我下一次向妳報告的時間？」

「不，不是我，你不是要向我報告，」我往前傾，雙手放在桌上，皺起眉頭說。「我不是你的觀護人，我是你的律師。」

他依舊面無表情。他問我，「既然這樣，我們下次去法院時會發生什麼事？」

我看著他，緩緩說明，「我們不再需要去法院了，你的官司已經結束了。」

大串鑰匙發出的鋃鐺金屬聲劃破了寂靜，心電感應的奇蹟出現，此刻牢房的門被打開，他的注意力也跟著轉移。一名肥胖的獄警站在門邊，跟我們打手勢。

⓬ 詳見第七章注⓭。

「**時間到了，該走了**，大家正在上囚車，米拉先生必須上車了。」

我迅速起身，向克里斯說再見，接著加緊腳步走往牢房的主門。獄警走了進來。

他打開門鎖，放我自由。

《阿希伯德爾刑事案件與程序辯護手冊》

第四章 審判

第二編：傳訊與抗辯，四—二五三

通常，直到宣判刑期的最後一刻，認罪答辯都有可能會改變。

然而，只有在極少數的情況下，法官執行此裁量權才是適當的——特別是當被告委任經驗豐富的律師為其辯護，並與律師完整商議後，於訴訟程序的早期階段，便已將其答辯從無罪改為有罪。

第十一章

替自己監護權出庭發言的少年裘德

法律能否帶來改變、公平與正義？

法律體系發揮了正直的精神，不只是提供給使用者，
也提供給那些在其中工作、幫忙維護其尊嚴與效力的人。
但我們對司法體系的信任正在一點一滴地流失，
造成了緩慢卻無法補救的傷害。
一旦我們失足其間，所有人都要付出代價……

我站在大廳入口，身邊的大型布告欄上釘滿了各種已經護貝好的通知。那專屬於學校的氣味撲鼻而來，令人欣喜。那是種使人安心的懷舊氣息：新書本、上蠟地板、體育服、飯盒香。這些香氣正是孩子們的味道，彷彿怪誕的香水師將青春的費洛蒙，調和在建築物的一磚一瓦之中。

我杵在校園裡，一身黑西裝格外顯眼。心裡想著何以某些孩子從這股氣味中聞到折磨；對於其他孩子而言，這個味道卻可能意味著遠離家中戰火，進入安全地帶的解脫。我好奇，對於我正在等待的少年裘德而言，學校爲他帶來的是怎麼樣的一番光景。

我身後的學校大門打開，只見我的事務律師匆匆忙忙地跑進來，同時間面帶微笑不斷道歉。我告訴他不用道歉，老師剛剛才離開去班上接裘德。我們站著聊天，直到踏在木地板上步步逼近的高跟鞋聲打斷了我們。走廊上的雙層門被打開，一名十二歲的少年跟在老師身後走來。

少年有一頭修剪整齊的淡棕色粗髮。他毫不遲疑地直視我們，臉上流露出乎我意料之外的自信神情。他穿著一件灰色羊毛衫，胸前口袋繡有金紅色校徽。這件衣服明顯過長。我想，這應該是別人幫他買的吧？那人覺得裘德會在這所學校裡，一直待到足以撐起這身過大的衣服吧？我向老師道謝，老師則鼓勵男孩向我打招呼。他接受我伸出的手，我則驚訝於他強而有力的手勁。

「哈囉！裘德，我是莎拉。」我說，「我是你的大律師。」

裘德不太記得自己是否曾在法院以外的地方看到媽媽和爸爸。當他的母親莫妮卡拋下他、姊姊瑪莎以及爸爸奈吉爾，離開他們成長的房子時，裘德當時才四歲。由於奈吉爾拒絕讓媽媽與孩子見面，莫妮卡在一個月內向法院提出申請。一切就這麼開始了。

在接下來的幾年，裘德與瑪莎兩姊弟的生活裡標記了種種法院日期，以及來自兒童和法院諮詢與支援服務單位（CAFCASS）❶的會議時間，還有幾乎各式各樣法院可能施行的命令。起初，法官嘗試要在父母兩造之間平均分配孩子們的時間，可是不到一年，這個做法便宣告失敗。接著，法院舉行了第二次漫長的抗辯最終聽證。奈吉爾對於前妻始終充滿敵意，承審法官因此感到挫折，發出法院命令，要求兩名孩子隨莫妮卡同住，搬到她在南威爾斯新租的小屋，就在蜿蜒的塞文河附近，距離奈吉爾現在位於布里斯托市郊的舊房子，約須一小時的車程。

就這樣過了四年滿是民事訴訟的日子。在第三次最終聽證，另一名法官——面對兩名孩子對於母親、新伴侶跟寶寶的反對——只能猶豫地將他們歸還給奈吉爾來照護。法官執行此決定的同時有一項附加警告：如果奈吉爾再次阻撓孩子們與母親接觸，此項命令會立刻

❶ 詳見第二章注❸。

反轉。

奈吉爾自認自己的行爲是合理的，並未依法官要求，而再次開始邊緣化莫妮卡。一開始，他找了些像是不方便之類的理由不去看她，很快地就變成冷落、指責。莫妮卡見不到或聽不到孩子消息的時間，漸漸地從幾個星期演變成好幾個月。當她爲了見孩子們再度來到法庭時，兩名孩子告訴在場的每個人，他們痛恨媽媽。裘德八歲大時，當社工問起他對於母親的感覺，他說自己希望她已經死了。

幾年過去，瑪莎滿十五歲。奈吉爾一直在家教育兩個孩子，但是最終屈服於試圖區隔孩子與外界接觸的恐懼，將他們送回主流學校上課。這個做法，再加上瑪莎正值青春期的年紀，她開始嚐到獨立自主的滋味，繼而質疑現存的管教方式。慢慢地，她開始與莫妮卡聯絡，也與奈吉爾起爭執。於是，瑪莎打包行李，離開曾經是自己家的排屋，搬去跟母親以及兩名同母異父的弟弟同住在一個屋簷下。當時十一歲的裘德，發誓瑪莎對他來說已經不重要了。她背叛了自己與父親，所以他永遠不要再見到她。

礙於奈吉爾不同意瑪莎轉學到靠近新家附近的學校，莫妮卡每天被迫開著車，開過漫漫長路載女兒去上學。裘德最近剛轉學至同一所學校的小學部，因此現在奈吉爾與莫妮卡都會出現在學校大門，各自等候一名孩子放學。

裘德家離學校其實非常近，先前他總是走路回家。有時候姊姊會陪同，有時候自己走。

可是奈吉爾無法忍受錯過與對手交鋒的機會，堅持要接袞德下課。

他會守在停車場，身體靠著車，緊盯著柏油碎石路面，直到看見莫妮卡停車。有時候他就單純地瞪著她看，也有幾次在他就要走到學校入口之際，卻突然停下腳步，拿出手機並對著莫妮卡拍照。如果莫妮卡在學校建築內等候，她出來時可能會看到車上留有紙條——要她轉告瑪莎，無論何時都歡迎她回家。那是奈吉爾的伎倆，一切看來微不足道卻又影響甚鉅：個別行動顯得無害，手段集結後卻是一種恐嚇。

日子一天天過去，瑪莎在母親的照護下，開始說出她們依奈吉爾規則生活的種種情況。奈吉爾如何教兩人痛恨莫妮卡；在與莫妮卡會面後，回家時又有多害怕面對他的情緒跟接踵而來的問題。奈吉爾利用莫妮卡的新人生與孩子做爲某種證明，試圖說服姊弟倆媽媽不再愛她們了。

莫妮卡早就對奈吉爾私下這些作爲起了疑心，但是直到瑪莎的求助，才確認了她的推測，因此直到現在才進一步向法院提出申請。這次，她訴請要求袞德與她同住。

就這樣，姊弟倆再一次來到法庭，面對法官、不斷更動的社工以及專家們，任由這些大人決定他們的未來。他們的案件被排在法蘭西斯法官的庭期表上。這是他們第一次在法庭裡遇見她，而這也會是她最後一場審判，因爲她即將要退休了。

由母親或父親單方面控訴另一方的官司，屬於私人而非公開的審理，且通常政府不會予以干涉。然而，當法蘭西斯法官獲知孩子們多年來進出法庭的歷史，便指派一名第三方監護人來代表他們。蓋比．芮拉是法院指派給此案的監護人，她是名經驗豐富的社工。多年來的經驗使她相信自己的意見是最重要的，也因此，面對同樣自恃個人意見最爲重要的奈吉爾，兩方在法庭裡上演一場爲了爭奪影響力而互不相讓的戲碼。

然而，事實上蓋比是對的。法律視她爲孩子信差的化身，同時是他們的保護者。相較於秉持自身立場出庭的任一父母方，她的話在法院中占有更重要的份量。蓋比在報告書中，描述了父母親的疏離與雙方無法化解的敵意，以及那些滴入一雙雙小耳朵的毒藥，一字一句地腐蝕了幼小心靈中理當親愛的父母形象。

法官要採取緊急且謹慎的措施來應對，以確保任何因爲奈吉爾造成母親與孩子間關係的破壞，並非永久性的。瑪莎很安全，而且她與母親削弱的感情連結已經逐步修復。然而，在裘德和莫妮卡的關係破碎到無法彌補前，他必須脫離奈吉爾的照護。

可是裘德拒絕了。

「不，我不要；不，我不同意。蓋比是錯的，」他說，「媽媽丟下我們、拋棄我們，建立了新的家庭，而現在瑪莎也做了一樣的事。我恨她們兩個。我要留在爸爸身邊。假使你們逼我去，我就會一直逃跑，直到你們不再煩我爲止。」

我從來不知道讀過蓋比和裘德對話的報告書之後，法蘭西斯法官心裡在想什麼，然而她的裁定符合法律的核心精神。但這不足以做出正確的決定。唯有當他們認爲自己的聲音確實被聽見，才能在這個缺陷體系裡感覺到正義。

於是，法蘭西斯法官決定，倘若裘德反對蓋比代表他所提出的發言，那麼他必須要有能力說出自己眞正想要的；蓋比必須持續爲瑪莎發言，而這名剛滿十二歲的少年，已擁有足夠能力了解一切，因此必須要有自己的事務律師與大律師❷。

「是的，」法官說，「我清楚再過九天就是最終聽證了，可是法院可以立即找到願意接手這件案子的事務律師。所以，他們可以順勢指引大律師在最終聽證裡爲裘德辯護。」她很肯定可以找到人，加快進度執行這些步驟。這也是我之所以來到校園，與男孩握手寒暄的原因，因爲他將是我明年的委託人。

❷依據法律通則，除非兒童有代表自己的指定監護人，否則不能向法院提出申請，或是以當事人的身分加入訴訟程序。監護人會代表兒童前往法院，並為其爭取最大利益。二〇一〇年《家事訴訟程序規則》（*Family Procedure Rules 2010*）為此提供例外。根據法規第十六條規定，兒童在獲得法院允許，抑或是事務律師認定該兒童對於訴訟程序有充足理解後，得以獨立指引事務律師並說明案情。法院採用吉利克能力（Gillick competent）測試來鑑定兒童是否達到能力標準——他或她是否已有足夠的成熟度來自行決定，並理解這些決定所可能產生的後果。法院只有在案件牽涉極度困難的問題時，才會安排兒童做為當事人。法院認為兒童的自主權非常重要，同時讓兒童在訴訟程序中有部分直接參與，也能促進孩子最大利益（*Re W (a child)* [2016] EWCA Civ 1051）。

接下來的幾個月，我其實對於法官的這項決定感到質疑。但是，我這樣的想法是錯的。法官非常清楚自己在做什麼。她給了裘德發表意見的方式，並且也因此給了他權利——即使我們懷疑，在法庭裡他說出口的那些話，是否由衷地出自於他本身。

和裘德見面

是我的事務律師小班建議，要我們在學校跟裘德會面。他已經在家中與孩子見過一次面，會面結束後，他說奈吉爾在背後陰魂不散地聽著他們的整場對話。當然，奈吉爾很有禮貌，待在隔壁房間內。但是，小班認爲基於對父親的恐懼，裘德無法自在地說出心裡眞正的想法。

現在，我們離開小房間，在老師的帶領下來到會議室。當我外出上洗手間時，看到有名男子在大廳入口等候著。這名瘦小的男子在穿堂裡來回踱步。我跟他打招呼，他先對我點頭示意，接著找了個位置坐下。想必他就是裘德的父親，提早來學校接他。

一旦奈吉爾知道我們的所在地點，就開始在會議室外的走廊徘徊走動。當他的身影在門上的玻璃窗口閃過的瞬間，我察覺到室內的氣氛彷彿海洋裡潮流轉向般風雲變色。

奈吉爾的說法是，他不曉得我們什麼時候會結束，所以提早到，以確定裘德不會被獨自留下；他聽不下、也不想聽任何我們說的話。就像他在法庭裡拋出的數十種藉口：個別主張聽來可信，但是放在一起時卻又形成另一番景象。

會議室內，裘德坐在我身旁，我右手邊則是安靜做著筆記的小班。我解釋自己的角色、舉證的過程、以及下週舉行的最終聽證，裘德則認眞地看著我。我述說著自己與蓋比的不同：

我不是一名監護人。蓋比的角色是聆聽孩子的意見，然後解釋法院程序，即便與孩子表達的意見相衝突，也要提供法官之於做法上的專業見解；但是，我是他的大律師，無論如何我會幫助他的案子往前推進。我沒有說，就算我不相信他，或是我懷疑他說的話是否出於眞心，這仍然是我的責任。即使我擔心他是受他人之累而限於困境中，我仍必須爲受困的他奮戰。

在我前方放著一份尙未打開的文件檔案，裡面記錄著對奈吉爾——裘德口中世界上最愛的人——的大量批評，他被描述爲一名奇怪又可怕的男人。檔案中包含了數十項聲明，以及包括校方、監護人與社工等在內，多位參與先前法院申請之人士，所合寫的意見報告書。根據最近的社會服務調查報告所指出，雖然他們的情況未達國家介入的門檻，但是奈吉爾的做法已對孩子們造成傷害。這份檔案裡統整了這名與裘德共享ＤＮＡ、細胞與血緣的男子相關的所有審查。我該怎麼向這名嚴肅的年輕男孩介紹這個複雜的世界？這個他只認識冰山一角的世界？

所以我沒有解釋。我反而跟裘德說明其他人的打算、轉述其他人怎麼敘述裘德說過的話，還有他們的擔憂。

接著換他開始說話。他似乎等待這個機會好幾年了。他說，自己寫下了所有要用來幫助自己的資訊，有些句子另外畫上了重點，有些則特別加強爲粗體。他所寫的內容中，含有我不知道他看過的報告細節，並就部分他並未親眼目睹的事件做了解釋。

之後我搭小班的便車前往火車站時，我問小班，是否跟裘德展示了卷宗裡的部分內容。

「當然沒有。」小班說，然後我們兩人都轉回視線，看著雨滴敲打在擋風玻璃上。

混亂的父母，冷靜的孩子

布里斯托寺院草原站座落於石板路綿延的山丘上，如奉祀火車頭的聖殿。車站時鐘鑲嵌於哥德式瞭望塔上，俯瞰以暖色萊茵石打造的屋身，尖塔環繞四周。車站主體建築聳立在前庭，能在宏偉的玻璃窗與鑄鐵屋頂下，遙想當年的蒸汽火車以及旅人依依不捨地道別。

第一大西鐵路公司的代表色，主宰了月臺與隧道的主要色調。側耳彷彿仍能聽見，當時厭戰的家庭們踩在奶油色與褐色相拼的磁磚地板上，來到此處開啓期待已久的海岸假期。車站所散發的浪漫情懷令人心醉，彷彿踏上月臺的剎那，便穿上披肩與帽子，一手提著小小的皮革行李箱，舉起另一隻戴著手套的手，遮著嘴，以防煙霧侵襲肺臟。

家事法院在幾年前甫興建完成，外型相當現代。建築物坐落於宏偉堂皇的布里斯托刑事法院外，沿著其後方蜿蜒的石板小路而行，便能遠離維多利亞路商業區的嘈雜。法庭入口位在宏偉的中庭，那裡有一排電梯會載你穿越不鏽鋼夾層，直上實踐正義的樓層。

幾週之前我來到法庭，當時法蘭西斯法官正在釐清是否該讓袞德在最終聽證舉證。至少我們都同意，袞德不該參與完整的五天審判程序。我應該出庭，並且在他放學後通上電話，向他說明舉證的內容。他像一名普通的孩子般，欣然接受我提出的這項建議。雖然我在想，倘若提供他選擇，他是否會願意到法院來觀看全程？

但是，畢竟無法抹滅曾經聽到的故事，因此我很慶幸他不會到法院，聆聽證人們對他父親一長串的無情攻訐。可是舉證又不一樣。指導原則鼓勵法官與孩子們會面，和那些即將在辦公室裡被決定命運的幼小心靈溝通❸。

❸二〇一〇年發布的指導原則，旨在鼓勵法官，讓兒童對於與他們人生相關之決定的訴訟程序有更多參與感。某種程度上來說，這意味著孩子與法官會面，同時提供機會讓孩子能夠確認法官已經理解他們的願望與感受，並了解法官任務的本質。法官絕對不會單獨與孩子會面。

根據指導原則，法官要向這些孩子們解釋自己的工作、手中的權力，以及如果他們認爲辦得到的話，再解釋之所以做出該決定的原因。在我經手的案子中，有好幾回是法官抓緊機會，讓孩子（或孩子們）穿過法官座席後的祕門去商談。當孩子們回來時，雖然仍不太相信剛才在門後發生的事，但往往顯得更堅定。走在身後的法官則通常看來如釋重負，慶幸這一切結束後，沒有人哭泣或怨恨自己。法官希望，他們不僅證明了自己是有血有肉的人類，同時是法律的立法者和執行者。

然而裘德是這件案子的當事人。如果他想要，便擁有權利舉證。當我對他解釋可能要進行舉證時，他抬起頭用閃閃發亮的雙眼看著我。

「我很樂意這麼做。」

但我的心沉重了起來。

當我解釋這個經過時，法蘭西斯法官謹慎地聆聽，然後點點頭。

「既然如此，他必須來。他可以透過錄影帶連線舉證。如果他想要，之後也可以再來到法院聆聽他的未來。」

舉證首先由莫妮卡開始。當她登上證人席發誓時，我才了解到這是第一次聽見她說話。磚橘色的秀髮紮在頭頂上方，幾綹髮絲垂落於臉龐。她穿著綠色長裙，搭配繡著繽紛鳥兒的黑色旗袍領夾克，說起話來聲音尖而細。她舉證的過程中，奈吉爾從頭到尾暴躁地做著筆記，我忍不住心想究竟這兩人當初是怎麼湊在一起的。

奈吉爾舉證時，我很難把目光放在他身上。有異於我遇過的證人，奈吉爾解釋細節時不會結巴，也不會說自己忘記了，更不會油腔滑調地規避問題。他的回答精準到位且有把握，最大的特色是，充滿了憤怒。他不斷提起自己的權利——他的法定權利——能使他做出選擇。

「他們畢竟是我的孩子。」他說，沉著臉生氣地搖頭。

當莫妮卡的律師對他提問時，他的眼睛一次又一次地游移在安靜坐於長椅上的前妻身上，就好像他沒有辦法相信居然會有人認為這名女子會比他是更適任的父母。

奈吉爾投入大量心血為官司做準備：帶了自己的檔案夾、圖表、紀錄，以及貼有便利貼重點的列印資料。我瞥了一眼奈吉爾的大律師，有些同情，他正瀏覽著奈吉爾列印出來，要他在庭上提問的問題列表。

奈吉爾深信，自己已經做好萬全準備來打贏這場官司。他依循網路上的意見，為每個細節留下紀錄；一絲不茍地蒐集好所有支持他懷疑事項的證據；謹慎地一一寫下個別時間和日期。於是，所有一切都為他**出庭的這個大日子**準備妥當。另一個在法庭內的大日子。

可能是他先前出庭的經驗教他要如此表現？

在我過往的經驗裡，有些專家會掩飾他們犯的錯。明明沒有打那通關鍵的電話，卻堅持自己有打；把憂慮解讀成挑釁；可能未寄出一封必要的信件，或沒完成一件重要的任務。但是這些專家並不操心，因爲他們知道在法庭上，相較於怒氣沖沖的父親或母親，他們口中的版本更有可能爲他人所相信。

面對這樣的體系，我可以理解奈吉爾之所以想要記錄所有事項的渴望，爲何不要相信任何人。同時，我也可以理解奈吉爾的困惑：爲何衆人與其褒獎他的精準，反而指控他精神變態、恃強淩弱和有控制欲的行爲。他認爲，那些他以爲應該要支持自己的專家們，反而花時間與精力去破壞他的名譽，卻沒有任何人花時間來調查他混亂又脆弱的前妻。

當我觀察到奈吉爾緊抓著證人席的邊緣，我想像自己站在裡頭，面對孩子情況懸而未決的處境，心裡想著永遠不能把這些人的話當眞。問題是，在他急於證明自己是對的這股執念下，已經喪失了看清一切問題根源的能力；喪失了往後退一步，正視他引發的這場戰爭，究竟給了兩名他口口聲聲最愛的孩子多大的傷害。

經過兩天的舉證，他走下證人席後，法庭裡每個人已經筋疲力盡。蓋比接著進行舉證，而過程中奈吉爾絲毫不控制自己的激烈反應。緊接著上場的精神科醫師則讓他驚慌失措，法官因此要求他保持安靜，不然就必須離開法庭。

而現在，終於要換裘德上場了。在距離法院很遠的會議室裡，他與我面對面坐著。預計午餐之後，他將出庭舉證。他穿著學校制服，因爲今天一整個早上他都待在學校裡。裘德的制服在法院環境裡顯得格格不入，而他仍舊出乎意料地全然冷靜。我注視著他，試圖要理解，究竟他這雕像般的冷靜是他的自然狀態，抑或如同他人所言，是經過練習後的成果？是一種多年來學到謹言慎行，並培養出的沉著特質？

我對裘德相當了解，但是有異於其他在法庭裡對談過的孩子，我不認識他的眞實面貌。我不知道他在學校最喜歡的科目，他在讀哪一本書，他喜歡哪一類的音樂，他又會怎麼花他的零用錢。我希望見面時，我們有時間聊聊跟官司無關的話題。或許，我因此可以說服他不需要如此謹慎——他不需要覺得必須寫下我問的所有問題，好**留下紀錄**。

我們再一次討論他出庭的供述之後，我與裘德一起走進影像連線用的小房間。他的臉會透過螢幕轉播到法庭，保護他不去看到除了提問者以外的人有什麼表情。當我確認攝影機是否正對著他的臉時，我們聽得到書記官在說話，而書記官也聽得見我們講了什麼。我發覺裘德不但不緊張，反而顯得興奮。我這才理解到，也許這是因爲他迫不及待要證明自己有多愛他的父親；他將有機會展示自己是多麼懂事的孩子。當我走回法庭要讓自己冷靜時，我提醒自己，永遠不要低估孩子有多麼想要取悅父母。

法蘭西斯法官走進法庭，所有人起身敬禮。

雖然我們已經花上整個星期和她開庭，她的存在本身仍然令我震懾。她微翹的濃密短髮裡穿插著銀色髮絲，耳垂上戴著兩只閃亮的金色圓圈耳環。我留意到，她在午餐以後抹上唇膏，那是暗紅色的口紅。這讓我聯想起出戰前塗在臉上和身上的顏料，彷彿她在爲稍後的戰爭做準備。

她知道在這個下午，這孩子將會看著她的臉，要求她做出一項決定，一項法庭裡幾乎所有在場人士認爲會傷害裘德的決定。她也知道，這孩子等一下會坐在她前方，兩旁是他的父母，洗耳恭聽她說出：誰可以帶他回家。

電視被推進房間，裘德的臉在螢幕上閃耀。攝影機開始轉動，從法院書記官、法官，再到我。裘德的身體微微前傾，眼睛炯炯有神地透過鏡頭看向我們。他的樣子看起來好稚嫩。我覺得喉嚨緊縮，於是迅速地低頭掃了一眼筆記，趕走自己的情緒。

接下來的十分鐘可怕卻又美好。

一方面，裘德的供詞無懈可擊——他已遞交了目擊證人供述，證詞的細節也都已準備妥當。除了質疑他是否爲了取悅父親才說出這一切，沒有人真的想要盤問或挑戰他。因此，裘德主宰了整個場子。

他談起對父親的忠誠。

「大家都誤會他了，他是好爸爸，而且爸爸愛我。」

當他結束發言，我準備起身之際，聽見左邊有陣聲響，直覺地看了過去。莫妮卡一動也不動地坐著，看著螢幕，她的雙手放在前方桌子上。我注意到她的雙手在顫抖。

「庭上，妳有任何要問裘德的問題嗎？」我問道，迅速轉身。

法蘭西斯法官向前傾身，錄影機轉向拍她的臉。她的聲音很冷靜。

「裘德，我沒有問題要問你。可是我想知道，你還有沒有**任何**其他問題，想要在我做決定之前問我的？」

裘德看往一邊，思考著些什麼，然後再次望向鏡頭。

「我想，我只想說謝謝您讓我發言。我想要說出這些話很久了。我真的很高興我說出來了。」

改變人生的裁決

法院外，夕陽緩緩西沉。在入口後方檯前徘徊的警衛，將門一一鎖上。通常，如果有任何人出現可能會延遲關閉法院時間的跡象，他們會大搖大擺地走近。

「現在法院要關了，小姐。」接著在附近走動、甩著鑰匙噹噹作響，敦促我們加快腳步。

他們急著要離開這個地方，趕緊回到原有的生活。但今天晚上卻不一樣。他們站在安全門旁圍成一圈，與我們保持距離。雖然我沒有告訴他們，可是或許有人已經耳語，樓上房間裡有名十二歲的男童拒絕離開法庭。在另一處則有名父親在聽完法官的判決後，氣急敗壞地離席。他有可能會再回來，然而如果他眞的回來，沒有人知道他會做出什麼舉動。

我並沒有和裘德待在同間房裡，我和此案的其他大律師一同待在他附近的房間中。我的手機放在桌子中央，大家一起對著手機說話。另一邊，上訴法院法官寇爾貝低沉的聲音透過擴音器傳來，在輕型建築用磚的天花板下迴盪。他是上訴法院的法官，也是唯一能夠准予暫緩執行法院命令的人。因爲就在今晚不久前，法蘭西斯法官做出裁決，將裘德歸還給母親的照護之下。

很顯然，上訴法院法官寇爾貝是値班法官。當晚法院關門後，緊急提出的命令都將由他處理。當我們沿著圓桌一一說明，試著不要打斷彼此時，我不禁猜想，在這冒出突發事件的週五夜晚，他究竟在哪裡。是在泡澡，還是在吃晚餐？或者是在電視機前打盹？

這種不著邊際的念頭，想著想著倒也挺有趣的。在開始撰寫一份要盡可能精闢並及早完成的案件概要之前，我逼自己不要再想了。

「法蘭西斯法官准予了母親方申請的居住命令，」我說明，「而這份命令立即生效。換言之，這孩子要在違背其個人意願的狀況下，交由母親看顧。我因此請求核准暫緩該命令，我們可能會再向上訴法院提出一個即時的申請，來扭轉這則判決。」

「喔，這是多麼難爲的處境呀！」電話另一頭沉默，法官正在權衡他所得知的資訊：有一名具行爲能力的孩子剛剛被告知，要與他宣稱痛恨的人一起離開法院。但是如果專家是正確的，此刻同意暫緩執行命令，並將裘德與父親一起送回家，便要承擔很高的風險。但是，法官不需要做新的決定，他只要套用法律。

「暫緩命令的標準很高，我們並不同意。我不會中止這項命令。相反地，你們會要提出紙本上訴聲請。」

裁決結束後，我們向彼此說再見，這種非正式性的情境與嚴肅的主題，有種莫名的違和感。

當我向裘德說明電話討論的結果時，他仍舊面無表情。他沒有哭，也沒有抗議或是拒絕離開。相反地，當莫妮卡走下樓，與我們在法院前門會面時，裘德對她視而不見，雙眼直瞪著地板。莫妮卡輕喚他的名字，他依然無動於衷。我們說，也許最好的做法是她先走，裘德可以搭社工的車跟上。

我們在外頭等候，身後的警衛很感謝地鎖上法院的門。小班跟我注視著第二部車駛遠，看著坐在後座的裘德。他突然顯得很嬌小，我心裡默默希望他不要看我們，因爲我不知道當他的眼神投來時，我是否能夠承受得住。

他沒有這麼做。隨著車子駛遠，他的雙眼一路直視前方。

裘德變了。

我無法具體指出哪裡不同——他仍舊有著一頭栗子色的棕髮，不過長了點也亂了些；也仍有一雙充滿力量的藍眼睛。現在，他站在莫妮卡身旁，我才第一次留意到，原來這些顏色與莫妮卡一模一樣。這一切比他輕鬆的神情更令人費解、比他一直微笑的事實更耐人尋味，彷彿那些是某人特地裝上去的一樣。

我站在皇家高等法院的走廊上注視著裘德。我們身後有扇門，門的後方坐著三名上訴法院法官，等著開庭審理我就法蘭西斯法官裁決所提出的上訴。我手裡拿著訴願狀，裡頭小心翼翼地草擬了論點架構，與能夠支持我立場的判例法。我的胃因爲緊張而糾結。

奈吉爾的事務律師獨自一人抵達，表示她不認爲奈吉爾今天會出庭。

「在最終聽證的尾聲他非常氣憤，」她說，「而且他暗示自己會有所行動。」

無須明說，我們都對那不會明講的行動心知肚明。他未現身參加那場原訂要討論此上訴案可行性的會議；他的電話關機，她聯絡不上他。過了今天，她將要去撤銷申告紀錄，之後奈吉爾就必須靠自己了。

莫妮卡說，她要讓我們倆獨自討論，接著走到角落與她的事務律師聊天。

然後，裘德看著我說，「我改變心意了。我想要留在現在住的地方，想要跟媽媽住在一起。」

我們聊起瑪莎、他的兩名同母異父弟弟，還有莫妮卡的新伴侶。我們也聊了他的新家，以及瑪莎跟他一起轉學的學校。我們很簡短地聊了奈吉爾，但是這對他而言很不容易，而我看得出來他不想談。對我而言，得以聽到、看到並且得知他很肯定自己的決定，已經足夠了。於是，我們來到法院，我撤銷了上訴，法官從做決定的重擔裡解脫，對著我與裘德綻放笑容，指示我們離開。

法律帶來的公平與正義

舉行最終聽證的一年後，我站在布里斯托車站外排隊等候計程車，說服自己在懷孕晚期搭計程車情有可原。

今天是裘德案子的最終指示聽證。已退休的法官將另外撥出時間出庭審理。法院告訴我，法官很樂意這麼做。裘德不會出庭，但是我已就他想告訴法院的想法，草擬成一份立場聲明，此刻這份文件已收在我的手提包中。

他說：「爸爸沒有在監護人安排的接觸時段現身，也沒嘗試聯絡我，我很想爸爸。但是我很開心，因爲在新的學校很快樂，很高興自己有很多好朋友，也喜歡與瑪莎還有兩位同母異父的弟弟住在一起。」

文件的最末段，我寫下可能是至今最重要的一句話：**裘德想要讓法官知道，他認為法官做了正確的決定**。

聽證結束之後，我沿著反方向走回車站。前方是教堂尖塔與通往老城區的鵝卵石街道。右手邊是座落在公園中，綠樹簇擁的布里斯托城堡。眼前的景象滿是我的回憶和與我相關的過去，不只是大學時光❹、過去經手的案子，還有隨著這份工作前往其他城市與建築的種種畫面。我低頭看著河面上令人陶醉的倒影。

這是我生產前承辦的最後幾件案子之一，我想要好好享受其中的樂趣。能像這件案子一樣，得以知道後來發展結果的機會很罕見。通常，在我為檔案文件繫上粉紅色蝴蝶結，點簽了訴訟摘要，寄出了出席紀錄，把要收費的卷宗放到書記官室裡的鐵線文件籃上後，我的戲份便結束了。

我很慶幸有機會在這個改變裘德一生的決定後，能與他見面談話；也很慶幸自己就今天的聽證與他聊天，並且聽見他聲音裡的放鬆。直到此刻，我也才得以承認自己有多麼如釋重負。我不敢想像，法蘭西斯法官下此決定時，所承擔的風險與任何可能引發的後果。

這一切有可能演變得非常糟糕。

我想起自己身體裡的寶寶，他再過幾週就要來到這個世界上。懷孕引發的體力衰退在我的預期之中，然而我未做好準備面對自己在情感層面上，會變得如此敏感與脆弱。這令我苦惱，因爲這彷彿拆卸了我爲工作所穿戴的盔甲。我漸漸開始擔心會在法庭裡掉淚，煩惱自己會不會太過於情緒化；另一方面，我也擔憂因爲這些行爲暴露了自己的弱點。我也還沒領悟該如何善用懷孕的職場政治學。

由於唯恐工作不上門，我知道要掩藏自己的孕肚。這樣，助理跟事務律師才會自然地把案子交給我，免得以爲我可能會因懷孕而不全心投入。我發現，身旁的人不停在猜測我何時會回到工作崗位；我也不知道，當自己永遠不知道幾點會回到家，或是第二天多早就要出門，或是會爲了準備隔天的案子熬夜到哪一刻，會如何平衡孩子揪心的要求。

我聽說，可能會爲了孩子的假期、學校表演，與期中假期請假而被懲罰。某些律師辦公室的助理毫不隱瞞地承認——毋關資質和能力，男律師們值得好的訴訟摘要，只是因爲不管送他們到哪裡開庭，他們都會去。然而，先前我不知道的是，原來「眼不見」真的是「心不念」。還有一次，某位素昧平生的男子跟我建議，從法律界「退出」將會是最適合我的前景。

我當時也還沒領悟到，我必須將自己工作上的角色，與身爲嬰孩母親的角色有所區隔。

❹ 譯注。作者畢業自西英格蘭大學（University of the West of England, Bristol），該大學位於布里斯托，也是此案件庭審發生的城市。

另一方面，我也不知道，我會不會開始發癢似地想念法庭生活，迫不及待要回來。

我會想念那徹底沉浸於剖析案件的時光；想念因爲陪審團裁斷或判決所引起的乍然解脫或驚喜感；想念大夥一直陪在身邊，共同度過難關的革命情感，那是我們對於這樣一個可能常令人深感挫折的工作，心照不宣的忠誠；想念我的委託人，雖然不是所有的委託人，但也夠多讓我想念的了。我轉身走過橋樑，穿越馬路，走進塡滿小販與咖啡館的狹窄市集街道，一直來到刑事法院座落之處。我有點想要溜進法院觀看審判，可是在那些可能以爲我是觀光客的人面前現身，讓我覺得自己有點蠢。

此刻，我想起了那些改變了我的案件和當事人。一種熟悉的感覺油然而生，一種每每我披上黑色法袍，整頓好頭上假髮時的特別感覺。這是對於法律安靜堅實的尊敬——之於其歷史、目的、抱負以及地位。

我們以自己的法律體系爲榮。並明白應該要爲此感到驕傲，因爲這是其他國家的人決定來到此地並使用的法律體系。他們知道此體制內承審的法官不會受到賄賂、威脅或欺侮，而運用法律行不公不義之情事。法律體系發揮了正直的精神，不只是提供給使用者，也提供給那些在其中工作、幫忙維護其尊嚴與效力的人。因爲如此，我們的法院以一定程度的公平、公正主持正義。也意味著，這仍被視爲是世界上最公平的制度之一❺。

我們可能視這項制度遺產爲理所當然，但事實上它並非堅不可摧。我們的法律體系經常受到威脅，而理當保護法律之人卻不支持的狀況更時有所聞。法律功能的改變以及資金來源，已大幅度傷害了我們推定不容侵犯的最高法律原則——不論你的出身背景和銀行存款，人人都有獲得正義的權利；都能處於一個對於執法與立法兩個層面皆有高品質的法律體系，獲得一次公平、有效率且公正的聽證庭審。

我們或許認爲，腐敗的法律體系離自己很遙遠，以爲那只是鼓勵外國人不在自家提起訴訟，但來到我國法院進行審判。因爲在某些國家體制內，只有金錢或是有靠山，才可以擔保個人自由。

我們可能搞錯了。

然而，我們需要改革這個法律體系。數十年來，政府輕率削減資金所累積的後果，已嚴

❺ 世界正義工程法治指數（The World Justice Project Rule of Law Index）的年度報告，是基於近八十種不同因素的獨立數據，所統整出的全球法治評鑑報告。其評鑑因素廣從對政府權力的限制、無腐敗政府到基本人權之維護等等。報告就一一三個國家與其管轄權進行評分和排名，超過十一萬個家庭與二七〇〇名專家參與調查。此指數完全根據初級資料（primary data）建構，為同類中最為完整的數據集，以一般群眾的經驗來評量國家之於法治遵守的標準。國家中唯一與英國人口規模接近，但排名更高的國家是德國。前十名排序為：丹麥（五七〇萬人）、挪威（五三〇萬人）、芬蘭（五五〇萬人）、瑞典（五七〇萬人）、荷蘭（一七〇〇萬人）、德國（八二六七萬人）、奧地利（八七四萬人）、紐西蘭（四六九萬人）、新加坡（五六〇萬人）、英國（六五六四萬人）。

重傷害到刑法，並威脅對於受害者與被告兩方皆至關重要的良善與公平正義原則。

讓缺少財富的人們有獲得家事與民事法院審判的權利，是當今最基本的一環。然而在衰退的薪資和龐大的工作量下，卻表示要招募新法官，這就跟留住既有法官一樣艱難——部分對此現象了然於心的人，卻透過大衆攻擊此現象，反而使問題更加棘手。

法律，推及至國家，正遭受潛伏的腐敗形式威脅，這就跟其他顯而易見的墮落一般有害。我們必須要保護自己不受傷害。我們對司法體系的信任正在一點一滴地流失，造成了緩慢卻無法補救的傷害。因爲一旦我們失足其間，所有人都要付出代價。

律師們很常掛在嘴邊的話是——

即使對於那些不可能踏進法院的人而言，法律也是很重要的。因爲大家都不知道生命會向我們拋擲什麼樣的挑戰；每個人都有可能成爲恐怖犯罪意外或是誣告下的受害者。但是法律觸及的層面遠比這些廣得多。全國各地的法院所做出的判決，其實與我們日常生活息息相關，無論它們看起來與我們理解的有多麼迥異，又或者我們從未好好留意。

基於我們對於法律體系得以執行公平合約的信任，買賣與投資能力方得以體現。小從個人保險，廣至協助政府持續運行的制度，以及因法律衍生的好壞決定，最終都會觸及每一個人的生活。

法律之所以看似陌生疏遠，是因爲古老的儀式與法庭用語，讓人產生了錯覺，以爲法律體系不是活生生的事物。法律所處理的，是最現代的問題，這些問題反映出社會當下的面貌。這也是為什麼每個人都應該有意來保護此一我們所知的正義體系，方使其得以實現最大功能。

法律是人類的正義，由人們設計並實踐。也因爲這樣，它永遠都不會是完美的。法律會犯錯、它可能很緩慢、有時候它也很混亂、有時候更是邏輯不對。它身上可能出現裂痕——偶爾甚至跌個粉碎。可是，法律一直是我們奠基國家的砥柱，如果缺少了法律做爲中樞，我們的國家也會跟著瓦解，生活秩序則會隨之崩塌。

我轉身離開法院，沿著街道漫步徐行。此刻我才察覺到，方才浮上心頭的領悟，原來從我首次踏入法庭的那一刻起，早已在無意識間伴隨著我面對每天的挑戰。

我感到自豪、與有榮焉，因爲我隸屬自認相當重要事物的一部分。我爲這一切的基礎——鞏固我們的立法機制，乃至我們的民主政體、我們的生命與自由的磐石——而引以爲傲。

我以稱自己爲律師而感到光榮。

二〇一〇年《家事訴訟程序規則》

十六—六　兒童不需要兒童監護人或訴訟輔佐人的情況：

（一）……兒童可以在無兒童監護人或訴訟輔佐人在場情形下，進行訴訟程序——

（1）根據一九八九年《兒童法》……與符合第三段中其中一項條件。

（三）第一段裡指涉之條件為——

（1）該兒童獲得法院的同意……

（六）法院將根據第三段第一條核准申請……若法院認為該兒童在無兒童監護人或訴訟輔佐人的情況下，具備足夠的理解能力來進行相關或計畫中之訴訟程序。

致謝

首先要謝謝伊莉莎白．戴伊，因爲少了她就無法成書——至少不會有這本。記得當時我們漫步在薩福克的田園間，我說自己想要寫作。謝謝妳把這件事放在心上。謝謝妳與奈莉．安德魯——也就是我們現在的共同版權經紀人。我非常感謝她選擇了我寫的這本書，希望我讓她覺得這是個好決定。

謝謝蘇珊娜．華德森——儘管我有個十天大的寶寶，而且企畫只完成一半，仍然願意聆聽我這本書的簡報。她能夠說服環球出版社（Transworld）裡的人相信這本書的價值。從那時起，她便不厭其煩地持續支持著我。她所給予的建議和批評，總能使我自己對這本書以及想傳達的話語更有信心。

謝謝尼克．弗里曼博士，我的大學教授。謝謝你留意到我，並且在知悉我的志向後，爲我寫了一封推薦函，這無庸置疑是一大助力，推動我朝著嚮往的職涯邁進。

謝謝莎拉．瓊斯，妳或許會在這本書的角色裡認出自己，但是可能永遠不曉得妳對我帶來了多麼深遠的影響。

謝謝我先前的助理，查理．夏里克，和我在溫徹斯特與牛津的忠誠伙伴們：史都華．普林戈，李．吉爾斯，以及羅素．波特。謝謝你們讓我（大部分時間）做我想要做的工作，且從來不曾要我在工作和寶寶之間抉擇。謝謝你們總讓我在有所成長的辦公室裡保有歸屬感。也謝謝你們在我說想寫這本書時沒有抓狂（雖然你們一直等到聽到電視劇集時才嚇壞了）。

謝謝我的老闆們，奈吉爾．里克利QC，以及所有讓我覺得這一切不僅僅是工作，反而更像是大家庭的其他辦公室和巡迴法院的大律師同仁們。也謝謝那些無論工時多長，或者薪水多低，透過對工作與委託人的貢獻付出，而爲我們其他人定調的大律師與事務律師們。

當我在二〇〇五年成爲大律師時，許多人告訴我，公部門資助的大律師時代已經結束，法律體系將出現計畫中的變更，可能讓我在幾年內失去工作。我很慶幸自己把那些唱反調的人所說的話當做耳邊風，並改以聆聽其他人告訴我：這是美好並受人尊崇的工作，而且我辦得到。

他們是對的。

給我的父母，謝謝你們賦予我信任與自由。當年我領出小心翼翼存下的郵局存款，去了趟環遊世界的旅行，讓十九歲的我開了眼界，也獲得了一生中無價的學習。直到現在我才眞正了解，你們當時是鼓起多大的勇氣，才能鬆手讓我遠走高飛。因爲你們的工作準則，以及我母親深信不移的經濟獨立自主重要性，我從青少年時期便開始工作。早期的工作經驗教會我很多，少了這些，我不會選擇今天這條道路。謝謝你們從不曾對我施壓，或是對我嚴加看管，在放手讓我自行探索方向的同時，支持我成為一名大律師的決心。

尤其謝謝我的母親，謝謝妳協助校對這本書並對它感到驕傲。

謝謝公公和婆婆給我的鼓勵、讚美以及大量的托兒服務支援。能成為你們家庭的一員是件無比幸運的事！我待在你們的牧羊人小木屋裡撰寫這本書，眺望田園和牛隻，這一切使寫作過程更加美好。少了你們的愛與支持，我們無法想像寫作的最後這一年該如何挺過。

謝謝所有關照著我經歷寫作精彩一年的朋友們——特別是那些透過幽默、愛、酒精和孩子們的遊戲約會（有時候這些同時發生），而讓我保持冷靜的朋友們。以下為隨機順序：亞歷山大・吉恩、克雷・米波登希爾，與西莉亞・厄伯拉罕密。

最重要的是，謝謝凱特・佛特斯克。我們一起在這奇妙的世界裡巡航，陪伴彼此度過實習與之後的時光。我想不出任何比妳更棒的人來提醒我，在DJ後方的舞臺上搖擺跳舞，就跟閱讀所有派不上用場的資料一樣重要。我從妳身上學了好多，也以身為妳的朋友而感到光榮。

謝謝我三歲的快銀俠兒子——威佛瑞德，你踏上尋找熊寶寶的探險旅程而來到我的寫作小屋，你的造訪為我捎來了所須的放鬆。希望有一天你讀到這裡時，會明白照顧你是我做過最棒的工作。謝謝我一歲大的兒子——奧伯樂。雖然你來到這世界的時間不長，這本書卻遮蔽了些許你的光芒。我很慶幸你帶著燦爛的笑容和開闊的心胸而誕生，我因此希望，你會原諒我的缺席。

我把最重要的人留在最後。我的丈夫，班。

你是我認識最好的人。當我自我懷疑時，你對於我能力的信心，持續帶領著我前行。我不只信任你帶我通往答案，也相信這是你深思熟慮，基於道德與倫理羅盤所權衡出的珍貴結果。在寫作的這段期間，我們與我們的小家庭隨外界的風雨而顛簸離析。如果說有任何原因最終成就了此書的誕生，某種程度來說，就是因爲你尊重我對寫作的嚮往，以及願意將精力從國家大事的工作移轉到洗衣服、帶小孩這些事情上。

一如往常，你是星子，指引我這艘迷途的小船。我愛你（還有恐怕你要學著去習慣我使用牛津逗號的寫作風格）。

Eurasian Publishing Group
圓神出版事業機構
用心與你對話・網野無限寬廣
究竟出版社
Athena Press
www.booklife.com.tw
reader@mail.eurasian.com.tw

第一本 095

爲誰辯護：判決之外，11個法律故事的人性思考

作　　者／莎拉・蘭佛德（Sarah Langford）
譯　　者／張雍婷
發 行 人／簡志忠
出 版 者／究竟出版社股份有限公司
地　　址／台北市南京東路四段50號6樓之1
電　　話／（02）2579-6600・2579-8800・2570-3939
傳　　真／（02）2579-0338・2577-3220・2570-3636
總 編 輯／陳秋月
副總編輯／賴良珠
責任編輯／蔡緯蓉
校　　對／陳孟君・蔡緯蓉
美術編輯／林韋伶
行銷企畫／詹怡慧・陳禹伶
印務統籌／劉鳳剛・高榮祥
監　　印／高榮祥
排　　版／莊寶鈴
經 銷 商／叩應股份有限公司
郵撥帳號／ 18707239
法律顧問／圓神出版事業機構法律顧問　蕭雄淋律師
印　　刷／祥峰印刷廠
2019年6月　初版

In Your Defence: Stories of Life and Law

定價 370 元　　ISBN 978-986-137-275-4

法律書籍裡錯綜複雜的巧妙論點背後，
是一則又一則關於人性的寓言。
我的工作，是爲我的當事人說故事。
藉由法律世界的黑白分明，
引導他們從混沌的灰色地帶，找出生命的定位。

——《爲誰辯護》，莎拉・蘭佛德

國家圖書館出版品預行編目資料

為誰辯護：判決之外，11個法律故事的人性思考 / 莎拉・蘭佛德（Sarah Langford）著；張雍婷譯. -- 初版. -- 臺北市：究竟, 2019.06
384 面；14.8×20.8公分 --（第一本；95）
譯自：In your defence : stories of life and law
ISBN 978-986-137-275-4（平裝）
1.法律 2.律師 3.文集 4.英國
580.7 108005569